U0907123

“一带一路”年度报告

从愿景到行动

（2016）

赵　磊 / 主编
“一带一路”百人论坛 / 编

2016年·北京

图书在版编目(CIP)数据

“一带一路”年度报告:从愿景到行动:2016/赵磊主编;“一带一路”百人论坛编.—北京:商务印书馆,2016(2016.3 重印)

ISBN 978-7-100-11900-9

Ⅰ.①一… Ⅱ.①赵…②一… Ⅲ.①区域经济合作—国际合作—研究报告—中国—2016 Ⅳ.F125.5

中国版本图书馆 CIP 数据核字(2015)第 310015 号

“一带一路”年度报告:从愿景到行动

(2016)

赵 磊 主编

“一带一路”百人论坛 编

商 务 印 书 馆 出 版

(北京王府井大街 36 号 邮政编码 100710)

商 务 印 书 馆 发 行

北 京 冠 中 印 刷 厂 印 刷

ISBN 978-7-100-11900-9

2016 年 1 月第 1 版 开本 787×1092 1/16

2016 年 3 月北京第 2 次印刷 印张 17¼

定价:48.00 元

前　言

从2013年9月开始，笔者深入研究与调研"一带一路"，并主持了中央党校"'一带一路'与边疆稳定"重点研究课题，2015年5月又推动成立了"'一带一路'百人论坛"，"一带一路"的确给众多国人创造了打通已学和彼学的机会。每一天，近300位国内外专家从一大早就在微信群里进行头脑风暴，对"大热"的"一带一路"进行"冷思考"，诸多"一带一路"的火花由此产生。其中，"白话'一带一路'"、"痛点经济学"、"'一带一路'的产能合作"、"文化经济学"、"孔子食堂"、"有思路才有丝路"、"'一带一路'智慧园区"等概念或理念成为社会大众喜欢的"一带一路"品牌。

"'一带一路'百人论坛"（One Belt One Road 100，OBOR100），由政府官员、专家学者、企业家、媒体从业者等各界精英组成，基本定位是要打造"一带一路"的"网络智库"，努力成为"一带一路"优质资源的共享与孵化平台，聚智慧、聚资源，积极推动"一带一路"早期成果与标志性项目的落地。

"一带一路"的有效推进，既要靠企业（国有企业、民营企业），也要靠政府（中央政府、地方政府），两者如车之两轮，需要同步驱动；学者、专家、智库是第三大主体，是"一带一路"建设的中枢和大脑，要提供必要的智力支持和思想保障；第四大主体是媒体，媒体能够为"一带一路"建设插上飞翔的翅膀。目前，上述四大主体基本上是分散的，相关资源整合严重不足，最终很难向社会提供有分量的研究成果。国内主体资源的碎片化，必然无法形成合力，无法对接国际资源。因而，成立这一平台的最初目的是要努力避免"一带一路"主体资源的碎片化，要推动实现国内"四大主体资源"的联动效应。为规范化、常态化发展，百人论坛先后成立了专家委员会、文化委员会、企业委员会、媒体委员会、民营企业委员会、秘书处等机构，并聘请多位资深专家作为论坛的顾问委员以及特约研究员。

在我们看来，"一带一路"既不是新版的"朝贡体系"，也不是国际关系史上最大的“烂尾工程”，更不是中国版的“马歇尔计划”，而是中国文明型崛起的标志和途径。在这个过程中，“有思路才有丝路”。“一带一路”，需要我们一路走、一路思，凝神聚力、群策群力，为中华民族的文明型崛起贡献智慧。

中华民族的伟大复兴要靠兢兢业业，而不是浮夸虚华。在我们的生活中，人们常常被轰轰烈烈的成就所打动，很少被兢兢业业的极致所感动。“一带一路”考验中国的战略定力，考验民族的文明底蕴，考验中国人的精细与韧性。在百人论坛群内，逐渐产生了“‘一带一路’人”（OBORer），即老在路上，总倒时差，常换水土，不停找思路，时时被刺痛，但频频被感动……

笔者在“一带一路”的调研过程中，常常感叹：“中华文明如此伟大，中国人如何充满自信地去探索推动社会进步的各种可能，逐渐拥有被国际社会所分享的文化与价值。”“一带一路”就其目标而言，不是要和别人竞争，更不是要同别国争夺霸权，而是要挖掘中国自身的潜力，提升自我。“一带一路”不是转移财富的过程，而是创造财富的过程。

2015年是“一带一路”的关键之年，因为在博鳌亚洲论坛期间，国家发展改革委、外交部、商务部于3月28日联合发布了《推动共建丝绸之路经济带和21世纪海上丝绸之路的愿景与行动》文件，“一带一路”路线图正式问世。2015年是“一带一路”的收获之年，诸多丝路研究院成立，几乎每一天都有相关的会议召开，研究成果如雨后春笋般涌出，不少中国企业自信地走出国门。但依然存在诸多痛点，如中国城市、乡村有丰厚的文化资源，却迟迟培育不好有国际竞争力的文化产业；中国企业对于“一带一路”的迫切需求以及不得其法的满脸困惑，等等。

2015年8月8日，“一带一路”百人论坛·首届论坛在北京举行，主题是《“一带一路”：从愿景到行动》。首届论坛由“一带一路”百人论坛、凤凰国际智库、商务印书馆、北京语言大学联合主办。保监会副主席周延礼、凤凰网副总裁兼总编辑邹明、商务印书馆总编辑周洪波、北京语言大学校长崔希亮出席论坛并做主旨发言。此外，为满足广大企业了解“一带一路”产业合作现状和发展趋势的需求，论坛还与中国国际贸易研究中心和中国国际商会联合发布了《中国与“一带一路”沿线国家产业合作白皮书》。百人论坛的首部白皮书系统梳理了中国与“一带一路”沿线国家的经贸合作情况，定量描述我国对外贸易总体状况，详尽分析了我国主要进口来源国和出口目的地国、贸易方式、企业主体和产品种类等方面的经贸信息。通过可视化技术对研究结果进行了清晰的展示，使得我国各省份与“一带一路”沿线国家的经贸商机一目了然。

2015 年 9 月，为方便专家、学者近距离了解“一带一路”沿线国家的具体国别形势、政商关系、投资环境和民情风俗，百人论坛开始邀请在“一带一路”沿线国家有过充分工作、研究和生活经验的专家、官员、企业家开展“带路沿线专家面对面”系列讲座，与大家近距离交流。第一讲是《“一带一路”与转型中的柬埔寨》，并邀请已经落户在柬埔寨的中国企业做具体案例分析。今后的设想是：邀请所有沿线国家的专家来华与国人交流，并要走到沿线国家与外国专家进行面对面的交流。2015 年 11 月 17 日，广东广播电视台北京节目制作中心正式成为“‘一带一路’百人论坛”文化基地，并举行了挂牌仪式。

由衷感谢有情怀、有使命感的“‘一带一路’人”，感谢百人论坛的所有专家，从你们那里得到了诸多灵感与感动。作为国内首份“一带一路”年度报告，希望本书能够提供最接地气的学术成果，相关文章会深度剖析“一带一路”倡议所带来的现实机遇，并对所面临的具体问题与挑战提出务实建议。这些专家长期在“一带一路”上行走，他们会与读者分享最深刻的“一带一路”思考。

特别感谢商务印书馆总经理于殿利、总编辑周洪波的信任与支持，感谢商务印书馆团队的高效、专注、品质，感谢你们的辛苦工作。

本书希望各位读者不仅能够获取“一带一路”的基础知识，更希望有更多的国人能够参与到“一带一路”的建设中来，在服务国家的同时，做到自我价值的实现。

赵 磊

2015 年 11 月 12 日

北京市海淀区大有庄 100 号

目　录

政府与政治

企业与经济

| 文化与人文 |

| 媒体与传播 |

政府与政治

「一带一路」的文化经济学

「一带一路」国际贸易支点城市研究报告

「一带一路」倒逼中国外交决策机制改革

「一带一路」与中国战略意图研究

「一带一路」的本质是「共同现代化」

「一带一路」倡议的中国传统思想要素初探

「一带一路」之国别研究——以泰国为案例

“一带一路”的文化经济学

赵 磊

国内外很多学者常用“地缘政治学”或“政治经济学”的工具去分析“一带一路”，但笔者更愿意将“一带一路”视为“文化经济学”的典型案例。什么是“一带一路”产品，只有同时实现经济收益与文化收益，即实现“双收益”，才是中国想要的、真正能够赢得国际社会尊重的“一带一路”产品。换句话说，“一带一路”的受欢迎，不仅因为她是一个给各方带来实惠的经济事件，更因为她能够成为一个引起共鸣的文化事件。

从2013年9月开始，笔者深入研究与调研“一带一路”，并主持了中央党校“‘一带一路’与边疆稳定”重点研究课题，2015年5月又推动成立了“‘一带一路’百人论坛”。从西北地区的新疆、陕西、甘肃、宁夏、青海到西南地区的云南、贵州、广西、四川等，从沿海省份的辽宁、山东、安徽、浙江、江苏、福建、广东、海南到内陆省份的内蒙古、山西、河北等，“一带一路”使笔者有了全面深入了解中国的机会。与此同时，从欧洲的英国、意大利，到中东的以色列以及亚洲的韩国等，“一带一路”也使笔者有了深入了解国际社会的机会。在调研中，了解到了从中国西北发货到天津港的成本甚至远远大于从浙江义乌发货到阿联酋的成本；了解到了著名的口岸城市二连浩特只有五六万人口，且遭遇水资源短缺的严重瓶颈；看到了中国企业对于“一带一路”的迫切需求以及不得其法的困惑……总之，“一带一路”给很多中国人创造了打通已学和彼学的机会，也倒逼中国城市和企业思考如何医治诸多不联不通的痛点。

一、“一带一路”与中国的文明型崛起

2015年3月，博鳌亚洲论坛的最大收获是“‘一带一路’愿景与行动”文件的发布，由此“烟花三月下‘洋洲’”。在笔者看来，“一带一路”的成功不仅

在于务实的经济项目，更在于人心、在思想、在思路、在文化、在制度，甚至包括宗教信仰等。从本质而言，“一带一路”的受欢迎，必然是“中国风”、“人文情”、“潮流感”与“国际范”。“一带一路”的成功，不仅是经济事件，更是文化事件，是中国文明型崛起的标志。

目前，对“一带一路”的前景有两种截然相反的、甚至极端乐观与悲观并存的评价，一个是“新版的朝贡体系”，另一个是“国际关系史上最大的烂尾工程”。其实不需要预设“一带一路”的最终结果是什么，关键是在这个过程中，所有的中国人是否能够凝神聚智，群策群力，不断成长，展现一个不断进步的中国。在中央党校的课堂上，笔者常常在想，崛起的中国需要什么，如何超越“崛起困境”，即中国不仅要成为一个重要的国家，更要成为一个受尊重的国家；中国不仅要有举世瞩目的经济成就，更要把令人振奋的经济成就转化成实实在在的解决实际问题的能力；中国不仅要经济成长，更要赢得民心和人心，其中，民心是全体中国人对中华民族的认同和忠诚，人心是国际社会对中国崛起的人心向背。

文明型崛起的重要衡量指标就是“议程设置”能力的提升，所谓“议程设置”就是“我不能决定大家内心想什么，但能决定大家一段时间集中讨论什么”。2010年，中国GDP成为世界第二，历史规律往往是“老大拉着老三，收拾老二”。由此，2011年美国高调重返亚太，日本、菲律宾等美国的盟友也开始蠢蠢欲动，向中国施压。其结果是，中国西北边疆的民族问题与南海、东海等海疆问题几乎同时升温。这一时期，美国主导了亚太话语，核心词汇（高频词汇）如“中国威胁、军购、军售、军演、军事冲突”等“冰词”。2013年9月之后，“一带一路”概念的提出，伴随着亚投行、丝路基金、金砖国家银行等一系列组合拳的使用，使周边国家甚至西方国家开始热议“互联互通、经贸合作、金融支持、人心相通”等“暖词”。在短期内，中国依然不能确定周边国家以及西方世界能否从内心接受“一带一路”理念，但这一理念显然已经成为各方的话语焦点，有很多人开始谈论甚至慢慢喜欢上了这一中国词汇。“议程设置”能力的提升是拥有国际“话语权”的前提条件。

相关大国近年来纷纷提出了类似的战略构想，影响较大的有日本的“丝绸之路外交战略”（1997）、欧盟的“新丝绸之路计划”（2009）、美国的“新丝绸之路战略”（2011）等，但都没有中国的“一带一路”更引人关注、更受人期待。

今天，可以从多侧面感知中国的国际影响力：中国重视什么、关注什么，这一地区、这一事物就会立即成为国际社会的兴奋点——中国决定世界聚光灯的焦点。例如，缅甸等国家曾长期被西方国家冷落，当中国进入缅甸、哈萨克斯坦等国时，各国开始重新审视其政策，并纷纷加强同中国在相关国家的影响力博弈，当然直接受益的是沿线各国。

有一位朋友的话很有道理：“中华文明曾经被富强（列强）征服，今天我们不能为了富强而放弃文明。”笔者在“一带一路”的调研过程中，常常感叹：“中华文明如此伟大，可我们如何让沉睡的文明苏醒呢？中国人如何充满自信地去探索推动社会进步的各种可能，逐渐拥有被国际社会所分享的文化与价值？”“一带一路”就其目标而言，不是要和别人竞争，更不是要同美国争夺霸权，而是要挖掘中国自身的潜力，提升自我，“一带一路”不是转移财富的过程，而是创造财富的过程。

二、“一带一路”与传统理念的超越

在国内，中华民族长期存在“中原中心主义”，即在中国版图上始终有“文明与野蛮”、“内正统与外蛮夷”的严格区分，而“后者需要被教化”，这一范式会周期性地约束中国的文明型崛起，导致中国经济与社会顽固地存在“排他主义的地方化倾向，以及保守主义的本地化倾向”。

在国外，国际社会长期存在“中心—边缘秩序”，这一秩序在国际政治上的特点是：以民族国家为核心、以“典型欧洲范式”的主权国家框架去规范世界不同的政治主体；这一秩序在全球经济上的特点是：以全球化为核心、以“资本主义范式”的“中心—边缘”框架去约束世界不同经济体，其内在逻辑是“中心侵蚀边缘”、“边缘依附中心”。

美国社会学家沃勒斯坦是“世界体系理论”的代表人物。他认为，在世界体系中，国与国之间存在等级，少数国家成为核心国，多数国家成为它们的附属国。根据资本积累、技术以及劳动分工，资本主义世界经济存在三重结构：中心、边缘以及介于二者之间的半边缘。中心国家是那些在世界体系中占据主导地位，依靠先进技术和工业产品控制支配其他国家的国家；边缘国家指那些不得不以出口自然资源和初级产品而受控于中心国家的国家；而半边缘国家指那些既可以某种程度上控制边缘国家，又在某种程度上受控于中心国家的国家。

沃勒斯坦对于中国这个社会主义大国一直予以重视。他在为中文版《现代世界体系》所作的序言中真诚地指出：“占人类四分之一的中国人民，将会在决定人类共同命运（的历史进程）中起重大的作用。”“一带一路”是对上述传统理念的一种超越，路、带、廊、桥等“去中心”（Decentralization）的中国式话语开始崛起，代表着平等、包容，代表着国际社会的“非极化”发展倾向。“互联互通”开始成为一种时尚，“痛则不通、通则不痛”的中国式文化与哲学思想开始备受瞩目。

表 1　英美崛起的理念和话语霸权

	理念和话语典型	理念和话语意义
英国霸权时代	政治：（1）英国的君主立宪制；（2）议会制；（3）英联邦制。	英国霸权时代也是一个君主立宪制、议会制被很多国家模仿学习的时代。
	经济：自由贸易和金本位制。	自由贸易和金本位制成为国际新秩序的标志，同时使得伦敦的声音能够被许多国家所获悉。
美国霸权时代	政治：（1）美国成功地建构了立法、行政和司法三权分立与制衡的模式；（2）共和的观念取代了立宪的精神。	（1）与英国的议会制和君主立宪制相比，美国制度更体现了权力分享的精神。（2）“二战”后许多国家的制度建设实际上都采用了议会制和总统制的混合模式。
	经济：通过多边主义和制度主义方式使战后国际体系打上明显的美国烙印。	贸易上的关税与贸易总协定、金融上的布雷顿森林体系共同构成了美国霸权的制度骨架。

“一带一路”是具有鲜明中国理念标识的全球公共产品，致力于提升中华文明的国际贡献度。我们必须明确，“负责任国家”是中国文明型崛起必然应具有的身份定位。“责任”在政治学中有其特定含义：责任是承担与角色相应的义务，责任是一种尽责的品质。由此我们可以得出，“负责任国家”的基本要求是能够自觉遵守与其身份相称的义务。当然，“负责任国家”在不同历史时期有不同的评价标准。然而，“负责任国家”与“负责任大国”有根本性的区别，后者不仅要参与全球治理还要提供公共物品。这里的公共物品不仅包括有形的物质产品，还包括无形的精神产品。作为最大的发展中国家、联合国常任理事国、儒教文明的发源地，中国应当承担“大国责任”。在国际社会，“大国责任”是指一个国家作为大国所应该承担的义务，这不仅是因为大国对国际政治格局变迁的影响最

大，而且还因为在无政府状态中，“权力最大的单元（国家）将担负起特殊责任——提供公共物品”[①]。大国提供公共物品，不仅在于大国能够获得经济收益，也在于大国需要获得社会学意义上的尊重，而后者对大国身份而言是必不可少的。在人类历史的长河里，我们可以看到大国不断地提供公共物品。例如，作为18、19世纪最为强大的国家，英国承担了保障国际海道安全的责任。

“穷则独善其身，达则兼济天下”，这种中国式的哲学思维深刻地影响着中国外交。“一带一路”倡议的提出是中国从地区性大国向世界性强国转变过程中外交理念的重大调整，是中国由“负责任国家”向“负责任大国”转变的重要体现，是中国向国际社会提供的公共物品，且与以美国为代表的西方国家所推崇的“民主和平论”等公共物品有本质的不同。

的确，中国有丰富的传统文化资源，有成功的经济崛起实践，有与世界打交道的上千年历史经验，完全可以为人类社会贡献不同于西方话语的精神财富，争取为人类文明做出更大贡献。[②]“一带一路”倡议将以实际行动改变“崛起大国必将挑战现存霸权”的国际关系霸权兴衰逻辑，尊重世界文明多样性和各国发展模式的独特性，加强思想文化领域和不同宗教之间的国际对话，倡导相互尊重、开放兼容的文明观，以一个“文明型国家”（civilizational-state）的崛起为国际社会做出更大的原创性贡献。

三、要纠正“一带一路”的错误认知

自2013年11月至今，笔者在参加“一带一路”相关学术会议以及在接受媒体采访时，常常感受到“一带一路”在很多人眼中已经成为一个大蛋糕，大家都忙着争抢，很多认知错误不断地发酵、传染……这些认知错误如不纠正，必然会导致“一哄而上、一抢而光、一哄而散”的窘境。

第一，慎用“桥头堡”等进攻色彩浓厚的词汇。很多省份定位自己为“一带一路”的“桥头堡”（bridgehead），但是桥头堡是军事术语，它的本意是防御性

① [美]肯尼思·华尔兹《国际政治理论》，信强译，上海人民出版社，2003年，第265—281页。

② 阎学通《公共外交：提升中国软实力的重要选择》，《解放军报》2010年7月25日，第4版。

的，即"说成什么，我也不能让你进来"。因此，"桥头堡"、"排头兵"、"先锋队"、"主力军"等词汇翻译成外文，不具开放性、包容性，而且容易让人产生误解，以为中国是要来"打仗的"。上述词汇是中国人熟悉的，但是国际合作是要讲给外国人听的，术语不国际化，会使接受程度和传播效果大打折扣。

第二，慎谈"过剩产能"。常有媒体提到："'一带一路'建设，可以把过剩产品销售出去。"这个词汇，让沿线国家听了很反感。"你不要的、过剩的，别人会要吗？"给人的感觉是，中国要到沿线上去"倒垃圾"。因此，要避免使用这种令人不舒服的词汇描述"一带一路"建设中的核心概念，我们可以用中国的"优势产能"、"富余产能"以及"产能合作"等词汇来替代。

第三，"沿线有64个国家"的表述不准确。千万别把丝路沿线国家限定在64个，传统沿线64国没有欧洲最发达的西欧部分，也没有亚洲最活跃的日、韩两国，显然是不合适的。笔者建议，全世界有230多个国家，只要致力于"一带一路"发展的，都是丝路国家，这样看既包括美国，也包括拉美，等等。因此，笔者提倡对"丝路"国家的界定应是"65+"的概念。

表2　丝路沿线64国区域与国家情况

区域	国家
中亚5国	哈萨克斯坦、土库曼斯坦、吉尔吉斯斯坦、乌兹别克斯坦、塔吉克斯坦
东南亚11国	印度尼西亚、马来西亚、菲律宾、新加坡、泰国、文莱、越南、老挝、缅甸、柬埔寨、东帝汶
东北亚2国	蒙古国、俄罗斯
独联体6国	乌克兰、白俄罗斯、格鲁吉亚、阿塞拜疆、亚美尼亚、摩尔多瓦
南亚8国	印度、巴基斯坦、孟加拉国、斯里兰卡、阿富汗、尼泊尔、马尔代夫、不丹
西亚北非16国	沙特阿拉伯、阿联酋、阿曼、伊朗、土耳其、以色列、埃及、科威特、伊拉克、卡塔尔、约旦、黎巴嫩、巴林、也门共和国、叙利亚、巴勒斯坦
中东欧16国	波兰、罗马尼亚、捷克共和国、斯洛伐克、保加利亚、匈牙利、拉脱维亚、立陶宛、斯洛文尼亚、爱沙尼亚、克罗地亚、阿尔巴尼亚、塞尔维亚、马其顿、波黑、黑山

第四，"丝绸之路主要由发展中国家构成"的表述不准确。丝绸之路经济带的核心区域是中国西北五省以及中亚五国，21世纪海上丝绸之路的核心区域是中国东南、西南省份以及东盟十国，但它们的两端一头连着活跃的东亚经济圈，另

一头系着发达的欧洲经济圈。因此，发达经济体的资金、技术和经验，也是丝绸之路的宝贵财富，发达国家也是“一带一路”的重要成员。

第五，“资源、能源合作”不是“一带一路”的唯一主题甚至优先主题。有很多人认为，“一带一路”建设就是要保障中国的资源、能源供给，确保稀缺性资源的战略安全。的确，丝路沿线国家大都有丰富的资源和能源储备，如黑金（石油、煤炭）、蓝金（天然气）等，但是这些国家非常不喜欢“一谈生意就是资源、能源”，他们不希望成为“骑士的马”。

第六，有为才有位，不用忙着定位。很多省份在忙着争抢历史上谁是丝绸之路的真正起点，有的叫丝绸之路的新起点、有的叫丝绸之路的黄金段、有的叫丝绸之路的节点……这在全球化、互联网经济时代的意义是有限的，关键不是叫什么，而是要有内容、有亮点、有突破，即在今天本省份有哪些“错位竞争、不可替代”的丝路优势。

第七，中国向丝路国家卖什么。有很多省份一想到丝绸之路，还在丝绸、茶业、瓷器等“老三样”上做文章，但这是历史上中国的主打产品。今天，我们要卖什么？首先，需要了解合作伙伴需要什么，要超越“有什么，就卖什么”的阶段：对方需要什么，我们就卖什么。要多卖必需品（如美国的三片：薯片为代表的餐饮、芯片为代表的科技、影片为代表的娱乐）、少卖奢侈品，既是卖产品，也是卖价值、卖文化，通过消费中国产品要上升到对中国的欣赏和认同（而不是与之相反）。有很多省份抱怨，有了宽马路，但车上没有产品，“通道经济”对区域经济的带动与辐射作用远远不够。所以，要在卖什么上做文章。

第八，中国向丝路国家买什么。总体思路是：我们需要什么，就买什么。今天中国企业特别需要提升学习能力、适应能力、整合资源的能力，要在“一带一路”建设中把我们急需要的买回来、请回来，这个阶段最需要的可能不是能源资源，不是市场，而是技术、经验和视野。中国城市也要在与丝路沿线城市交往中，探索城市治理现代化的路子，在艺术气质、文化品位上做文章，打造能够赢得人心的中国城市，打造具有国际品质的中国城市，把先进国家在历史文化保护以及城市规划设计中的好的思路、好的做法带回来、请回来。

第九，丝路战略既要顶层设计、更要基层创新。在调研过程中，很多地方干部最后的总结往往惊人地相似，大家习惯用两句话结尾：希望中央重视我们，给予特殊的政策，在资金和政策上予以倾斜；我们有干劲儿，早就做好准备啦，就等中央一声令下，让我们干什么，我们就干什么。这种现象可以概括为，“寄希望于一把手怎么说”。但是，北京的专家再聪明，他们不一定比新疆的干部更了解新疆，北京的领导再英明，也不一定比广西的干部更了解广西。所以不能等，要有基层创新，要先做起来。

第十，“一带一路”不宜过快、过急，没有时间终点，但有时间节点。要适时推动“一带一路”落地，特别是要在智力支持上下功夫。海南的发展离不开中国（海南）改革发展研究院，上海的发展离不开上海国际问题研究院……这些省份的淡定与远见是因为他们有源源不断的智力支持。建议整合全国人才资源在南方省份建立海上丝路研究院，在西北省份建立陆上丝路研究院，同时配套建立智库产业园区，提供中国企业走出去所急需的信息交互、项目对接、风控管理等服务。同时，要积极发挥企业特别是民营企业的积极性，“春江水暖鸭先知”，它们的作用不可低估，要充分激发它们的活跃性和敏锐性。

总之，在丝路建设中，要时刻思考什么样的中国企业对丝路国家有吸引力，什么样的中国城市对丝路国家有吸引力。简单来说，第一是发展、稳定，第二是开放、便利，第三是文明、进步。丝绸之路的魅力不仅是一条经贸合作通道，更是一条文明互鉴之路。今天，中国丝绸之路2.0版，对于全体中国人而言，不仅要产业升级、市场扩容，更要思路升级，“有思路才有丝路”。

四、“一带一路”的痛点经济学

痛点经济学，就是文化经济学，因为找痛点就是读心、暖心、攻心的过程，就是打造文化与经济精品的过程。文化是行走的经济，经济是可持续的美好，美好是认真展现的态度，态度是由内而外的文化。

这是最差的时代，也是最好的时代：因为周围差的、不入流的事物比比皆是，因此只要有人用心做、好一点，就会立即被大家所认可、所珍视。常常有人问笔者：五年、十年以后，中国社会还会讨论“一带一路”吗？其实，“一带一路”对中国以及国际社会而言，不是要我们去接受这四个字，而是去把握“一带一路”的基本内涵，以及这一内涵是否适应了国际社会发展的迫切需求。“一带一路”

的基本内涵是什么？就是“互联互通”，而这一内涵的确找到了国际社会的最大痛点。所以，我们可以想象一下，五年、十年后，中国社会还需不需要互联互通，中国与国际社会的互动还需不需要互联互通。

今天，中国西北有很多不联不通的地方，甚至沿海也有很多不联不通的地方，所以要先找准痛点，才能打通痛点，整个过程需要打造“智慧共同体”。首先，“一带一路”是国人自我教育、自我修正、自我完善的过程，13 亿中国人中的每一个个体开始尝试在思想、知识、心灵领域的互联互通。其次，中国开始真正走向世界，成为世界之中国。几千年来，中国人一直习惯于国际社会主动了解我们，因为我们是中国之世界，我们了解别人的意愿和能力始终不强，但今天，“一带一路”迫使中国人上路，在了解这个美丽星球的同时，出现了一批批的“‘一带一路’人”。什么是“‘一带一路’人”（OBORer），即老在路上，总倒时差，常换水土，不停找思路，时时被刺痛，但频频被感动。

“一带一路”建设过程中，取得的成绩固然令人欣喜，但其中存在的“痛点”更值得我们关注，如中国西部投资不足的原因之一是因为物流成本高，根源则是中国西部有太多的物理、心理封闭性，缺乏互联互通。“一带一路”的机遇在哪里，简单地回答：找准体验痛点就找到了商机的盈利点和机制的突破点。我们要敏锐地发现“一带一路”上的体验痛点，体验痛点就是商机的盈利点，就是“一带一路”机制建设的突破点。

今天，中国的城市和企业有很多痛点。诗人说：人的一生有两样东西不会忘记，那就是母亲的面孔和城市的面貌。中国城镇化经历了三个阶段，第一个阶段是土地面积扩大的城镇化（土地带来财富的同时也带来矛盾），第二个阶段是人口数量增多的城镇化（户籍带来财富的同时也带来矛盾），第三个阶段是寻找归属感的城镇化（解决人内心的归属与认同问题）。在第三个阶段，城市的发展目标，不仅是高楼大厦、公共服务，也包括城市品牌、城市文化、城市理念，以及市民对城市的归属与依赖，城市发展由功能定位走向人文定位。正如习近平主席所言：在中国，老百姓要看得见山、望得见水，记得住乡愁。这样的城镇化是有魅力的。建设有魅力的中国丝路城市要避免心浮气躁，要在细节和争取人心上下功夫。

丝路城市的成功与否不单纯看经济增长指数的高低，更重要的是看文化建设在社会发展、对外开放中的含金量。笔者 2014 年底去英国访问，从机场往爱丁堡走的时候，一位英国朋友指着我面前的一片城市建筑说："这是我们的新城，是18世纪的。"我以为是自己听错了，追问道："新城是18世纪的，老城是什么时候的？"对方淡淡且自豪地回答："老城是14世纪的。"这个时候我突然加深了对一句话的理解：不知是岁月成就了英伦，还是英伦成就的岁月。在这里，淡淡的一个"CLASSIC"（经典）就遮住了一切浮躁。"一带一路"对中国城市而言，不仅是经济崛起的良好契机，更是中华民族文明型崛起的自我鞭笞："一带一路"不会一蹴而就，需要精耕细作，只有耐得住寂寞、少折腾，才能造得出精品。

在"一带一路"实践中，要切实提升中国丝路城市的实力层次。先看看实力的组成部分：第一个层次是"地质圈"实力来源。每个城市在对外宣传的时候，讲得最多的肯定是描述经纬度、面积、资源、古迹等，基本属于有形可见的物理层面、地理层面的实力来源。比"地质圈"高一层次的是"生物圈"的实力来源，这个层次做的不是一件件具体的事情，而是要处理一系列复杂微妙的关系，最核心的是人与自然的关系（生态）以及人与人之间的关系（民生）。比"生物圈"还高一层次的是"思想圈"，就是在教育、媒体、艺术、文化、标准、规范、价值、亲情、信仰、追求等无形的领域发力。在人类社会中，越强大恰恰越无形，"一带一路"建设要提升沿线国家对中国的欣赏与认同，必须要在"生物圈"与"思想圈"层次发力。

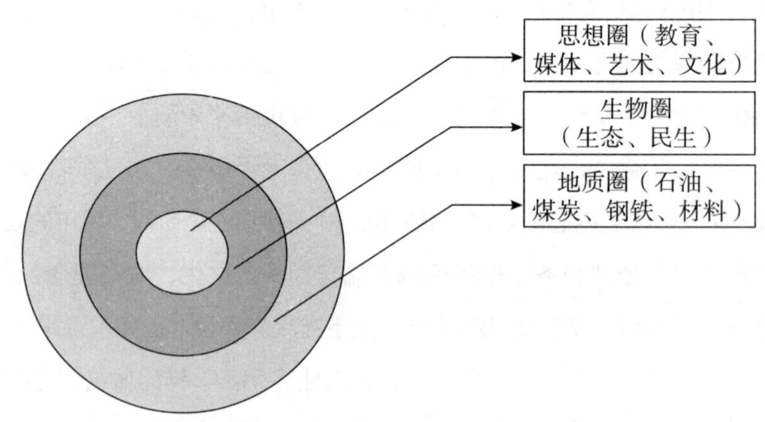

国家实力的三个层次来源

有些城市配套"一带一路"建设做了一些宣传手册，但他们往往是这么宣传自己的：一是这个城市交通多么便利，四通八达；二是历史古迹多么众多，独一无二；三是地下资源多么丰富，应有尽有，等等。如此，这样的城市定位还停留在“地质圈”实力的宣传，没有在“生物圈”和“思想圈”层面上下功夫，是不会产生“回头客”的。旅游业或文化业是“一带一路”的“朝阳产业”，是“一门兴、百业旺”的产业，但是推进旅游文化必须充分挖掘旅游景点或城市景观的文化内涵，文化要有感动人的力量，要能够激发一种冲动，即与人分享的冲动。在丝路建设中，不论是城市的文化品牌还是旅游品牌，都要注重艺术气质和文化品位，要讲究错位竞争的美，简单往往最美。

2007 年，笔者去加拿大访问，对其城市的美丽环境特别是先进理念感受颇深。班弗国家公园是加拿大最知名的旅游胜地，其中有一处温泉池，一直以来这里生活着一种本地特有的鱼类，但是长得不漂亮，是一种“丑鱼”。为了吸引更多的游客，公园管理处出于善意，决定往温泉池里投放更多的具有观赏价值的美丽、昂贵的鱼种。的确，效果不错，池中鱼可百许头，皆若空游无所依。但是一段时间过后，当地居民偶然发现新来的鱼种食欲很好，什么都吃，而原有鱼种的食物却很单一，这样新来的客人将原有主人的食物一网打尽，致使原有鱼种大面积死亡。此时，当地居民要求公园管理部门必须做出回应。结果是，胃口不错的、美丽的新来者被捞出鱼池，逐渐又恢复了“一池水，一种鱼”的自然状况。这一“折腾”加强了当地人们对生物多样性（diversity）的了解和认识，即生物多样性不是“越多越好”（the more，the better），而是要以尊重自然界的本真状态为前提：美丽的鱼离开这个池子，照样可以活泼好动，但是丑鱼离开这个池子，全世界就找不到它了。

结果，这一件小事提升了班弗国家公园的知名度，人们口口相传，甚至有人专门来到这里恰恰为了欣赏这“一池水，一种鱼”，因为游客从内心认同班弗这一城市处理人与自然关系时所秉持的文化和价值。所以，我们不能轻视“口口相传”的力量，因为这种力量能够使文化行走起来。

企业不仅要卖产品，也要卖文化。目前，中国企业的短板是：有企业不一定有产品，有产品不一定有品牌，有品牌不一定有品牌价值；渐进性创新不少，但突破性创新不够。今天，中国企业不走出去也有风险，而且风险可能更大。原来问中国企业为什么要走出去，很多企业家回答：“要服务国家战略。”现在的答案往往是：“走出去是要解决生存压力。”可见，企业家越来越在商言商，这是件好事。因此，“一带一路”建设中，不要过分夸大中国企业走出去的风险，关键是自身要准备好、要把项目选好，要真正具有国际视野和品牌意识。美国、日本和韩国等国的企业没说要做“一带一路”，但他们实际做的就是“一带一路”，即用产品和文化“征服”人心。其实，中国企业的最大风险是中国企业性格的内向性，不走出去，中国企业会越来越被动，会越来越受制于人。

目前，中国企业向丝路沿线国家重点推销的是“新三样”，即高铁，核电，以及航天、航空与造船等。其中，大多属于基建类企业，如中铁、中铁建、中交建、中建等。但这些“风风火火”的企业背后也有痛点，他们的主要特点如下：（1）初期，是“一带一路”的核心工种；（2）劳动密集型，但劳动力成本不断上升；（3）商业风险、政治风险与人员风险叠加；（4）财务成本大，负债率高，但利润率低。例如，中铁一年的营业额有7000亿元，但纯利润只有100亿，企业有30万员工，但每年需要雇用200万农民工，因此，企业不堪重负、负债率高，因为劳动力成本以及人员风险在不断上升，每年不是没事干，而是忙活一年最后留给自己的钱太少，属于流血流汗的“低附加值”行业。所以，在走出去的过程中，企业会不断发现痛点、解决痛点，如中交建、中电建等企业在海外进行基建主业的同时，努力开拓运营与管理服务业务，利润率明显较高。

中长期，中国企业在丝路基础设施建设中要努力推进“硬联通”与“软联通”的互促结合。“软联通”就是把中国企业的标准带出去，例如在正在实施的“一带一路”项目中，肯尼亚蒙内铁路已经在积极使用中国标准。蒙内铁路是肯尼亚独立百年来建设的首条铁路，也是规划中的东非铁路网的咽喉，2013年底开工建设，将采用中国国铁一级标准，把中国的资金、技术、标准、装备制造和管理经验带入非洲。蒙内铁路建成后，将全面升级肯尼亚现有铁路网。运营了100多年（英国殖民者100多年前修建的）、时速仅40公里、年货运量仅100多万吨的肯尼亚老窄轨铁路将逐步退出历史舞台。

总之，文化自信是三大自信（道路自信、理论自信、制度自信）的基础，那么文化自信的基础是什么？是经得起时间检验和历史考验的人民（国内民众以及国际受众）满意。“一带一路”标志着中国走向文明型崛起的大道，此时中国人开始找痛点、找差距、找路径、找归属、找信仰。的确，文明型崛起的国家应该像麦穗一样，空心的麦穗举头摇向天空，而饱满的麦穗则俯身低头朝向大地，她自信成熟又内敛含蓄。

赵 磊 中共中央党校国际战略研究所教授、国际关系与台港澳研究室主任、中央党校—教育部“中外人文交流研究基地”执行主任、教育部“国别与区域研究专家委员会”委员、中国联合国协会会员、中央企业青联委员。中央党校“一带一路”重点研究课题主持人，“‘一带一路’百人论坛”发起人、首席专家。共青团中央“中国青年网络智库”专家委员，“国家高层次人才特殊支持计划（万人计划）”青年拔尖人才。研究方向为国际关系、中国外交、多边外交与文化软实力、民族冲突管理、“一带一路”建设等。著有《一带一路：中国的文明型崛起》、《中国梦与世界软实力竞争》、《国际视野中的民族冲突与管理》、《构建和谐世界的重要实践：中国参与联合国维持和平行动》等。

“一带一路”国际贸易支点城市研究报告

王 文 刘 英 陈晓晨

一、“一带一路”国际贸易支点城市研究意义

推动“一带一路”建设，是党中央国务院结合国际形势变化，统筹国内国际两个大局做出的重大决策。其国际意义在于促进沿线各国互联互通的同时继续深化我国全方位的对外合作，力求建立政治互信、经济融合、文化包容的利益共同体、命运共同体和责任共同体。

应当如何全面推进和“一带一路”沿线国家的经贸关系？人大重阳首创性地提出一个关键概念：“一带一路”国际贸易支点城市。“一带一路”国际贸易支点城市是指在“一带一路”沿线，经济规模和国际贸易额较大，具有良好基础设施、人力资源及开放的商贸投资环境，有较强集聚、辐射等功能，在国际贸易中具有重要地位的城市。

1. 国家战略的需要

根据传统的国际贸易中心城市理论，国际贸易中心城市是开拓全球市场的重要平台和渠道，也是获取全球资源的战略前哨。但是，国际贸易中心城市的形成需要深厚的工业和贸易底蕴、长期的积累和建设。因此，可以称作国际贸易中心城市的数量较少。

“一带一路”倡议覆盖了人口数量众多、地域分散的欧亚大陆中轴。不少沿线国家和地区经济发展相对薄弱，工业积累程度参差不齐，金融及配套服务体系相对缺乏，并且远离传统的国际贸易中心城市的辐射带。因此，必须进行理论创新、政策创新和实践创新，从“一带一路”建设需要出发，培育沿线的贸易支点城市。

2. 推动贸易畅通的需要

贸易畅通是“一带一路”建设中最重要的内容。贸易往来一直是世界经济的重要内容。历史上，无论是陆上丝绸之路还是海上丝绸之路，首先都是贸易之路。推动贸易畅通的关键就在于找对支点城市，发挥支点城市的作用。在贸易畅通的推动下，才有道路和设施联通的需求，才有资金融通的推力，才有民心相通的基础。打造支点城市将会明显改善相关地区的贸易环境，对周边国家撬动作用更加明显，符合推动“一带一路”建设的规律。

3. 协调各地方对接的需要

建设“一带一路”国际贸易支点城市要中央与地方相结合，共同合力推进，首先需要准确选择支点城市、发展支点城市、实现支点城市的带动作用。我们认为重点有四：一要重点发挥优势支点城市的辐射带动作用；二要破除制约潜力支点城市成为优势支点城市的制度障碍和瓶颈，其中重点是要加大改革力度，打破行政级别的束缚；三要重点扶持战略支点城市，加强其能力建设；四要以“全国一盘棋”的思想，实现合理布局，避免个别地方出现“一哄而上”、无序竞争而造成资源浪费，将支点城市辐射带的地区纳入整体发展规划。

4. 实现国际贸易平衡的需要

中国要实现贸易可持续发展，需要立足在全球产业链中的既有优势，寻找新的贸易增长点，拓宽贸易空间，优化贸易结构，进而促进贸易平衡。在“一带一路”的机遇下，市场主体可以从贸易畅通入手，把握与沿线国家贸易投资的机遇，拓展国际贸易新空间；实现产业投资与国际贸易的新结合。站在制订国际贸易发展规划的角度，应探索“一带一路”关键节点城市之间的合作，实现支点城市规划与基础设施互联互通相结合。

5. 理论研究需要

自“一带一路”倡议提出以来，产学研各界对“一带一路”沿线国家、区域研究很多，并提出了很多建设性构想。但对“一带一路”国际贸易支点城市的提法较少，更没有提出如何选取城市作为“一带一路”国际贸易支点城市进行培养、推动，也没有提出具体的建设思路。因此，必须充分发挥智库在建设支点城市中的支持引导作用，从学术和智力方面对支点城市的选取和评价提供理论、政策和方法支持。

针对以上需要，本报告立足于推动“一带一路”贸易畅通，从沿线城市国际贸易入手，通过产业基础便利、产业配套便利、国际贸易体量、区位优势、国际化程度、国际辐射力、政治影响力等指标，评价沿线的贸易重点城市，选出“一带一路”国家贸易支点城市，并据此建议政府有针对性、先后性地对“一带一路”进程进行推动，充分发挥各重要城市的支点性作用和撬动作用，推进建设有潜力的城市成为区域的贸易中心，并通过其向末端的深化，进而通过促使各支点性城市的互联互通，形成框架性网络，逐步实现网络的密集化发展。

二、“一带一路”国际贸易支点城市理论依据

“一带一路”国际贸易支点城市的理论框架，以空间经济学、国际贸易和国际投资理论、不平衡发展理论和新经济增长理论等反映全球化新形势的学术前沿进展为支撑。

1. 空间经济学

空间经济学研究资源在空间的配置和经济活动的空间区位问题。空间经济学主要研究集聚，发展趋向主要是扩展理论，寻求实证研究，探讨空间经济的福利和政策含义。其中，国际模型，也就是产业集聚与国际贸易，主要围绕着国际专业化和贸易、产业集聚、可贸易的中间产品、贸易自由化趋势对一国内部经济地理的影响等。对于“一带一路”支点城市建设规划起到理论指导和经验借鉴作用。

2. 城市竞争力理论

哈佛大学教授迈克尔·波特认为当国家竞争上升到国际层面，城市则成为国际贸易或国际投资的重要支撑，城市的竞争归根结底要首先考虑国家因素。而政府的作用在于提供良好的国际贸易和投资环境。由国家竞争优势到城市竞争优势，国家和政府在竞争中扮演更加重要的角色，而城市则是经济集群形成的最佳地点。

3. 国际贸易和国际投资理论

国际贸易理论是经济学中最具历史传统的内容之一，从资源优势理论到要素禀赋理论，新的全球化条件下，兴起了新生产要素理论及产业内贸易理论等新贸易理论，以不完全竞争市场和规模经济为前提，从动态出发考虑需求情况，建立起一系列贸易模型。

国际贸易中心是指一国基于全球分工，经过国家战略层面的战略规划，选择一个或若干个具有比较优势的本土城市作为全球资源配置的平台。成为国家参与全球竞争的主要载体，承担国家的战略任务，服务于国家战略目标的实现。[①] 国际贸易中心应具备国际性消费、商品流通能力、商贸商务能力、国际会展能力、创新能力、信息化程度高等功能。

Grosveld 提出的“成就城市的要素”指标群概念从贸易交通、生产服务、金融等 11 个方面比较城市发展水平。1995 年我国政府和研究部门利用“德尔斐法”研究，选出人均 GDP 等关键指标及 13 项参考指标。后顾朝林、叶贵勋等相继提出了评价指标体系，倪鹏飞等提出了城市竞争力概念框架和测度指标体系。

三、“一带一路”国际贸易支点城市研究成果

1. 基本理念

“一带一路”国际贸易支点城市是指在“一带一路”沿线，经济规模和国际贸易额较大，具有良好贸易投资环境和区位优势，较强的集聚和辐射功能，在国际贸易中具有重要地位的城市。合理确定并培育国际贸易支点城市，对于构建“一带一路”国际贸易体系及促进“一带一路”倡议的顺利实施具有重要意义。

2. 研究对象

在构建“一带一路”国际贸易体系的过程中，要充分发挥市场在资源配置当中的决定性作用，注重效率和赢利能力。而传统的城市研究，由于受到行政层级的限制，未能对一些在商贸领域极具比较优势的县级行政单位进行研究比较，使

① 汪亮《国际贸易中心城市崛起的经验和启示》，《城市观察》2011 年第 4 期，第 51—64 页。

得这些地区的发展受到一定限制，未能充分释放这些地区在国际贸易领域中的潜力，发挥其在贸易领域所具有的支点及撬动作用。故除了4个直辖市和333个地级行政单位外（不含港澳台地区），本报告将全国百强县也作为国际贸易支点城市的候选对象纳入考量。

3. 评价标准和评价体系

中国人民大学重阳金融研究院研究认为，区位优势、产业优势、国际化程度及吸引力决定了城市国际贸易的基础构建水平及未来发展的高度。因此，要确定支点城市必须全面了解沿线城市的经济发展、国际贸易现状、区位优势、产业优势、国际化程度及吸引力等相关指标。在此基础上，根据“一带一路”国际贸易支点城市的定义，结合国际贸易中心城市理论、城市竞争力评价理论等，形成了“一带一路”国际贸易支点城市评价体系（RDCY the Belt and Road International Trade Pivot Cities Evaluation System），包括12大项、38小项指标。

4. “一带一路”国际贸易支点城市评价体系12大项指标解析

基础设施　国际贸易支点城市首先应当具备的条件就是便捷、通畅的物流。基础设施与区位优势是评价支点城市的首要指标。短期，应当利用既有优势城市的基础设施；长期，在加强基础设施建设及互联互通的过程中重点培育国际贸易潜力支点城市和具有区域优势的国际贸易战略支点城市。

人力资源　城市人力资源包含产业人才基础和国际贸易人才基础这两个方面。一个城市的人口规模决定了其能吸引和提供的产业劳动力规模。质量要求主要是适应国际贸易需求的，即具备良好的专业理论、较强的实践操作技能、较强的国际沟通能力、熟悉国际惯例的专业人员。

国际投资环境　国际投资环境是评价一个城市国际吸引的综合经济指标。经济发展水平越高，市场开放程度越高，物价水平越稳定，对国际资本的吸引力越强。

国际商贸环境　国际商贸环境是评价国际贸易支点城市能否实现国际贸易发展、构建国际贸易便利化环境和条件指标，决定交易成本的高低及交易行为的便利性。将国际商贸环境作为国际贸易支点城市最核心的特征之一，用以评价支点城市的现有优势和未来发展潜力。

产业基础 产业基础指标衡量城市的产业结构完善程度，周边的制造业基地配套程度，以及未来产业升级转移的便利程度。产业集群的规模、产业配置的合理与完善程度、传统制造业的升级及向周边的扩张能力，决定了城市对全球国际贸易的影响力。

产业配套 产业配套主要是指与国际贸易相关的现代服务体系的建设情况，包含 IT 基础设施建设、国际贸易配套中介服务及其他专业服务体系建设等。制造业、货物与服务贸易、包括生产性服务业在内的服务业形成了相辅相成的关系，确保了跨国生产效率和流动效率的有效性。

国际贸易客观指标 国际贸易指标是评价国际贸易支点城市的最基础指标。国际贸易的规模事关全球贸易格局，可持续发展的潜力决定着未来是否仍然具备作为国际贸易支点城市的体量。而现代全球资源配置体系下，服务贸易占国际贸易的比重一方面体现了一国在尖端技术方面输出的能力，另一方面体现了一个国家的国际竞争力。

贸易等客观量化指标确实具有基础性作用，"一带一路"国际贸易支点应当是一个综合概念，既包括客观量化指标，又包括主观评价指标；既反映市场自身的均衡，又体现"一带一路"战略倡议；既包括反映现状的存量，又包括反映潜力的增量。因此，贸易额仅仅是整个评价体系中的一个部分，不能将支点城市简单理解为按贸易额排序。

跨国企业吸引力 跨国企业吸引力指标体现对跨国企业的吸引程度，主要包括跨国企业总部的进驻数量、跨国公司的进驻数量、跨国企业家数量。国际贸易支点城市由于在产业基础、商贸环境、人力资源、投资环境、产业配套等方面的优势，吸引众多跨国企业的进驻，并具备大量的跨国企业家等高端管理人才。

创新研发能力 创新研发能力指标体现的是国际贸易支点城市的持续发展能力，其实现程度依赖良好的政策环境，并在政策支持之下开展产业创新性教育、创新成果的广泛传播和转化等，并以此方便实现产业化发展。这种创新与转换是推动国际贸易支点城市发展的内在动力，反过来又增强了城市的吸引力，提高了城市的地位。

金融便利性 金融便利性指标主要衡量其金融便利的程度。国际结算便利在国际贸易往来中起到重要作用。国际贸易支点城市应实现金融基础设施的完备，能够成为国际结算、贸易融资、金融创新的区域中心甚至是全球中心。

国际化程度 国际化程度指标直接体现国际贸易支点城市的国际化现状及其国际吸引力。国际贸易支点城市应当是便利的国际贸易产品集散地，应具备丰富的国际会展功能，能够体现对国际贸易资源配置的影响，外在表现为有一定数量的国际友好城市或国际友好关系城市。

国际吸引力 国际吸引力指标是评价国际贸易支点城市的软性指标。主要包括地区的宜居程度，是否具有包容的国际文化特征，直接体现在接待入境游的数量上。例如，店铺招牌用双语甚至多语的数量及占比，多种语言的应用等都是体现国际吸引力的重要观察指标。

四、“一带一路”国际贸易支点城市排名

1. 国际贸易支点城市综合评价方法

根据“一带一路”国际贸易支点城市综合评价体系各项指标，选取2013年的国际贸易、国际投资数据，对包括外商投资额（FDI）、对外贸易依存度、进出口贸易额、人均GDP、基础设施及区域优势等反映国际物流便利、外贸增长率的指标赋予不同权重，在分别量化计算出各项总量、人均量的同时，结合国际贸易支点城市优势及发展潜力，进而通过专家评分等定性分析方法对“一带一路”沿线城市进行排序。

主成分分析法 主成分分析法（Principal Components Analysis，PCA）是将多个变量通过线性变换以选出较少个数重要变量的一种多元统计分析方法，又称主分量分析。其核心原理是利用降维的思想，把多指标转化为少数几个综合指标的多元统计分析方法。具体有如下四个步骤：

第一步：原始指标数据的标准化。采集P维随机向量$x=(X_1, X_2, ..., X_p)^T$，n个样品$x_i=(x_{i1}, x_{i2},..., x_{ip})^T$构造样本矩阵，对样本矩阵元进行标注化处理。

$$Z_{ij}=\frac{x_{ij}-\overline{x_j}}{s_j}$$

其中$\overline{x_j}=\frac{\sum_{i=1}^{n}x_{ij}}{n}, s_j^2=\frac{\sum_{i=1}^{n}(x_{ij}-\overline{x_j})^2}{n-1}$，得到标准化矩阵Z。

第二步：对标准化矩阵 Z 求相关系数矩阵。

$$R=[r_{ij}]_p xp=\frac{Z^T Z}{n-1}$$

其中 $r_{ij}=\frac{\sum z_{kj}\cdot z_{kj}}{n-1},i,j=1,2,...,p$。解样本相关矩阵 R 的特征方程 $|R-\lambda I_p|=0$ 得出 P 个特征根。确定主成分 $\frac{\sum_{j=1}^{m}\lambda_j}{\sum_{j=1}^{p}\lambda_j}\geqslant 0.85$，使得信息利用率达 85% 以上，对于每个 λ_j，解方程组 $Rb=\lambda_j b$ 得到单位特征向量 b_j^o。

第三步：将标准化后的指标变量转换为主成分。

$$U_{ij}=z_i^T b_j^o$$

U_p 称为第 P 主成分。

第四步：对 m 个主成分进行加权求和，即可得最终评价，权数为每个主成分方差贡献率。

专家评分法　专家评分法是一种定性描述定量化方法，它首先根据评价对象的具体要求选定若干个评价项目，再根据评价项目制定出评价标准，聘请若干代表性专家凭借自己的经验按此评价标准给出各项目的评价分值，然后对其进行结集。

专家评分法具体采用加权评价型。将评价对象中的各项指标项目依照评价指标的重要程度，给以不同的权重，即对各因素的重要程度做区别对待。

$$W=\sum_{i=1}^{n}A_i W_i$$

其中：W—评价对象总得分；W_i—评价对象的 i 指标项得分；A_i—i 指标项的权值。

且：1）$\sum_{i=1}^{n}A_i=1$　　2）$0<A_i\leqslant 1$。

2.“一带一路”国际贸易支点城市排名

“一带一路”国际贸易支点城市的排名采用定量分析与定性分析相结合的方法，首先从“一带一路”沿线国家和地区的上千城市中遴选出具有国际贸易支点影响力的城市进行分析，在国内 333 个地级市和 4 个直辖市及百强县的统计数据基础上，选取国际贸易总额（含进出口数据）排名前 100 位的“一带一路”沿线城市作为国际贸易支点城市排名对象，得出国际贸易支点城市综合排名、优势城市排名、潜力城市排名和战略城市及县域排名。

（1）"一带一路"国际贸易支点城市排名。

按照"一带一路"国际贸易支点城市评价体系，结合城市历史发展、现实状况、未来规划，在整体综合考虑城市的经济状况、国际贸易规模与效率、产业优势、区位优势、金融便利性、政策扶持等全方位因素的情况下，得出了"一带一路"国际贸易支点城市综合排名。

"一带一路"国际贸易支点城市综合排名

综合排名	城市名称	综合排名	城市名称
1	上海	26	佛山
2	北京	27	福州
3	深圳	28	烟台
4	重庆	29	温州
5	杭州	30	中山
6	广州	31	江阴
7	天津	32	太仓
8	苏州	33	唐山
9	大连	34	昆明
10	厦门	35	常州
11	武汉	36	济南
12	宁波	37	泉州
13	南京	38	常熟
14	无锡	39	太原
15	东莞	40	绍兴
16	成都	41	哈尔滨
17	张家港	42	威海
18	青岛	43	合肥
19	珠海	44	长春
20	义乌	45	南通
21	沈阳	46	淄博
22	郑州	47	嘉兴
23	长沙	48	惠州
24	西安	49	潍坊
25	东营	50	南昌

（数据来源：国家统计局、海关总署、统计公报、教育部、CEIC、WIND。）

在国际贸易支点城市—优势城市排名中包括上海、北京、深圳、天津、广州等。而在国际贸易支点城市—潜力城市排名当中包括义乌、张家港、江阴、惠州、太仓等。国际贸易支点城市—战略城市特征是国际贸易体量不高、综合排名靠后甚至未能进入综合排名，但由于其在“一带一路”建设中具有重要战略位置，能够连接国内外、带动国内外城市发展，须将这类城市纳入国际贸易支点城市建设的考虑中去。在综合考虑该类城市的地理位置、经济走廊规划中的地位、国际贸易布局、基础设施状况、城市人才状况等因素情况下，本报告评出“一带一路”国际贸易支点城市—战略城市，包括乌鲁木齐、西安、喀什、昆明、兰州、拉萨等。

（2）“一带一路”国际贸易支点城市建设存在的问题。

第一，国际贸易支点城市整体布局不均衡。从“一带一路”国际贸易支点城市的排名结果来看，目前“一带一路”国际贸易支点城市的整体分布不均衡。大部分支点城市主要集中在江、浙、沪等沿海地区，而位于西部尤其是“一带一路”建设核心区新疆的国际贸易支点城市数量太少。作为中国的西北门户，新疆地缘优势明显，资源丰富，产业结构体系较为完善。面对中亚西亚的广大地区，如果仅仅依靠乌鲁木齐和霍尔果斯等少数几个贸易支点城市，是远远不能满足需求的。

第二，国际贸易支点城市发展受行政级别束缚。从排名结果整体来看，行政级别越高的地区的国际贸易发展程度往往更高。但经济发展水平及市场开放度与行政级别之间并没有必然联系，出现上述情况的原因主要是行政级别的区别会导致资源分配上的差异。注意到义乌、张家港这样的县级市在综合排名中也能名列前茅。所以应该要突破行政级别的束缚，发挥各地优势，坚持市场导向，让资源合理分配，保证资源的高效率利用。

第三，国际贸易支点城市软硬件建设有待提高。从“一带一路”国际贸易支点城市的排名结果来看，软件建设集中反映为市场开放度、政策支持力度、金融信息服务等方面。各城市的基础设施、物流建设还有待加强，东西部基础设施完备程度差异较大，城市之间基础设施建设缺乏统筹协调，阻碍了地区之间互联互通效率的提高。此外，“一带一路”中的国际贸易城市已不只是传统意义上的货物贸易，还包括技术和服务贸易，需要更完善的知识密集产业作为支撑。而目前，各城市能提供的金融服务、营销服务和风险管理等软件基础设施与“一带一路”贸易体系的要求相比，仍有很大差距。

五、"一带一路"国际贸易支点城市分类与政策建议

1."一带一路"国际贸易支点城市（中国内地）的分类

通过对国内城市国际贸易效率及资源占有状况的交叉对比，结合城市历史、现状与发展后，得出如下结论——"一带一路"国际贸易支点城市可分为三大类：

优势支点城市：贸易额高、增速稳定的贸易中心城市。

潜力支点城市：贸易额较高，增速较快，或遇制度瓶颈的贸易支点城市。

战略支点城市：极具区位优势、目前各方尚有待发展的贸易支点城市。

（1）优势支点城市。

总体特征 根据评价结果，传统国际贸易发达的城市在国际贸易规模庞大，区域优势明显，贸易环境出色，产业结构完善，国际吸引力强，一直是区域性国际贸易中心。作为国际贸易优势支点城市，可以倚重并发挥其在"一带一路"中的引领带动作用。具有长期规划区位优势明显、产业结构完善、辐射周边市场广阔等特点。

典型城市 在国际贸易支点城市的排名中，上海位列第一位。上海常住人口超过两千万，具有丰富的国际化人力资源，上海自贸区是中国大陆境内第一大自由贸易区。2014 年上海实现外贸进出口总值近 2.9 万亿元人民币，约占当年全国的 11%。

政策支持与长期规划：作为我国最重要的国际经济城市，上海在城市发展规划和政策扶持上，长期保持政策连续性。根据《上海国际贸易中心建设 2014—2015 年重点工作安排》，上海将加快"四个中心"功能建设的决策部署，其国际贸易中心建设将重点推动"两个创新"（推进贸易制度创新、推进贸易方式创新）、"两个提升"（提升贸易主体能级、提升贸易服务功能）、"两个完善"（完善市场体系建设、完善贸易投资环境）。

区位优势：上海位于长江入海口，向外通达全球市场，向内辐射我国腹地。2014 年上海港口货物吞吐量达到 7.6 亿吨，口岸货物进出口约占全国的 27%、全球的 3%，全面超越中国香港、新加坡；服务进出口贸易占全国的 30%、全球的 2% 左右（上海统计网）。

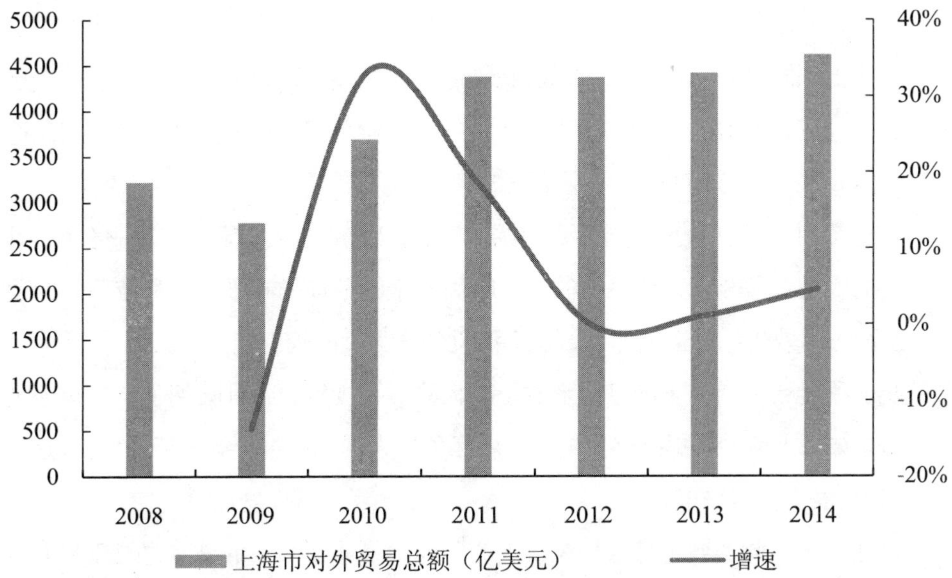

（数据来源：海关总署。）

图 1　2008—2014 年上海对外贸易总额及增速

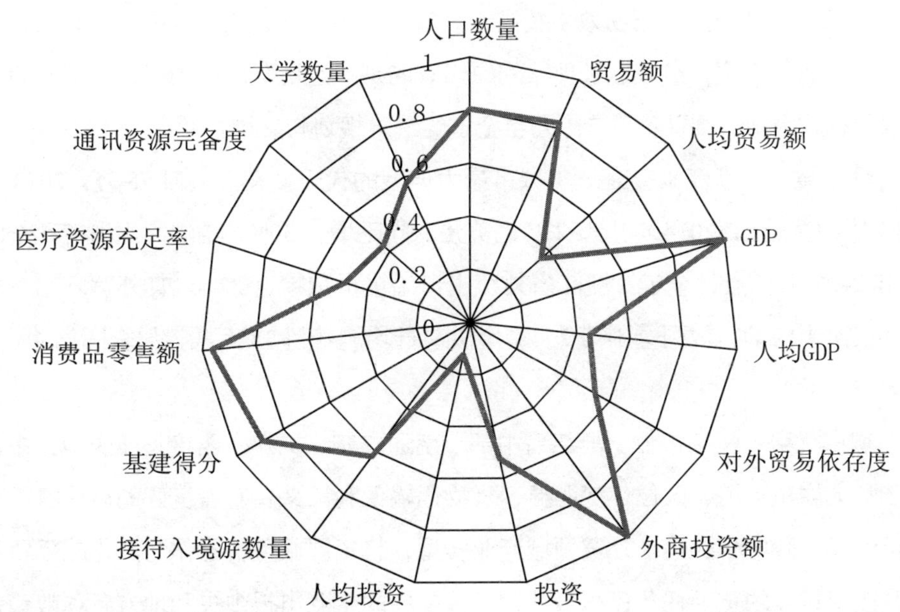

（数据来源：国家统计局、海关总署、CEIC、WIND。）

图 2　上海市国际贸易支点城市综合情况

产业基础：长三角是我国重要制造业基地，集中大量开发区、产业园区，拥有一大批国际知名品牌。上海代表我国制造业发展水平，人才、技术、资金优势明显。长三角日益成为吸纳外资和承接国际产业转移的重要基地。在中国制造2025政策支持下将大有可为。

周边辐射：长三角是我国重要的城市集群，经济发达，周边人口一亿多，具有丰富的人力资源和巨大的消费能力，吸引着全国各地的高级人才和劳务。而便捷、安全、高效的综合运输体系，让上海具备了强大的辐射能力。

增长平稳：目前，上海已经形成了较大的贸易规模，并且吸纳了长三角地区的贸易。如果上海希望提高外贸增速，就必须扩大其辐射带，寻找新的增长点。

（2）潜力支点城市。

总体特点 此类城市具备相对较大的国际贸易体量和稳定快速的国际贸易增速，在国际上具有一定的吸引力，但在成为国际贸易支点城市上还有比较明显的瓶颈。而一旦打破这些瓶颈，实现资源的完整配置，这类城市将会实现一个相当快速的发展。

潜力支点城市国际贸易效率较高、具备一定的优势，但在某些方面软硬件欠缺，发展遇到瓶颈，造成这种现状的原因有的是缺乏更高层级的整体规划，有的受限于行政级别，难以获得全国乃至全省的统筹规划和支持。

典型城市 浙江义乌是该类城市最为典型的代表。义乌人口75万，2013年出口182亿美元，2014年出口237亿美元，同比增长30%，增幅高出浙江和全国20和24个百分点，全年对浙江省外贸出口增量贡献率达22%。其外贸网络密集程度仅次于深圳，位列全国第2，跨境快递日均流量超35万票，居全国第4（义乌政府官网）。

城市优势：义乌市位于浙江省中部，南通广东、福建，西接长江腹地，东靠中国最大城市上海，区位优势明显，货物运输便利。义乌有着良好的商业氛围和政策环境，政府积极追求外贸领域产业转型，将拓展服务贸易作为深化国际贸易综合改革试点的重要任务；积极帮助符合条件的企业申报中央和地方各项政策；推动建立服务贸易跨部门联系机制；着力促进服务贸易重点行业扩大出口；积极培育进口市场；推动跨境电子商务发展；积极提升义乌城市国际化水平与吸引力。这些都使得义乌具有较强的国际竞争力和知名度。总体来说，义乌作为国际贸易支点城市发展潜力后劲儿十足。

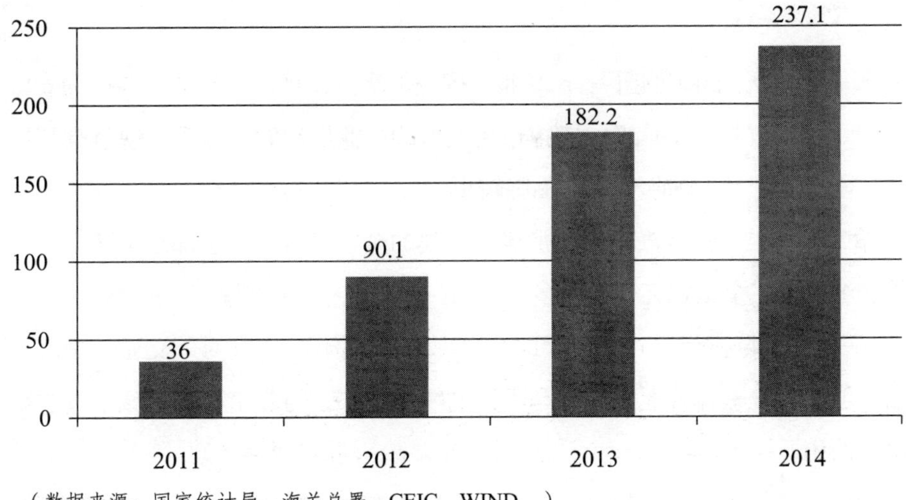

（数据来源：国家统计局、海关总署、CEIC、WIND。）

图 3　义乌市国际贸易发展情况

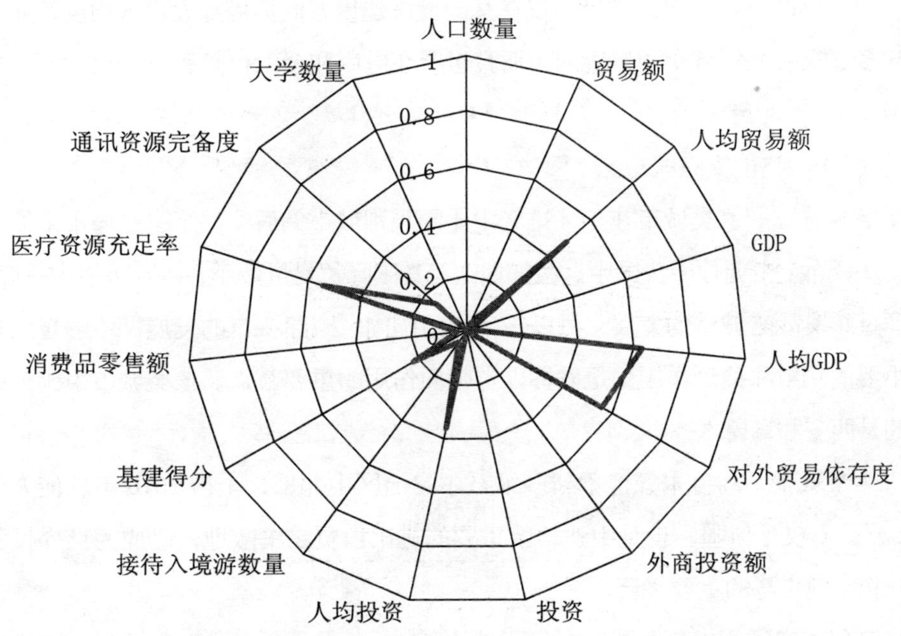

（数据来源：国家统计局、海关总署、CEIC、WIND。）

图 4　义乌市国际贸易支点城市综合指标情况

发展瓶颈：软硬环境的欠缺制约其进一步的提升。而这类问题的解决单纯依靠当地政府明显力度不够，需要从国家层面给予推动和支持，从而提升城市地位、优化城市布局、提升资源聚集能力等，进而使城市具备成为国际贸易支点城市的完整条件。

第一，市场国际功能不强，产业支撑较单薄。义乌市场虽然外向度为60%，但进口、转口贸易水平偏低；支撑市场发展的产业层次有待提升，缺乏高科技含量与高附加值产品，国际知名的品牌较少。

第二，中央商务区尚未真正形成。在建的金融商务区和总部经济区，引进的世界知名企业、全国知名企业不多，金融、商务没有形成明显的集聚效应。

第三，与国际陆港城市相配套的交通网络正在构建。义乌对外交通便捷，公路、铁路、航空三位一体，逐步成为国际性的物流中心。与北京等中心城市直航航班数量方面稍显不足。

第四，高等院校规模较低，涉外人才储备有限，文化、教育、科技和环保专业领域的国际交流合作还较为薄弱。

从蛛网图可以看出，义乌不仅在基础设施建设方面仍需加大投入力度，建立现代多层次、宽领域交通运输网，而且也要在电商和金融信息等方面继续深化打造国际级“内陆港”。

（3）战略性支点城市。

整体特征 这类城市在整体排名中比同级别城市偏后，甚至有些城市未能上榜，从分布上主要位于我国中、西部地区。其国际贸易量较小，国际吸引力一般，但通过该类战略城市的发展，可以带动周边国内、国际城市的发展，能够起到非常重要的辐射和撬动作用，是发挥以点带面作用的重要节点。该类城市中比较典型的是西安和乌鲁木齐。

典型城市 乌鲁木齐位于新疆维吾尔自治区中北部，全市2010年总住人口262万，不仅是新疆，也是中亚地区重要的进出口贸易集散地，已成为世界投资者开拓中亚市场的重要平台。

乌鲁木齐区位优势显著，国际贸易体量较小，软硬件条件存在不足，在排名中未能进入榜单，但是在“丝绸之路经济带”建设中处于重要地位，是连接中国与中亚的重要通道，“一带一路”国际贸易支点城市建设不能缺少乌鲁木齐。

目前乌鲁木齐已形成层次性贸易网络，建成3个国家级开发区和1个出口加工区、1个一类口岸和7个二类口岸，近200个各类商品交易市场。充分发挥乌鲁木齐的纽带作用，加强跨国电子商务平台建设，推动国际口岸发展，提升国际物流综合服务能力，应是发展重点。“一带一路”国际贸易支点城市建设要解决西部及中亚地区地广人稀、运输不便、基础设施薄弱等问题，必须发挥乌鲁木齐支点作用，形成“支点城市 + 配套城市”的网络化格局（乌鲁木齐经济技术开发区官网）。

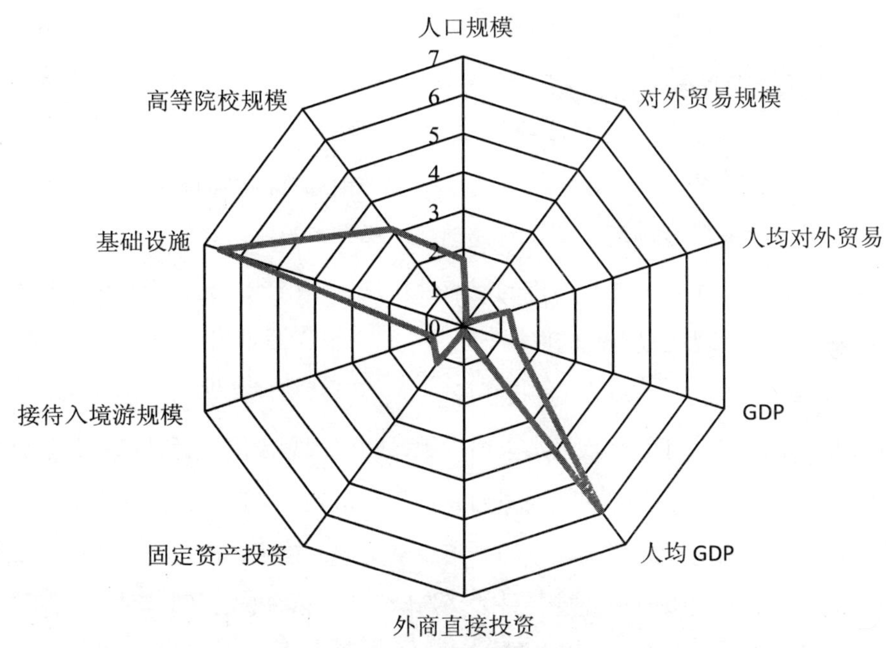

（数据来源：国家统计局、海关总署、CEIC、WIND。）

图 5　乌鲁木齐市国际贸易支点城市综合指标情况

2. 建设“一带一路”国际贸易支点城市的政策建议

“一带一路”国际贸易支点城市现有发展程度及未来发展潜力不同，在“一带一路”建设中的战略位置不同，因而在优先顺序、政策扶持倾向方面各不相同。

应当推动“一带一路”国际贸易支点城市建设，形成“支点城市 + 配套城市 + 末端城市”的框架性网络，实现其“以点带面”的功能，逐步实现网络的密集化发展。

（1）在国家战略层面，以“一带一路”国际贸易支点城市评价体系为理论参考，全面科学地规划支点城市建设，发挥“以点带面”作用，推动贸易畅通。

第一，把建设“一带一路”国际贸易支点城市纳入到国家战略层面，统筹考虑沿线各城市特点，综合考虑各省、各区域利益，促进产业升级的实现。

第二，在“一带一路”建设工作领导小组下设立专门的协调机制，科学研究、综合规划、有序推进。“一带一路”支点性城市建设应当着重确定几个方向，包括贸易便利化改革、现代商贸体系的构建、贸易平台的建设、政府职能的转变等。

第三，中央与地方协调推动，抓好重点城市。没有国家的战略布局，无法实现贸易支点城市的资源获取、市场拓展和资本筹集；没有地方政府在外贸措施上的扶持，也无法实现产业布局的具体落实与实现。

（2）在区域布局上，规划和建立海陆统筹、东西互济、大小兼顾的支点城市体系。

第一，巩固优势支点城市地位，有序形成一批高标准的创新性国际贸易中心城市。从推动贸易制度创新、贸易方式创新、提升贸易服务功能、实现国际贸易便利化入手，进一步发挥现有城市的支点性作用、辐射带动力，积极促进现有城市的金融及中介等现代服务业的发展。

第二，破除潜力支点城市的制度瓶颈，加快行政体制改革，释放外贸潜力。潜力城市的发展要从打破行政级别束缚入手，明确规划发展目标及路径，提升城市软硬件条件，提高城市的国际吸引力。从产业布局上，应当选择周边具有较好的工业企业布局的、产业基础较好的城市。从交通运输上，应当选择国际物流便利的城市。例如义乌毗邻宁波港，是“义新欧”班列的起点，同时具备国际机场等优势，既能够面向海洋、面向世界，又能够面向内地、面向亚欧大陆腹地。

第三，大力扶持战略性支点城市。战略城市的发展应当加强基础设施建设，强化地方政府的创新意识、开放思维，全方位提升，实现城市国际贸易规模的发展、国际贸易效率的提升。长远必须推动战略城市成为新的国际贸易中心。

第四，统筹协调支点城市辐射带。支点城市辐射带位于各类支点城市周边或交通干线沿线，在国际贸易发展上相对缓慢，但也有发展国际贸易的需求，也要实现与“一带一路”规划的对接。该类城市的发展要注意与支点城市的配套，实现资源的合理利用，避免出现“一哄而上”、相互争夺资源的局面。而这种协调工作单纯依靠地方规划是比较难实现的，同样需要中央和地方的共同推动。

（3）推动持续发展，高标准推进支点城市建设。

第一，与物流节点城市发展相互配合，充分利用“畅顺大通道、提升大经贸、深化大合作”的海关服务措施。按照《国务院关于深化流通体制改革加快流通产业发展的意见》，结合《全国流通节点城市布局规划》，形成国际贸易支点城市与全国流通节点城市相互配合、共同促进的格局。充分利用海关总署服务“一带一路”建设的16条举措，促进互联互通，促进与沿线国家经贸产业合作，提升与沿线国家贸易便利化水平。

第二，从政策扶持、资金投入、城市建设等多个方面入手，提升城市的软硬件条件。通过加强政策扶持及松绑、加大固定资产投资，提升国际贸易支点城市基础设施、教育、文化等国际吸引力，推动国际贸易支点城市现代金融业、现代服务业及其他配套服务业的发展，逐步使国际贸易支点城市成为运转高效、国际吸引力强、跨国企业的现代国际贸易城市。

第三，深化与“一带一路”沿线国内外国际贸易支点城市之间的合作与交流。通过中央引领、地方主动，深化国际贸易支点城市之间（国内外城市间）的合作与交流，建立合作伙伴关系，结成友好城市，深化经贸合作与文化交流。“一带一路”的重大倡议、国际贸易支点城市的发展应纳入国家战略布局。中央及地方政府有序布局国际贸易支点城市，并推动更多城市成为国际贸易支点城市，为建设“一带一路”、推动贸易畅通打下坚实基础。

王　文　中国人民大学重阳金融研究院执行院长、中国金融学会绿色金融专业委员会常务理事兼秘书长，“‘一带一路’百人论坛”专家委员会委员。曾任《环球时报》编委（主管评论、社评），2011年“中国新闻奖”获得者，2014年中国智库十大代表人物。译编著有《世界治理：一种观念史的研究》、《政治思想中的国际关系学》等。2013年初参与创办新型智库人大重阳，该智库是入围“全球智库150强”的七家中国智库之一。

刘　英　中国人民大学重阳金融研究院研究员、合作研究部主任。发表《第一时间解读“一带一路”政策文件》、《“一带一路”不是中国版马歇尔计划》、《金融如何支持“一带一路”建设》、《“Marshall Plan” Copycat Allegations Misleading》、《“一带一路”政策支持与对接》及金融投资类文章多篇。

陈晓晨　中国人民大学重阳金融研究院研究员。发表《“一带一路”与美“新丝绸之路”的相遇》、《阿富汗随笔（一）：“战略通道”与战争，丝绸之路与中国》等。

“一带一路”倒逼中国外交决策机制改革 *

薛　力

2015年3月在北京召开“两会”，引发了一个以前没有的新现象：对“一带一路”的讨论从31个省级两会会场汇聚到北京，并引发全球关注。在3月8日的记者会上，外交部部长王毅称“一带一路”为2015年中国外交的重点。2002年历史学家章百家先生在一篇影响广泛的文章中，论证中国发挥世界性影响的方式是“改变自己，影响世界”。[①] 从那以后，中国的经济实力又有了明显的增长。2008年西方受金融危机影响，经济陷入衰退且迄今没有恢复元气。反观中国，在成功举办2008年奥运会后，经济继续高速增长，GDP在2010年超越日本，2014年已经是日本的两倍，美国的70%。可见，13年来中国对世界的影响力又上了一个台阶。

值得关注的是，中国对世界的影响力将因为“一带一路”战略的实施而更加突显。原因在于，这一战略的实施不仅意味着大笔的对内对外投资，还意味着中国改变了数千年来的天下治理模式，尝试以和平方式掀起一波又一波的“中国涟漪”。因此，这一战略今年逐步进入实施阶段后，以“韬光养晦”为特色的外交势必要大规模转型，以满足“有所作为”乃至“奋发有为”的现实需求。那么，中国现行的外交决策机制如何因应这一系列“中国涟漪”？

在“一带一路”战略实施过程中，涉外事务将出现诸多变化，不仅涉及的部门增加，涉及的事务增多，更为重要的是，需要主动谋划的事务与领域将明显扩展。而基于“外交决策通常是基于不完全信息”这一特点，未来外交决策过程中出现失误的可能性也会随之上升。

完全消除外交决策失误是不可能的，但减少失误是现实的。不过，要减少失误，

---

* 原文2015年3月9日发表于FT中文网，9月增补于北京—苏黎世途中。王逸舟教授、王存刚教授、林民旺博士、左希迎博士对本文亦有贡献，特此致谢。

① 章百家《改变自己 影响世界——20世纪中国外交基本线索刍议》，《中国社会科学》2002年第1期，第4—19页。

首先需要改进涉外信息的收集与分析，强化政策建议的筛选与综合，提升相关决策的质量。这种改进洵非易事。

收集与分析涉外信息主要是研究人员、外交官与专业情报人员的工作，对所搜集的涉外信息进行初步的判断、筛选与综合是高级外交官与涉外事务中高级决策层的事情，而外交决策通常取决于最高决策层，尤其是重大外交决策。一般而言，涉外部门官员与附属机构研究人员的长处是掌握丰富的信息。但他们的不足之处在于：看问题容易受部门利益牵制；为日常工作所累，难以对相关问题深入研究，不容易对宏观战略问题进行思考。专业政策研究机构的长处是可以相对超越部门利益束缚；能进行深入的专题研究与战略思考；可以借鉴一些基础研究成果，如学术界的新理论、新方法以及一些新的基础数据。不足之处则是：对于一些只有政府部门才掌握的信息了解不够，研究与分析主要依据公开信息与个人调研获得的信息。当然，特定的委托研究项目例外。

与之相较，美国的外交事务研究与决策机制相对成熟，其外交研究与决策机制是：不同政府部门利用自己的特长进行相关信息的搜集与分析（有些是委托专业人员进行），提出政策建议；非政府的专业研究机构，特别是主要思想库，也依据自己的特长进行信息的搜集与分析，并提出政策建议。上述两类机构的建议经过外交决策层高级助手的初步筛选或者整合后，成为数量有限的几套方案，并列明其主要优缺点，有时候还会列出排序，供总统决策时参考。为了强化政策建议的筛选与整合功能，美国大量吸收专业研究人员出任外交决策部门的中高级职务，形成独特的“旋转门”现象，并被许多国家所借鉴。

一、中国外交决策机制存在的问题

毫无疑问，中国外交决策机制有自己的特点与长处。但这不属于本文讨论的范畴。本文关注的是中国外交决策机制中的不足。这种不足，从信息的收集与分析，到政策建议的筛选与综合，再到决策的做出，各个环节均有。很可能，中国与美国外交决策方面差距最大的是政策建议的筛选与综合环节，其次是政策决定环节。在信息的收集与分析环节，中美之间的主要差距在于研究人员的素质，而非不同部门的信息共享。

在信息搜集与分析阶段，中国的情况是：包括军方在内的各个涉外部门及其研究机构，通常垄断自己领域的相关信息（这在美国也是痼疾），他们所给出的政策建议，通常基于部门利益的考虑，有时候则是基于本部门主要领导的意志（这方面中国比较明显）。外交部系统与中联部系统内，真正有水平、有独立判断能力的专业研究人员数量不足，一些既有的人才没有得到充分使用。

中共中央对外联络部（中联部）曾经拥有比较强大的专业研究部门。这些部门被划归中国社会科学院、北京大学等单位后，已经没有成建制的研究机构。这导致中联部在大规模开展外交事务，特别是党际外交后，出现"研究力量难以支撑大量外交行为"的后果。

外交部虽保有一些研究机构，但也发觉系统内的研究力量与研究成果难以满足现实需要。政策规划司、中国国际问题研究院与外交学院是外交部下属的三个主要研究机构。其中政策规划司理论上拥有的职能是：研究分析国际形势和国际关系中全局性、战略性问题；拟订外交工作领域政策规划；起草和报送重要外事文稿；开展外交政策宣示；协调调研工作；开展涉及新中国外交史研究的有关工作。然而，基于"外交无小事"的传统，加上人员配备有限、主要精力用于应对交办工作等原因，政策规划司在研究方面起到的作用比较有限，总体上扮演的是地区司、专业司之外 "剩余领域研究部"的角色，并且在研究深度、持续性等方面都存在明显的不足。

中国国际问题研究院与外交学院的研究力量相对强一些，两者都经常参与外交部委派的各类调研。在过去十多年里，外交学院除了传统的政策研究外，在国际关系理论与方法论研究上异军突起，成为国内这方面的一个重镇。中国国际问题研究院侧重于政策问题研究与提供内部报告，但研究力量只是相当于中国社会科学院下属的一个大型研究所，许多资深研究人员系从外交官转换而来，这种人员结构的好处是了解具体的外交实践，不足之处则是写作学术文章所需要的专门训练有所欠缺，所写出的学术文章理论性不够强，方法论意识欠缺，对政策问题的分析不够深入，所提政策建议缺乏足够的理论与方法支撑。总体上，中国国际问题研究院的人员数量与综合影响力似乎稍弱于"老对手"现代国际关系研究院。

一些问题不是这些机构所能克服的。与外交部的隶属关系也限制了外交学院与中国国际问题研究院提出超越本部门利益的综合性外交决策建议，尤其是当这种建议可能有损外交部利益时。国外解决隶属关系带来的不足的方法是：委托外部机构进行研究。

一个值得欣喜的现象是，最近这些年外交部系统以外的专业研究机构在外交政策分析中的作用明显提升，许多高校成立偏向政策研究的智库并发表研究报告，也接受一些委托项目。但是，大部分时候表现为少数著名学者以个人身份参与或者接受政策咨询。学者成名后从事研究工作的时间明显减少，其建言献策通常是基于经验积累，而较少基于专项研究成果。委托项目也开始出现，经济与金融领域此类项目还不少。然而，这类委托项目至少存在两个不足：一是要求提交报告的时间太仓促，学者难以进行深入思考与分析，有时候给出的答案属于“临时应答”，这在政治领域比较明显；二是委托单位的倾向性太明显，有些时候不过是借学术机构与学者的嘴为其主张背书，这在经济领域与地方政府委托项目中比较明显。

在决策层次也存在的一些问题。最高层决策时，不是面对数量有限、特点分明、按照优先顺序排列的备选方案，而是：或者意识到某个问题重要，从上到下交代进行研究分析；或者面对数量众多但不够全面的政策建议；或者一时被某些部门与人物说服，采取有偏颇的政策。其后果是，委托研究的结果失之片面，众多的建议难以取舍，一时被说服做出的决策未必能体现国家的整体利益，外交政策整体上缺乏连贯性。

而造成上述后果的关键原因其实也显而易见，就是缺乏一个对各种外交政策建议进行判断、筛选与综合的部门（以下简称“政策筛选机构”）。不容否认的是，一些政策的出台经过了对各种政策建议的判断、筛选与综合的过程，亚丁湾巡航就是多部门协商后形成建议、最后被采纳，实际运作也很成功。许多重大文件的出台，更是集思广益的结果。但从制度有效性的角度看，外交政策建议筛选机构的缺位影响长远。

理论上，中央外办应该扮演这个角色，但实际上只起到执行机构的功能。中央外事领导小组代表性够广泛，但并非常设机构，也不易实现上述筛选与综合功能。中央政策研究室有时候扮演了这种角色，但全面扮演这种角色则并非制度设计的原意。毕竟，其主要功能可能是“受托进行政策设计与相关理论研究”，而非专门从事政策建议选择与优化。中央国家安全委员会原先被期待能顶上这个角色，但实际运行以来，学界的一般看法是，出现了过于侧重国内事务的倾向，而且程度在加剧。

至于外交部部长，其政策建议在决策中的分量不足，更难以扮演主要筛选者的角色。一个典型的例子是，国际关系学界许多学者大概都有这样的经历：向外交部领导提出某个建议后，这些领导的反应通常是，将向中央报告。

中国政府的决策过程还没有机制化，部门负责人的政治地位、行政级别、与最高领导人互动的频度等，对于决策有明显影响。因而，外交部从“决策部门”实际上被“降格”为“主要执行部门”实属必然。中联部等外事机构也存在类似问题。中国在过去几年里采取的一些客观效果欠佳的外交行为，甚至发生一些外交部不知道的重大行动，也与此有重大关系。

中国正致力于构建地区与全球性功能机制，这需要有关国家的合作。和平时期国家间合作的实现依赖于大量的利益交换与互相妥协，这属于外交部（以及商务部）擅长的范畴。然而，由于外交部部长却难以协调出可供交换的利益与做出妥协的限度，进而形成政策建议供最高决策者参考。这不能不说是中国在提供地区与全球公共产品方面进展不够快的一大原因。

二、外交决策机制改进的逻辑

在中国现行的政治体系中，“党指挥枪”无疑比“政府指挥枪”更具有现实的合理性。中国整体上也属于“文官治军”国家。但政策制定是个动态博弈过程，一般而言，强力部门解决问题时倾向于用硬实力说话，希望分出胜负；而商务部、外交部等倾向于用谈判、互相妥协的办法处理问题，以图实现共赢（至少是避免共输）。众所周知，中国共产党是中国的执政党，内政外交中的重大问题通常需要政治局讨论通过。就外交决策而言，负责外交的国务委员的意见或许可以抵得上同样身兼国务委员的公安部部长的意见，但整体分量上显然难以匹敌两个军委副主席、一个政法委书记等若干个政治局委员。其结果必然是，主张强硬不退让的外交决策者常常占上风。而且，一些强力部门的行动无须知会外交部。这部分解释了中国在过去若干年里为什么会采取一些效果不佳的强硬外交举措。

值得重视的是，作为一个体量巨大的崛起中国家，中国不但没有外敌入侵的忧虑，而且正处于力量快速向外扩展的过程中。周边中小国家对此疑虑与害怕是正常的，除非他们判断，中国政治经济军事力量的扩展不会伤害自己或对自己有利。如果不能成为同盟国的话，这就需要彼此建立信任。然而，这并不容易，对于与中国有领土争端的国家来说尤为困难。这种情况下，新一届中国政府基于自己的“不结盟外交”原则，提出与东盟等周边国家建立命运共同体。这无疑有助于他们化解疑虑、增进信任。但要达到预期效果，中国所需要做的不是高调与强硬，而是身段柔软，展示可信与不可怕，并通过一些制度性安排，让自己的行为变得可预期，并在一定程度上约束自己的行为。有实力却没有制度约束者，难免让人不放心。“通过制度进行统治”是“二战”后美国治理世界的一大经验。中国不妨有样学样，先从功能领域着手，从周边做起。

人通常具有自我中心主义的倾向，因此，有时候需要换位思考。国家亦然。想象一下，中国周边出现一个人口 100 亿、国土面积是中国 10 倍的国家（以下简称“百亿国”），并且在快速崛起。中国对于“百亿国”，恐怕也难以避免疑虑与恐惧，非常希望“百亿国”对中国很友好，并通过一些制度性安排约束其行为。如果“百亿国”在中国的专属经济区内画出一条“十一段线”，但拒绝告诉中国这条线的性质，声称不能只靠国际法来解决争端，要考虑到其数千年来对线内岛礁与水域的使用历史，强力主张除了国际法外，还要考虑历史性权利，并要求以一对一的谈判来解决争端。在这种情况下，中国与周边国家抱团、探讨国际法解决、寻求实力超过“百亿国”的全球第一强国的安全支持，大概都是很自然的行为，而且不会认为自己是在联合第一强国遏制（contain）“百亿国”。

中国的自我定位，正在从“东亚国家”变为“欧亚大陆国家”与“亚洲中心国家”，这是一种地域观上的回归。回归历史上具有明显等级制的华夷秩序（或曰天朝礼治体系[①]，西方学者则多数称之为朝贡体系）既不可能，也不可取。然而，中国成为当代国际体系的领导国之一，并非没有希望。虽然许多方面并没有实现，但“大小国家一律平等”已经成为当代国际体系的基本特征之一。而且，由于核武器的出现、全球和平意识的普及与内化，像历史上的崛起国那样通过战争实现

① 黄枝连《天朝礼治体系研究·上卷·亚洲的华夏秩序：中国与亚洲国家关系形态论》，中国人民大学出版社，1992 年。

崛起已经不可能，和平崛起是现实可行途径。而且，中国古代治理天下时所形成的天朝礼治体系，虽然有不平等之类的缺点，但毕竟是存在了几千年的一种“国际秩序”，肯定有其合理的一面，譬如，以礼服人、不追求大规模领土扩张。朝贡贸易中实行“薄来后往”的原则，也属于“以礼服人”。把天下分为五服[①]，对于宾服之外（所谓化外之地，住的是蛮夷狄戎与流放罪人）。对蛮夷戎狄的原则是“远人不服则修文德以来之”，他们受教化之后即可纳入前三服之列。而为了防范戎狄入侵，还采取了修建长城等防护体系。这些都折射出，中国作为农耕文化为主导的帝国，并不追求领土扩张。这显然不同于游牧文化，也不同于欧洲那些在商业文化主导下建立起来的帝国。

因此，中国在“一带一路”背景下实施外交决策机制改革，必须做到“自身优秀传统与西方优秀文明成果的综合”，而不能仅仅顾及一个方面。中国的外交决策体制改革，需要体现在观念更新、制度改建和人才的培养、使用与调整等三个方面。

观念方面，要做的就是：首先，走出“弱国无外交”认知误区，意识到“二战”之后，国家的死亡率已经很低，弱国、小国的生存权已经有了基本的国际保障，国家的治理议题突显，国家治理不善人民将受苦，政府也会被更替，但这与“亡国”无关。其次，摆脱“受害者心态”，进一步确立自信，意识到“落后挨打”或许是历史常态，但已经成为过去，现在的中国已非吴下阿蒙，没有国家敢欺负中国。提出建立新型大国关系已经初显中国在大国关系上的自信。但这只是一方面。提出建立以互利共赢为核心的新型国家关系，意味着中国意识到自己作为快速发展的亚洲中心国家所应当承担的责任，以及实现这种责任的原则。“带动”周边国家共同发展固然是好事，但首先要让周边国家愿意“被带动”。因而，取得周边国家的理解成为必要条件，如能获得其信任则更好。

这要求中国有大局观，谋大势而非局部利益，从整体与长远角度处理与周边国家关系，特别是与中、小国家之间的关系。其次是换位思考，理解周边国家的担忧所在，以及希望从中国获得怎样的支持与帮助。一些人担心周边中、小国家

---

① “五服”为甸服、侯服、宾服（绥服）、要服、荒服，其中要服与荒服居住的已经是蛮夷戎狄，即“蛮夷要服，戎狄荒服”。流放罪人也住在这两服。参见《尚书·禹贡》、《国语·周语》、《荀子·正论篇》等。

"狮子大开口"。这种可能性不大。即使提出，中国也有理由与能力拒绝。另外，政府有必要疏导国内的民族主义情绪，不必动辄上纲上线。还应该时时警惕一些人在批判美国不能平等对待中、小国家的同时，自身滋生出大国沙文主义意识，认为周边小国家没什么重要性，中国可以按照自己的国家利益行事，周边中、小国家对中国即使不满意也无可奈何，最后也不得不接受中国的做法并承认结果。持有这种立场者通常注重相对获益，认为国家都是在为自己争取利益，因此，有意无意地强调在一切问题上都要做到本国利益最大化，哪怕是在与中、小国家交往时。如在南海问题上，认为这是中国的核心利益，强调寸土必争，维稳应该服务于维权，而没有在中国与东盟整体关系的框架下考虑问题，不考虑中国作为地区大国应该如何行事才能服人、不考虑中国在下"全球大棋局"的时候如何处理"周边小棋局"。一句话，陷入了"只见树木不见森林"的窠臼。这种求小利失大端的做法显然不是在服务中国的整体长远利益。好在这种主张还没有成为政策研究界的主流认识。研究界主流与决策层的认知很可能是"在地区与全球大局中看南海问题"；与时俱进处理南海问题；开放的地区主义比较适合中国。

有必要提及：与美国的双边军事同盟体系、TPP 等排他性的制度相比，中国推动的亚太自贸区、亚信、亚投行等是一种非封闭机制，体现中国治理天下理念的开放与包容。

制度层面，平衡中央国家安全委员会对内与对外两方面的功能，强化对外方面的统摄功能。总书记兼任国安委主席偏重统摄对内方面，由另外一名常委任常务副主席兼任中央外事领导小组常务副组长，统摄对外事务。外交部部长由一名政治局委员级别的副总理兼任。外交部部长作为政务官，未必一定出身于外交官。在常务副主席的支持下，也可以对重大外交决策进行筛选、综合，并列出优先顺序。如是，最高领导人决策的质量与速度，以及中国外交政策的连贯性都将大大提高，中国也就有能力为地区乃至全球提供更多的公共产品，从而成为地区秩序与全球功能制度的主导者。

笔者的观察体会是，世界大国的外交部部长出身于职业外交官者乃少数，大部分情况下是由政治家担任，有时候是由企业家乃至学者担任。政治家型的外交部部长更能起到"外交政策建议主要筛选者"的作用。事务官的长处是专业与精细，不足之处则是欠缺宏观视野、战略考量与综合判断。这是普遍现象，中国没有必要羞于承认。

考察美国的外交决策体系，国务卿在内阁中的地位，如果与中国的执政党系统类比，大约相当于排名第三位的政治局常委。如果与中国的政府系统类比，则大约相当于常务副总理。总统的外交决策，固然会倾听副总统与国家安全事务助理的意见，有的总统国家安全事务助理非常强势（如基辛格与希拉里），有些国家安全事务助理与总统关系特别密切（如两个赖斯），但国务卿毕竟是首席内阁部长，是负责外交事务的最高行政官员，在对外事务上可能比总统更为专业，因此其意见在外交决策中的作用通常更重要。①

人才的使用上，外交部已经有若干某些问题或领域的专家型官员，部委领导中也出现了来自其他专业部委的人士。这说明外交部也意识到现有干部队伍中存在的不足并着手改进。问题是，力度还远远不够。“打破外交部现有的相对封闭体系，大幅度增加非职业外交官在部局级人员中的比重”应该成为外交部贯彻落实“一带一路”战略工作的一个组成部分，加快推进干部来源与构成的多元化。

从长远看，解决之道是建立政务官与事务官分类制度，但这需要与其他部委统筹协调。中近期内，至少可以启动并实施以下两项措施：强化外交官的离岗培训、延长培训期限，以提升其专业知识与技能。更容易见效的是大量增加“外部人”，如增加外交政策咨询委员会中非外交官的比例（刚刚换届的新一届委员有 29 位，其中只有 6 位非外交官），并考虑强化咨委会功能，甚至考虑将之升格为国安会外交政策咨询委员会。把有经验的相关领域的专家学者吸收到外交决策部门中。这些人可以先出任司局级职务，并在一段时间后提升到更高级的岗位。

这方面，科技部、环保部已开先例，在教育部、卫计委及其前身卫生部更是常事。就国际关系领域而言，王沪宁教授的经历不应成为绝响，而应在一段时期过渡后，成为新常态。

---

① 从功能角度看，美国建国后在外交上奉行孤立主义，外交事务并不多，国务卿的主要职责是国内事务，如参与制定并保管国内的法律法令，为国内行政部门的人事任命做公证，保管国会的各类书籍和文件等。因此，1781—1789 年联邦政府设立的是外交部，1790 年开始改称国务院（the department of state）。随着美国实力的提升与对外事务的增加，国务卿的主要职责才转向对外事务，但依然是内阁第一部长与总统首席外事顾问，负责协调除部分军事行动外的政府海外事务。国家安全委员会成立后国务卿是首席委员。现在的国务卿依然保留一些对内功能，如保管与使用国玺，一些联邦公告文件由总统和国务卿联署，甚至总统辞职也要向国务卿提交辞呈。

当然，外交部现有人员的出路问题也需要考虑。在中高级岗位竞争越来越激烈的情况下，大力推行人员构成多元化，将严重损害现有人员的职业预期。解决的办法是：多部门同时打破藩篱推进人员构成多元化，把具有丰富外交实践经验的人员有序分流到其他部委去从事与外事相关的工作（这方面，刘建超开了 一个好头）；外交官在现有的“职业化”上增加“专业化”，依据年功序列增加收入，避免收入完全与职务挂钩；转行到学校、科研机构、大中型企业、咨询机构等部门；推荐到各类国际组织工作。

薛　力　政治学（国际政治）博士，中国社会科学院世界经济与政治研究所国际战略研究室主任，副研究员，“‘一带一路’百人论坛”专家委员会委员。研究兴趣：国际战略与中国外交，海洋问题。近期比较关注“一带一路”与南海问题。

“一带一路”与中国战略意图研究

赵可金

“一带一路”是丝绸之路经济带和21世纪海上丝绸之路的简称，贯穿欧亚大陆，东边连接亚太经济圈，西边进入欧洲经济圈。自从两大倡议提出后，在国内外引起了强烈的反响，相关讨论如火如荼，十分热烈。2015年2月1日，中国推进“一带一路”建设工作会议在北京召开，“一带一路”建设工作领导小组成员和有关部门单位负责同志参加了会议。在会议上，要求全国34个省区市尽快编制推进“一带一路”建设的实施方案，要求全国最晚不迟于10月前制定完成对接“一带一路”实施方案的编制与公布。[①]其中，广东省第一个发布了《广东省参与建设“一带一路”的实施方案》，并配套出台工作重点和近期优先的项目清单，通过设施联通、贸易畅通、资金融通等方面，联手港澳台和周边省区，推进与沿线国家合作。[②]随后，江西省、陕西省、福建省、新疆维吾尔自治区、四川省等多地的对接方案和行动计划也已经上报国务院。在已经公布的对接方案中，西部省份多强调加快加强航空、铁路、公路等交通基础设施建设，而东部省份也强调注重利用临海优势，推进与东南亚地区在海上互联互通，优化通关环境，推动贸易投资便利化。同时，通过大力推进“三个一批”重点项目，即大力推进一批在建重点项目，力争新开工一批重点项目，主动推进并力争签署一批新的项目合作协议，以基础设施的互联互通为突破口，以产业合作、产能合作为重点，充分发挥企业建设主体的作用，务实推进“一带一路”建设进程。不难想见，随着各省区市、中央部委、国有企事业单位在10月份前陆续出台对接方案，在2016年可能会掀起一场“一带一路”建设的高潮，并吸引其他沿线国家竞相跟进。“一带

① 张高丽《努力实现“一带一路”建设良好开局》，新华社北京2015年2月1日电，http://www.gov.cn/guowuyuan/2015-02/01/content_2812983.htm。

② 吴哲《广东率先发布〈广东省参与建设“一带一路”的实施方案〉》，《南方日报》2015年6月8日。

一路”正在从中国倡议的愿景转变为共商、共建、共享的积极行动，它必将对世界政治经济格局和秩序产生重大而深远的影响。

一、“一带一路”的战略酝酿历程

事实上，“一带一路”在提出之初并没有现在这样的深谋远虑，仅仅是外交部欧亚司和亚洲司对中国对外政策的两个想法而已，并非是一个统筹国内发展和对外开放的大战略构想。进入21世纪以来，外交部欧亚司在探索上海合作组织平台的基础上，一直打算将沿线相关国家提出的一系列合作倡议整合起来，逐渐形成了建设新丝绸之路的想法，这一想法在十八大后受到中央领导的高度重视。在出访哈萨克斯坦期间，习近平主席正式向国际社会提出了共建丝绸之路经济带的倡议。同时，外交部亚洲司在推进中国—东盟合作过程中，也逐渐形成了建设中国—东盟命运共同体以及21世纪海上丝绸之路的想法，受到中央领导的高度重视。在外交部建议基础上，以习近平主席和李克强总理为代表的中国领导人经过慎重考虑，正式确立了共建丝绸之路经济带和21世纪海上丝绸之路的伟大构想，并在多个国际场合向国际社会正式提出了“一带一路”的重大倡议和宏伟愿景。

这一倡议引起了国际和国内社会的热烈反应，“一带一路”逐渐从对外政策倡议转变为涵盖国内发展和对外开放的综合性倡议。

从对内来说，“一带一路”在多个中央工作会议上被确定为国内发展的重大战略。2013年12月，习近平总书记在中央经济工作会议上提出，推进丝绸之路经济带建设，抓紧制订战略规划，加强基础设施互联互通建设。建设21世纪海上丝绸之路，加强海上通道互联互通建设，拉紧相互利益纽带。[①] 2014年3月，国务院总理李克强在《政府工作报告》中介绍2014年重点工作时提出，抓紧规划建设丝绸之路经济带、21世纪海上丝绸之路，推进孟中印缅、中巴经济走廊建设，推出一批重大支撑项目，加快基础设施互联互通，拓展国际经济技术合作新空间。[②] 到2014年底，在中央经济工作会议上，明确将重点实施“一带一路”、

---

① 《中央经济工作会议在北京举行》，《人民日报》2013年12月14日。

② 李克强《政府工作报告——2015年3月5日在第十二届全国人民代表大会第三次会议上》，《人民日报》2015年3月17日。

京津冀协同发展、长江经济带三大战略作为新时期中国统率经济社会发展的重大战略，并将正式进入“十三五规划”，成为中国中长期经济社会发展的战略规划。[①] 从对外来说，“一带一路”倡议提出后，受到沿线60多个国家领导人积极响应，亚洲基础设施投资银行起步超出预期，丝路基金也成功设立，为“一带一路”建设提供了有力支撑。2014年2月，国家主席习近平与俄罗斯总统普京就建设丝绸之路经济带和海上丝绸之路，以及俄罗斯跨欧亚铁路与“一带一路”的对接达成了共识。[②] 5月19日，作为丝绸之路经济带首个实体平台，中国—哈萨克斯坦（连云港）物流合作基地启用。[③] 特别是在2014年11月8日，APEC北京峰会期间，中国领导人会同孟加拉国、柬埔寨、老挝、蒙古国、缅甸、巴基斯坦、塔吉克斯坦等国家领导人举行加强互联互通伙伴关系对话会，并发表了联合新闻公报，决心加强互联互通伙伴关系，深化务实合作，谋求共同发展。[④] 2014年11月28日至29日，习近平在中央外事工作会议上专门提及“一带一路”，他认为，要切实加强务实合作，积极推进“一带一路”建设，努力寻求同各方利益的汇合点，通过务实合作促进合作共赢。[⑤] 截至2014年底，中国有关丝绸之路经济带和21世纪海上丝绸之路的战略构想已经完成战略规划，在国内步入战略实施阶段，在国外也得到沿线60多个国家的积极响应参与，一条贯穿欧亚大陆，东边连接亚太经济圈、西边进入欧洲经济圈的欧亚非经济大通道蓝图正式形成，成为统筹国内发展、对外开放和区域合作的综合性倡议。

“一带一路”的提出经历了一个水涨船高的过程，从最初作为外交部欧亚司和亚洲司两个司局级部门关于具体对外政策的想法，经过跨部门的沟通和协调，特别是经过最高领导人直接的战略决断，最终上升为统筹国内发展和对外开放的大战略，并以区域合作倡议的形式推广到“一带一路”沿线国家，目标意在打造开放、包容、均衡、普惠的区域经济合作架构，发展成为政治互信、经济融合、文化包容的利益共同体、命运共同体和责任共同体。显然，这一倡议已经超出了

---

① 《中央经济工作会议在北京举行》，《人民日报》2014年12月12日。

② 陈贽、钱彤《习近平会见俄罗斯总统普京》，新华网俄罗斯索契2014年2月6日电。

③ 秦华江、夏鹏《“丝绸之路经济带”首个实体平台正式启用》，新华网南京2014年5月19日电。

④ 《加强互联互通伙伴关系对话会联合新闻公报》（2014年11月8日，北京），《人民日报》2014年11月9日。

⑤ 《习近平出席中央外事工作会议并发表重要讲话》，新华网北京2014年11月29日电。

外交部两个司局部门的设想，甚至也超出了外交部一家的设想，而是涵盖外交、发展、改革、商务、外宣、文教、安全、地方等各个领域的综合性构想。可以说，“一带一路”是当前中国的一号工程，所有部委、省市和党政军各部门都要对接“一带一路”，实现了国家战略重心从经济发展向“一带一路”的转变，“一带一路”已经上升为当前和今后事关中国发展战略全局的总抓手。

在“一带一路”水涨船高的发展过程中，“一带一路”的内容也有了一些调整，涵盖的范围更广，内容更全，影响力更大。最初，习近平主席在哈萨克斯坦纳扎尔巴耶夫大学演讲时所提出的五通包括“政策沟通、道路联通、贸易畅通、货币流通和民心相通”，到国务院授权国家发展改革委、外交部和商务部发布的《共建丝绸之路经济带和21世纪海上丝绸之路愿景和行动》的文件中，做出了两点重要修改：一是将道路联通改为设施联通，涵盖范围更广，不仅包括道路和交通设施，更包括通信基础设施和能源基础设施，在基础设施互联互通上更加明确。二是将货币流通改为资金融通，涵盖内容更全，不仅强调货币流通，而且还涵盖贷款、投资、融资、债券、信用等多方面的内容，在共同体的内涵上更加丰富。此外，从三部委公布的文件来看，“五通”也实现了具体化，“一带一路”的轮廓更清晰，要点更突出，方向和任务也更明确了。随着中央各部委、地方各省区市以及与“一带一路”沿线国家的对接方案相继出台，“一带一路”就不仅仅是口头倡议，更是实实在在的行动和成果了。

二、文献回顾：“一带一路”战略意图的若干视角

显然，作为新时期中国一项重大发展战略构想，“一带一路”究竟基于一种什么样的战略考虑？自从这一倡议提出后，引发了各方面的热议，在这一问题上，看法也各不相同。总体来看，绝大多数“一带一路”沿线国家对中国的倡议表现出十分积极的态度，特别是希望抓住中国发展的机遇，推动本国经济发展。不过，围绕中国倡议的意图、影响乃至前景等问题，也有很深的疑虑和猜忌。迄今为止，国际社会对“一带一路”的了解还很不够，许多反应也更多是一些政治精英和媒体的报道，相关研究也不深入，还停留在众说纷纭的识别期。相比之下，在中国社会内部，尽管对中国倡导“一带一路”的战略意图也存在分歧，但共识正在扩大。

归结起来，目前在国内学界主要有以下三种看法：

第一种看法以北京大学王缉思教授和清华大学阎学通教授为代表，认为“一带一路”就是一个外交问题和战略问题。在这些学者看来，“一带一路”倡议主要源自国际战略原因，意在回避与美国争夺霸权的压力，在“一带一路”区域赢得稳固的区域战略支点，逐步扩大中国的国际战略影响力。①

第二种看法以北京大学林毅夫教授、中国社会科学院张蕴岭教授以及清华大学胡鞍钢教授等为代表，在这些学者看来，“一带一路”主要源自国内发展原因，是中国向国外转移国内落后产能，推进经济结构调整和经济发展方式转变的战略，本质上是一个国内发展战略问题。②

第三种看法以中国社会科学院张宇燕研究员、李向阳研究员、国务院参事汤敏和中国国际经济交流中心副理事长魏建国等为代表，在他们看来，“一带一路”既是一项国内发展战略，又是一项对外开放战略，是统筹国际国内两个大局和推动建立区域合作框架的战略构想，本质上是一项国家大战略。③

目前，尽管社会各界对“一带一路”的讨论很多，但在理解中国战略意图上均没有触及问题的核心所在，很多种说法都是学者个人的解读，且受到各自所处的地位、学科领域以及视野局限，并没有从根本上把握中国为什么倡导“一带一路”的深层战略考虑。当然，为避免给其他国家造成更多的误会，中国政府和领导人有意将“一带一路”称为“愿景”或“倡议”，但这并不能改变“一带一路”

---

① 王缉思《“西进”，中国地缘战略的再平衡》，《环球时报》2012 年 10 月 17 日；王缉思《东西南北，中国居“中”——一种战略大棋局思考》，《世界知识》2013 年第 21 期，第 16—24 页；阎学通《“一带一路”的核心并非交通设施》，《国际先驱导报》2015 年 6 月 23 日。

② 林毅夫《中国 8% 经济增长率还可持续 20 年》，新华网天津 2012 年 9 月 11 日电，http://news.xinhuanet.com/fortune/2012-09/11/c_113038059.htm；张蕴岭《中国与周边关系：命运共同体的逻辑》，人民网 2014 年 2 月 18 日，http://theory.people.com.cn/n/2014/0218/c367550-24393940.html；胡鞍钢《通过“一带一路”建设推动重塑经济地理》，新华网 2015 年 5 月 24 日，http://news.xinhuanet.com/live/2015-05/24/c_127835335.htm。

③ 张宇燕《让“一带一路”深化中德互利共赢》，环球网 2015 年 6 月 3 日，http://world.huanqiu.com/exclusive/2015-06/6593466.html;《“一带一路”战略步入务实推进阶段》，求是网 2015 年 1 月 23 日，http://www.qstheory.cn/freely/2015-01/23/c_1114104049.htm；汤敏《打好组合拳 推动“一带一路”》，人民网 2015 年 3 月 9 日，http://lianghui.people.com.cn/2015npc/n/2015/0309/c393680-26661377.html;《专家解读“一带一路”：中国的“第三次对外开放”》，人民网 6 月 10 日电，http://world.people.com.cn/n/2015/0610/c1002-27134572.html。

作为中国政府统筹国际国内大战略的本质。既然是新时期中国治国理政的大战略，把握其战略意图并将此种战略意图准确地传递给社会各界尤其是国际社会，对于顺利推进“一带一路”的建设进程毫无疑问是具有重要意义的。

要想准确把握“一带一路”的战略意图并不容易，需要从方法论上确立可靠的路径和科学的方法。学界争论的一个焦点问题是，“一带一路”究竟是一项外交战略，还是国内发展战略？事实上，“一带一路”既是外交战略，又是发展战略，外交和发展都是具体内容，并不是战略意图本身。很多研究过多关注在具体问题上，缺乏顶层思维。迄今为止，“一带一路” 仍处于方案规划、论证和商讨的阶段，各方面还没有完全达成共识。尽管国务院授权国家发展改革委、外交部和商务部联合发布了《推动共建丝绸之路经济带和21世纪海上丝绸之路的愿景与行动》，但各部委和各省市区的对接方案仍然没有完全到位，还不能说已经完全明确了最终的路线图和实施方案。由于“一带一路”是一个自上而下倡议的议题，在判断其战略意图时，需要考察中央政治局常委一级的最高领导人群体在“一带一路”问题上的论述。同时，“一带一路”需要相关部委和各省市区共同努力。一些部委负责人和省市区主要负责人也参与了“一带一路”的规划论证，且他们代表各自的部门和地区，这一群体在“一带一路”问题上的表态和发言也体现着中国的战略意图，并可能是“一带一路”战略框架中的一个重要组成部分。如果将最高领导人、部委负责人和各省市区主要负责人对“一带一路”的论述结合起来，中国在“一带一路”倡议上的战略意图就可以得到较为清晰的理解。因此，要想把握“一带一路”的战略意图，需要分析中国最高领导人、各部委和各省市区主要负责人在谈及“一带一路”时关注什么问题，强调哪些领域，以及在什么场合中提及等，这些都是判断战略意图的重要指标。从战略内涵来看，需要从环境、目标、资源和方法四个指标来衡量。

三、“一带一路”的环境分析

环境分析是战略分析的前提，任何战略都是在特定环境下所做出的战略规划，是着眼于解决某一战略问题的行动路线。尽管此前可能经过较长一段实践的调研论证，但作为一个重大倡议，“一带一路”是习近平主席在2013年下半年先后出访哈萨克斯坦和印度尼西亚时在国际场合正式提出来的，是新一届中国政府领导人提出的一项重大战略构想，与京津冀协同发展、长江经济带一道被称为新常态下中国三大发展战略。要想把握“一带一路”的战略意图，需要首先考察2013年所处的国际国内环境的性质和特点。

从国际环境来看，自2008年金融危机爆发以后，国际形势发生深刻复杂调整，世界各国相互联系日益紧密，相互依存日益加深，和平、发展、合作、共赢的时代潮流更加强劲，整个世界越来越成为一个你中有我、我中有你的命运共同体。同时，天下仍很不太平，世界经济进入深度调整期，既有复苏迹象，也面临基础不稳、动力不足、速度不均的问题。对此，习近平主席在多个国际国内场合追问，下一轮增长的动力从哪里来？早在2012年7月，在清华大学举行的“世界和平论坛”上，时任国家副主席的习近平强调指出，在全球化时代，一个国家要谋求自身发展，必须也让别人发展；要谋求自身安全，必须也让别人安全；要谋求自己过得好，必须也让别人过得好。[①] 在当选国家主席后，习近平在2013年3月出访俄罗斯期间，强调共同推动建立以合作共赢为核心的新型国际关系，应该拿出敢为天下先的勇气，推动建立发展创新、增长联动、利益融合的开放型经济发展方式。[②] 显然，在习近平看来，“一带一路”就是探索建立开放型经济发展方式和人类命运共同体的重要尝试，通过改革、调整和创新来释放下一轮世界经济增长的动力。从这个意义上来说，“一带一路”倡议是由中国提出的世界和平发展方案，意在寻求构建一种以合作共赢为核心的新型国际关系，启动新一轮世界经济增长的引擎。

从国内环境来看，受国际金融危机的冲击，30多年来高速发展的非常态模式已经难以为继，中国经济社会发展面临着增长速度进入换挡期，结构调整面临阵痛期，前期刺激政策进入消化期的“三期叠加”压力。对此，中国领导人强调中国经济社会发展已经进入新常态，在发展速度上从高速增长转为中高速增长，在经济结构上不断优化升级，在发展动力上从要素驱动、投资驱动转向创新驱动，从当前我国经济发展的阶段性特征出发，适应新常态，保持战略上的平常心态。[③] 为此，在经济政策上确立了宏观政策要稳住、微观政策要放活、社会政策要托底

---

① http://politics.people.com.cn/n/2012/0708/c70731-18466856.html.

② http://news.xinhuanet.com/politics/2013-10/07/c_117609130.htm.

③ http://news.xinhuanet.com/politics/2014-11/09/c_1113175964.htm.

的新政策方针，避免了经济稍有波动就动辄大手刺激的做法。[①]因此，适应新常态，中国越来越强调在尊重规律中顺势而为，顺势规划“一带一路”、京津冀协同发展和长江经济带三大战略，它们都是新常态下发展战略的构想，以解决经济大起大落的问题，寻求经济社会的可持续平稳发展。

在2014年召开的中央外事工作会上，习近平对国际形势做出了“五个充分估计，五个不会改变”的判断，强调我国发展仍然处于可以大有作为的重要战略机遇期，“我们观察和规划改革发展，必须统筹考虑和综合运用国际国内两个市场、国际国内两种资源、国际国内两类规则”[②]。不难看出，“一带一路”就是统筹国际国内两个大局的产物，这一点也在李克强、张高丽等其他高层领导人和众多部委与省市区领导人谈话中多次得到印证。比如张高丽主持召开建设“一带一路”工作座谈会和第一次工作会议就反复强调，推进“一带一路”建设是党中央、国务院统筹国内国际两个大局做出的重大决策，对开创我国全方位对外开放新格局、促进地区及世界和平发展具有重大意义。因此，“一带一路”所关注的核心问题是如何统筹国际国内两个大局，开创中国全方位对外开放新格局，以促进地区和世界和平发展，它是一种新的发展战略，更是一种着眼于中国与地区乃至整个世界共同发展的重大构想。

四、“一带一路”的战略目标分析

任何战略都是有明确目标的，“一带一路”也不例外。2013年9月7日，国家主席习近平在访问哈萨克斯坦时提出，要用创新的合作模式，共同建设丝绸之路经济带，以点带面，从线到片，逐步形成区域大合作。[③]这是中国领导人首次在国际场合公开提出共同建设丝绸之路经济带的重大战略构想。10月3日，习近平在印度尼西亚国会发表演讲时提出，中国致力于加强同东盟国家互联互通建设，倡议筹建亚洲基础设施投资银行，愿同东盟国家发展好海洋合作伙伴关系，共同

① http://news.xinhuanet.com/mrdx/2013-04/26/c_132340355.htm.

② 习近平《高举和平、发展、合作、共赢旗帜》，《人民日报》（海外版）2014年12月1日。

③ 习近平《弘扬人民友谊 共创美好未来——在纳扎尔巴耶夫大学的演讲》（2013年9月7日，阿斯塔纳），《人民日报》2013年9月8日。

建设21世纪海上丝绸之路。[①] 显然，习近平主席在提出“一带一路”倡议之初，仅仅从对外政策角度考量，强调要建立区域合作框架，发展海洋合作伙伴关系，并没有上升到对外战略甚至国家大战略的高度，在政策目标上是十分有限的。

后来，随着国内外反响日益热烈，“一带一路”开始成为中国发展战略的一个重要组成部分。2013年12月，习近平总书记在中央经济工作会议上指出，推进丝绸之路经济带建设，抓紧制订战略规划，加强基础设施互联互通建设。建设21世纪海上丝绸之路，加强海上通道互联互通建设，拉紧相互利益纽带。[②] 不难看出，在中央经济会议上，习近平已经要求将“一带一路”建设上升为经济社会发展战略，要求制订战略规划，但在战略目标和战略框架上还没有完全清晰。随后，2014年5月21日在上海举办的亚信峰会上，习近平强调用新丝路连接“中国梦”与“世界梦”，表示中国将同各国一道，加快推进丝绸之路经济带和21世纪海上丝绸之路建设，尽早启动亚洲基础设施投资银行，更加深入参与区域合作进程，推动亚洲发展和安全相互促进、相得益彰。[③] 在6月5日出席中阿合作论坛第六届部长级会议时，习近平将“一带一路”与建设“利益共同体”和“命运共同体”结合起来，从而将“一带一路”与命运共同体、利益共同体结合起来，其战略目标和愿景越来越清晰。[④]

真正确立“一带一路”的明确战略目标还是在2015年博鳌亚洲论坛前后，标志是习近平主席在2015年3月18日参加博鳌亚洲论坛2015年年会开幕式发表的主旨演讲和国务院授权三部委发布的《愿景和行动》文件。主旨演讲中，习近平强调，“一带一路”建设秉持的是共商、共建、共享原则，不是封闭的，而是开放包容的；不是中国一家的独奏，而是沿线国家的合唱。“一带一路”建设不是要替代现有地区合作机制和倡议，而是要在已有基础上，推动沿线国家实现发展战略相互对接、优势互补。[⑤] 在《愿景和行动》文件中，更是明确提出共同打造开放、包容、均衡、普惠的区域经济合作架构，打造政治互信、经济融合、

① 习近平《携手建设中国—东盟命运共同体——在印度尼西亚国会的演讲》（2013年10月3日，雅加达），《人民日报》2013年10月4日。

② http://news.xinhuanet.com/fortune/2014-08/11/c_1112013039.htm.

③ http://news.xinhuanet.com/politics/2014-11/06/c_1113146840.htm.

④ http://politics.people.com.cn/n/2014/0606/c1024-25110595.html.

⑤ http://news.xinhuanet.com/politics/2015-03/28/c_1114794830.htm.

文化包容的利益共同体、命运共同体和责任共同体。

在习近平主席论述指导下，李克强总理、张高丽副总理和其他中国政府官员也在不同场合对“一带一路”的目标做了更为具体的解释。2015 年 3 月 5 日，李克强在《政府工作报告》中指出，要把“一带一路”建设与区域开发开放结合起来，加强新亚欧大陆桥、陆海口岸支点建设，“构建全方位对外开放新格局”，“加快互联互通、打通关和国际物流大通道建设”，“构建中巴、孟中印缅等经济走廊”等。[①] 2015 年 2 月 1 日，张高丽在推进“一带一路”建设工作会议上强调，“一带一路”建设要把握重点方向，陆上依托国际大通道，以重点经贸产业园区为合作平台，共同打造若干国际经济合作走廊；海上依托重点港口城市，共同打造通畅安全高效运输通道。[②] 5 月 28 日，张高丽在出席亚欧互联互通产业对话会开幕式，提出中国正与“一带一路”沿线国家一道，积极规划中蒙俄、新亚欧大陆桥、中国—中亚—西亚、中国—中南半岛、中巴、孟中印缅六大经济走廊建设。[③]

2015 年 3 月 5 日，外交部常务副部长、部党委书记张业遂在中国发展高层论坛发表演讲，对中国为什么提出“一带一路”的倡议给出了三个解释，他认为，“一带一路”倡议是中国新一轮改革开放的需要，着眼于打造“中国改革开放的升级版”，加快培育国际竞争新优势，实现对外开放和改革发展的良性互动。同时，“一带一路”也是推进亚洲区域合作的需要，通过基础设施建设和体制机制创新，创造新的经济增长点。此外，“一带一路”还是世界和平与发展的需要，可以为古丝绸之路精神注入时代内涵，实现共同商量、共同建设、共同受益。从中国角度来说，张业遂认为通过“一带一路”建设，在寻求共同发展的基础上，为周边国家和区域合作提供更多的公共产品，为区域经济社会发展做出自己的贡献。张业遂还特别指出，“一带一路”是合作倡议，中国没有特别的地缘战略意图，无意谋求地区事务主导权，不经营势力范围，不会干涉别国内政。[④] 显然，张业遂对“一带一路”战略目标的解释是非常明确的，它首先是国内发展的战略构想，更是维护世界和平与发展的重大倡议，意在提供更多区域公共产品，为世界和平发展做出自己的贡献。

---

① http://lianghui.people.com.cn/2015npc/n/2015/0305/c394298-26641660.html.

② http://news.xinhuanet.com/politics/2015-02/01/c_1114209284.htm.

③ http://world.people.com.cn/n/2015/0528/c1002-27069213.html.

④ http://world.people.com.cn/n/2014/0325/c1002-24731635.html.

总之，从战略目标上来看，“一带一路”是“一个包容性巨大的发展平台”，是新形势下中国推进对外开放和统筹国内发展的总体构想，它着眼弘扬古丝绸之路互学互鉴、和睦共处的精神，拓展我国同欧亚大陆方向国家各领域互利合作，是新形势下中国推进对外合作的总体构想，其出发点是希望实现沿线各国的共同发展和共同繁荣，秉持的是构建命运共同体的精神理念，强调的是共商、共建、共享的平等互利方式，致力于打造区域经济合作架构。至此为止，“一带一路”的战略目标已经明确，战略轮廓已经成型。

五、“一带一路”的战略资源分析

2015 年 2 月，张高丽在推进“一带一路”建设工作会议上强调，各地区各部门要以抓铁有痕、踏石留印的精神，加强组织指导，统筹协调配合，充分发挥地方、部门和市场主体的主动性，充分发挥沿线国家政府和人民的积极性，形成推进“一带一路”建设的强大合力。[①] 很明显，当“一带一路”上升为国家大战略之后，就不再是最初仅仅作为对外政策所能容纳的了，它涵盖了外交、国防、发展、改革、社会、文化、环境、能源等各个领域，要求社会各界和各条战线都要与之对接，将相关资源整合起来，服从和服务于“一带一路”的战略目标。同时，不仅国内资源需要整合，而且国内资源与国际资源也要互联互通，共同汇聚成为“一带一路”的建设力量。

“一带一路”是发展资源的优化配置，一切发展资源都应该是“一带一路”所着力调集的资源。中国政府专门成立了推进“一带一路”建设领导小组，指导和协调推进“一带一路”建设。除了组长张高丽之外，领导小组还有四位副组长：中央政治局委员、中央政策研究室主任和中央全面深化改革领导小组办公室主任王沪宁，中央政治局委员、国务院副总理汪洋，国务委员、国务院秘书长杨晶以及国务委员、中央外办主任杨洁篪。显然，这是一个高规格的豪华团队，能够统筹调动发展、改革、政策、商务、金融、外事等众多领域的资源。在这一领导小组之下，依托国家发展改革委设立了领导小组办公室，具体承担

① http://news.xinhuanet.com/politics/2015-02/01/c_1114209284.htm.

领导小组日常工作。

在“一带一路”建设工作领导小组领导下，中央要求各部委、各省市区按照党中央、国务院统一部署，抓住机遇，搞好规划，扎实推进。从中央部委来看，都要求科学确定本地在全局中的“角色”和“职责”，围绕中心，服务大局，切实制定相应的具体实施方案。国家发展改革委员会副主任何立峰参加21世纪海上丝绸之路高峰论坛（福建泉州，2015）时介绍，建设21世纪海上丝绸之路，在今后一个时期中国将重点加强与沿线各国八大方面的合作，不断丰富“一带一路”内涵，将其打造成为沿线国家和谐共处的和平之路、稳定畅通的安全之路、情感相依的友谊之路、互利共赢的合作之路、持续繁荣的发展之路。何立峰认为，推进“一带一路”建设应该把基础设施互联互通作为优先的领域，要在尊重相关国家主权和安全关切的基础上，加强各国之间基础设施建设的规划、技术标准体系的对接，逐步形成连接亚洲各区域以及亚非欧之间的基础设施网络。同时，在此基础上不断丰富与沿线各国的合作内容，具体体现在促进基础设施互联互通、提升经贸合作水平、拓展产业投资合作、深化能源资源合作、拓宽金融合作领域、密切人文交流合作、加强生态环境合作以及积极推进海上合作等八个方面。① 何立峰的这一介绍与国务院推进“一带一路”建设领导小组办公室的相关负责人欧晓理的介绍完全一致，只不过欧晓理在中国国际经济交流中心于2015年4月10日举行的“推进共建‘一带一路’愿景与行动”讨论会上的发言更为详细。可以看出，国家发展改革委已经突破了单独考虑国内发展规划的传统模式，将统筹国际国内两个大局作为制订发展规划的重要依据，“一带一路”已成为“十三五规划”的重要组成部分。

外交部更强调围绕“一带一路”配置外交外事资源，进一步加强与各国的政策沟通，不断扩大彼此利益契合点。2014年12月14日，国家发展改革委主任徐绍史、外交部部长王毅共同主持召开推进丝绸之路经济带和海上丝绸之路建设座谈会，王毅指出，推进建设过程中需要重点把握的一些问题，推动早期收获，形成示范效应，实现滚动发展。② 在2013年全国两会记者招待会上，王毅更是明确

① http://www.chinanews.com/gn/2015/02-12/7058806.shtml.

② http://politics.people.com.cn/n/2013/1216/c70731-23856475.html.

指出2015年中国外交的关键词是“一个重点、两条主线”，把全面推进“一带一路”作为中国外交的重点，进一步加强与各国的政策沟通，坚持“共商、共建、共享”的原则推进“一带一路”，尊重各国的自主选择，认为“‘一带一路’绝非中方一家的独奏曲，而是各方共同参与的交响乐”，合作共赢才是“一带一路”想要达到的目标。[①] 2015年5月，外交部副部长张业遂在《求是》杂志发表《共建“一带一路”，谋求合作共赢》一文，强调“一带一路”正成为中国与沿线国家的共同事业，通过推动互联互通，包括中国与沿线国家战略和政策的对接，包括项目和企业的对接，也包括合作机制的对接，将会不断丰富中国特色大国外交的内涵。[②] 从王毅的表态和张业遂的文章来看，中国的外交外事资源已经确定对接“一带一路”，服务“一带一路”建设成为新时期中国外交的一个重点。

商务部在对接“一带一路”上也形成了明确的认识，认为“一带一路”是新一轮对外开放之路，有利于我国构建全方位开放新格局。商务部部长高虎城认为，“一带一路”的规划基点是我国西部继续开发开放、东部转型走出去的现实需要，是我国沿边、内陆持续开放的新战略。[③] 高虎城认为，纵观历史，强国盛世必走变革开放之路。近代以来，荷兰、英国、法国、德国、美国、日本等国家相继崛起，一个共同原因是善于利用国际市场和资源实现自身发展。在新时期，发达国家竞相推动全球经贸规则重构，国际竞争日益激烈，这场竞争的关键是规则之争、话语权之争，更是发展主动权之争。因此，高虎城认为，经贸合作是“一带一路”建设的基础和先导，通过消除贸易和投资壁垒，扩大贸易投资规模，提高贸易投资水平，使沿线国家在贸易投资领域的合作潜力充分释放。[④] 在三部委发布的文件中，“贸易畅通”和“资金融通”也被作为“一带一路”建设的重点内容和重要支撑。

除了三部委外，包括外宣、文化、旅游、民族、宗教等部门也都应该积极对接“一带一路”，通过整合各领域的资源，塑造竞争优势。同时，各省市区也要

---

① http://www.qstheory.cn/zhuanqu/bkjx/2015-03/16/c_1114656614.htm.

② http://www.fmprc.gov.cn/mfa_chn/wjb_602314/zygy_602330/zysx_643554/xgxw_643556/t1265315.shtml.

③ http://news.xinhuanet.com/city/2014-03/14/c_126267738.htm.

④ http://finance.people.com.cn/n/2014/0708/c1004-25250291.html.

立足比较优势，找准自身定位，把中央战略规划与各地实际结合起来，制定好实施方案和政策措施，决不能一哄而起低水平竞争。此外，各省区市也积极制定对接方案，发挥本地区优势，助力“一带一路”建设。比如广东充分发挥区位优势，加速参与“一带一路”建设，把广东打造成“一带一路”战略枢纽，在全国率先发布《实施方案》，成为全国首个上报实施方案、完成与国家“一带一路”战略规划衔接并印发实施方案的省份。上海强调当好全国改革开放排头兵和科技创新先行者，更加积极主动地参与和服务好国家“一带一路”、京津冀协同发展、长江经济带三大战略的实施。重庆强调全面融入国家“一带一路”战略和长江经济带建设，在服务国家大局中加快重庆发展。甘肃提出努力把甘肃省建设成丝绸之路的黄金通道、向西开放的战略平台、经贸物流的区域中心、产业合作的示范基地、人文交流的桥梁纽带。宁夏、陕西、云南等省区强调通过和古丝绸之路沿线国家、城市积极合作，利用区位优势，打造丝绸之路经济带的战略支点，成为西部改革开放的新高地。

最后，在推进“一带一路”建设进程中，在统筹协调各部委、各省区市以及各种合作机制和平台调集各方面资源的同时，还要注意切实发挥好市场在资源配置中起决定性作用和更好发挥政府作用的要求，正确处理好市场和政府的关系，充分尊重市场规律，发挥企业主体作用，发挥好政府的示范、引导、服务作用，确保真正将好钢用在刀刃上，积极稳妥地推进“一带一路”建设。

六、“一带一路”的战略路径分析

关于“一带一路”的路径和方法，习近平主席从一开始就做了明确的界定，提出以点带面、从线到片，逐步形成区域大合作，重点是推进政策沟通、设施联通、贸易畅通、资金融通和民心相通为主要内容的“五通”，是一个区域大合作的格局。在国务院授权三部委公布的《愿景和行动》文件中，除了“五通”之外，还提出了恪守联合国宪章的宗旨和原则，坚持开放合作、和谐包容、市场运作和互利共赢四项原则，倡导和平合作、开放包容、互学互鉴和互利共赢的丝绸之路精神，以及坚持共商、共建、共享原则，积极推进沿线国家发展战略的相互对接。从上述提到的“一带一路”推进路径来看，“一带一路”既没有冷战和集团对抗背景，也不是援助方和受援方的关系，更不是任何国家的地缘政治工具，完全是一种沿线各国开放合作的宏大愿景和行动规划，是一种强调开放、合作、包容的新战略路径，是对传统霸权战略和殖民战略的超越和革新。

在具体途径上，"一带一路"倡议尽管致力于推动打造开放、包容、均衡、普惠的区域经济合作架构，但并不排斥任何一方，强调以目标协调、政策沟通为主，不可以追求一致性，可高度灵活，富有弹性，是多元开放的合作进程。在具体方式方法上，"一带一路"倡议不仅与"马歇尔计划"完全不同，也与西方发达国家附加政治条件的对外援助不同，而是强调对接发展战略，在发展规划上相向而行。中国在推动"一带一路"倡议时，从不附加任何政治条件，在开展产能合作和投资贸易时，也完全基于比较优势和市场规律，尊重各国意愿，强调政府推动、企业主导和商业运作的方针，鼓励各国地方政府、金融机构、跨国公司、国际组织、非政府组织都可以参与其中，不管国家大小、贫富、强弱，不区分领导者与被领导者，均为合作伙伴而非竞争对手，共同向地区和国际社会提供国际公共产品。因此，中国所推动的"一带一路"倡议绝不是搞霸权主义，也不是推行所谓的"新殖民主义"，而是一种寻求合作共赢的区域合作大战略，其特点是政府是引导，企业是主体，市场需求是关键，共赢是目标。

此外，由于"一带一路"是统筹国际大局和国内大局的产物，它已经极大地改变了中国与世界的关系，特别是模糊了内政和外交的界限，国内事务和外交事务已经模糊不清了。在"一带一路"倡议中的众多关键工程、关键节点和关键项目，都已经无法分清究竟是外交事务还是内政事务了。为了防止众多社会行为体卷入对外事务后扰乱外交全局，张高丽明确指出，实施"一带一路"重大战略，首先要统一思想认识，搞好顶层设计，科学制订规划，明确重点方向，有力有序稳妥推进。[①]因此，各部委、各省市区和众多企业和社会行为体，都必须坚持统筹协调的原则，既不要抢跑，也不要懈怠，坚持以利益为基础，以法律为准绳，以协商为解决问题的主渠道，共同走出一条互尊互信之路，一条合作共赢之路，一条文明互鉴之路，这是"一带一路"精神的核心所在。

① http://politics.people.com.cn/n/2014/1011/c1024-25808952.html.

七、结论

“一带一路”是新时期中国寻求与沿线国家共同发展的重大倡议，它所秉承的是古老的丝绸之路精神，是一个开放的区域合作架构，更是中国所推动的为国际社会提供的重要国际公共产品，致力于弘扬和发展当今时代的新丝路精神。从对中国提出这一倡议的战略环境、目标、资源和方式方法的分析，我们不难发现，“一带一路”本质上是中国寻求建立以合作共赢为核心的新型国际关系的重要载体，其战略意图是努力做一个负责任、敢担当的大国，坚持走中国特色的大国外交之路，实现与沿线国家的共同发展。

与历史上出现的老殖民主义和形形色色的霸权主义做法不同，中国推行“一带一路”倡议并非是要建立势力范围，更不是要缔造一个新的霸权，而是打造政治互信、经济融合和人文包容的利益共同体、命运共同体和责任共同体。在推动建立三个共同体的过程中，并非是中国一家的独奏，而是沿线国家的大合唱，并非是替代现有的各种地区合作机制和发展倡议，而是要在已有基础上，推动沿线国家实现发展战略相互对接、优势互补，本质上是一种增量合作。正因为中国推动建设的是一个开放包容、合作共赢的区域经济合作倡议，所以赢得了60多个沿线国家和国际组织对参与“一带一路”建设的积极态度。只要中国在推进“一带一路”建设过程中坚持表里如一，言出必行，用行动取信于沿线国家和国际社会，“一带一路”就一定越走越宽，走出一条共同发展的康庄大道。

赵可金 法学博士，清华大学国际关系学系副教授，“‘一带一路’百人论坛”专家委员会委员。主要研究外交学与中美关系。

“一带一路”的本质是“共同现代化”

柯银斌

一、“一带一路”是什么？

这是一个核心问题，也是国内外最为关心的问题。从习近平主席的讲话和官方发布的文件来看，“一带一路”的主要内容包括以下几个方面。

1.“一带一路”的意义

（对中国）是中国扩大和深化对外开放的需要。

（对亚洲）“一带一路”源于亚洲、依托亚洲、造福亚洲，关注亚洲国家互联互通，努力扩大亚洲国家共同利益。

（对沿线各国）加快“一带一路”建设，有利于促进沿线各国经济繁荣与区域经济合作，加强不同文明交流互鉴。

（对世界）是加强和亚欧非及世界各国互利合作的需要。促进世界和平发展，是一项造福世界各国人民的伟大事业。

2.“一带一路”的性质

“一带一路”是中国和亚洲邻国的共同事业。不是封闭的，而是开放包容的；不是中国一家的独奏，而是沿线国家的合唱；不是要替代现有地区合作机制和倡议，而是要在已有基础上，推动沿线国家实现发展战略相互对接、优势互补；不是空洞的口号，而是看得见、摸得着的实际举措，将给地区国家带来实实在在的利益。（习近平）

“一带一路”是中国的倡议但不是中国的专利，是交响乐而不是独奏曲，是团体操而不是独角戏。（李肇星）

“一带一路”建设是沿线各国开放合作的宏大经济愿景。

"一带一路"是促进共同发展、实现共同繁荣的合作共赢之路，是增进理解信任、加强全方位交流的和平友谊之路。

"一带一路"是一条互尊互信之路、一条合作共赢之路、一条文明互鉴之路。

"一带一路"是一项造福世界各国人民的伟大事业。符合国际社会的根本利益，彰显人类社会共同理想和美好追求，是国际合作以及全球治理新模式的积极探索，将为世界和平发展增添新的正能量。

3."一带一路"的目的

致力于维护全球自由贸易体系和开放型世界经济。

"一带一路"的互联互通项目将推动沿线各国发展战略的对接与融合，发掘区域内市场的潜力，促进投资和消费，创造需求和就业，增进沿线各国人民的人文交流与文明互鉴，让各国人民相逢相知、互信互敬，共享和谐、安宁、富裕的生活。

打造政治互信、经济融合、文化包容的利益共同体、命运共同体和责任共同体。

互利互惠、共同安全的目标：努力实现区域基础设施更加完善，安全高效的陆海空通道网络基本形成，互联互通达到新水平；投资贸易便利化水平进一步提升，高标准自由贸易区网络基本形成，经济联系更加紧密，政治互信更加深入；人文交流更加广泛深入，不同文明互鉴共荣，各国人民相知相交、和平友好。

"一带一路"的目的是合作共赢，打造利益共同体。（王毅）

4. 总原则

共商、共建、共享。共建原则：恪守联合国宪章的宗旨和原则。坚持开放合作。坚持和谐包容。坚持市场运作。坚持互利共赢。

5. 建设者

"一带一路"相关的国家基于但不限于古代丝绸之路的范围，各国和国际、地区组织均可参与，让共建成果惠及更广泛的区域。

6. 建设内容

旨在促进经济要素有序自由流动、资源高效配置和市场深度融合，推动沿线各国实现经济政策协调，开展更大范围、更高水平、更深层次的区域合作，共同打造开放、包容、均衡、普惠的区域经济合作架构。

致力于亚欧非大陆及附近海洋的互联互通，建立和加强沿线各国互联互通伙伴关系，构建全方位、多层次、复合型的互联互通网络，实现沿线各国多元、自主、平衡、可持续的发展。

“一带一路”贯穿亚欧非大陆，一头是活跃的东亚经济圈，一头是发达的欧洲经济圈，中间广大腹地国家经济发展潜力巨大。丝绸之路经济带重点畅通中国经中亚、俄罗斯至欧洲（波罗的海）；中国经中亚、西亚至波斯湾、地中海；中国至东南亚、南亚、印度洋。21世纪海上丝绸之路重点方向是从中国沿海港口过南海到印度洋，延伸至欧洲；从中国沿海港口过南海到南太平洋。

根据“一带一路”走向，陆上依托国际大通道，以沿线中心城市为支撑，以重点经贸产业园区为合作平台，共同打造新亚欧大陆桥、中蒙俄、中国—中亚—西亚、中国—中南半岛等国际经济合作走廊；海上以重点港口为节点，共同建设通畅安全高效的运输大通道。中巴、孟中印缅两个经济走廊与推进“一带一路”建设关联紧密，要进一步推动合作，取得更大进展。

“一带一路”的主线是经济合作与人文交流；优先是互联互通和贸易投资便利化。（王毅）

7. 合作重点

沿线各国资源禀赋各异，经济互补性较强，彼此合作潜力和空间很大。以政策沟通、设施联通、贸易畅通、资金融通、民心相通为主要内容，重点在以下方面加强合作：加强政策沟通是“一带一路”建设的重要保障；基础设施互联互通是“一带一路”建设的优先领域；投资贸易合作是“一带一路”建设的重点内容；资金融通是“一带一路”建设的重要支撑；民心相通是“一带一路”建设的社会根基。

8. 主要方式

沿线国家发展战略的相互对接。积极利用现有双多边合作机制，推动“一带一路”建设，促进区域合作蓬勃发展：（1）加强双边合作，开展多层次、多渠道沟通磋商，推动双边关系全面发展。（2）强化多边合作机制作用。（3）继续发挥沿线各国区域、次区域相关国际论坛、展会等平台的建设性作用。

共建“一带一路”的途径是以目标协调、政策沟通为主，不刻意追求一致性，可高度灵活、富有弹性，是多元开放的合作进程。

方式是平等协商、循序渐进。（王毅）

9. 核心关键词：共同与现代化

以上内容归纳虽然只有2000字左右，但还是难以用一句话来回答“一带一路”是什么。笔者对上述内容再进行深入分析，发现有两个关键词是最为重要的。

一是“共同”。首先，“共同”一词出现的次数很多。习近平主席在博鳌亚洲论坛2015年年会上的主旨演讲中，29次提到“共同”，其中14次提到“共同体”，6次提到“共同发展”，8次提到“共赢”。国家发展改革委、外交部、商务部联合发布的《推动共建丝绸之路经济带和21世纪海上丝绸之路的愿景与行动》文件中，25次提到“共同”，22次提到“共建”，3次提到“共享”。其次，包括“共同”含义的“合作”一词出现的次数更多。习近平主席在博鳌亚洲论坛2015年年会上的主旨演讲中，“合作”一词出现34次；《推动共建丝绸之路经济带和21世纪海上丝绸之路的愿景与行动》文件中，“合作”一词出现136次。仅从文本分析来看，“共同”是“一带一路”核心关键词之一。

二是“现代化”。与直接出现“共同”一词不同，以上两个文件中均未出现“现代化”一词。但笔者认为，“现代化”也是“一带一路”核心关键词之一，主要理由有：（1）与“现代化”含义相近或相同的“发展”一词在以上两个文件中出现的次数很多。习近平主席在博鳌亚洲论坛2015年年会上的主旨演讲中，“发展”一词出现56次；《推动共建丝绸之路经济带和21世纪海上丝绸之路的愿景与行动》文件中，“发展”一词出现35次。（2）仔细分析官方文件中的“一带一路”主要内容，不难发现，用“现代化”或“发展”一词进行归纳其内容，也是较为合适的。

所以，笔者认为，“共同”与“现代化”是“一带一路”的核心关键词。那么，是否存在“共同现代化”呢？它将是怎样的呢？

二、“共同现代化”是什么？

我们必须先了解一下以往的现代化及其理论。我们选择其中最有影响的经典现代化理论、依附理论、世界体系理论、生态现代化理论、可持续发展理论作为重点分析对象。

为了能够简明扼要地厘清传统现代化理论，我们设计出一个分类标准，即使用两对标量来对现有的现代化理论进行分类。这两对标量是：民族国家与国际体系；经济增长与全面发展。第一对标量描述的是现代化的主体，即谁在进行现代化？是民族国家本位还是国际体系本位？民族国家本位是指从某个民族国家的利益出发，以该国家内部发展为主要内容；而国际体系本位是指以某个国际体系中的共同利益出发，以其中多个国家共同发展为主要内容。第二对标量描述的是现代化的目标，即为什么进行现代化？是以经济增长为中心还是以全面发展为中心？全面发展不仅包括经济、政治、文化、社会多个领域的发展，而且还包括人类社会与生态环境之间的协调发展。

通过对上述现代化理论的初步梳理和分析，我们不难发现：（1）经典现代化理论是民族国家本位，以经济增长为中心。（2）依附理论与世界体系理论是国际体系本位，仍然以经济增长为中心。（3）生态现代化理论与可持续发展理论以全面发展（主要是经济与生态环境的协调发展）为中心，但仍然是民族国家本位。参见下图。

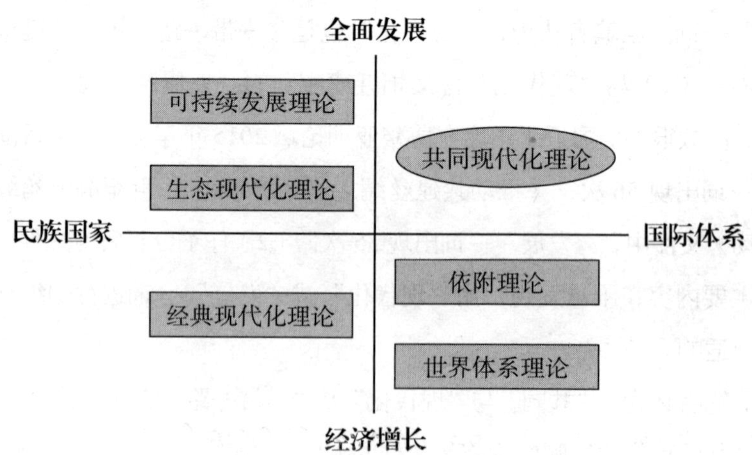

从逻辑上，我们把以国际体系为本位，全面发展为目标的现代化称为“共同

现代化”。它具有以下基本特征。

1. 目标取向：为了人类的共同利益

蔡拓教授指出：“在当今世界，不管哪个国家、哪个民族，都不能摆脱全球问题的影响和制约，任何国家和民族若无视全球问题中所内含的人类共同利益的存在，不仅会损害自身，而且要殃及整个人类。”也就是说，人类共同利益是存在的，它存在于全球问题之中。因此，人类共同利益就是全球利益的体现。殖民主义时代，世界列强追求的是自己的国家利益，绝不是全人类的利益，而且把实现自己国家的利益建立在牺牲其他国家利益的前提下。工业文明时代，各国现代化追求的也是自己的国家利益，依附理论和世界体系理论对此有过深入透彻的分析。

为了实现人类的共同利益，共同现代化必须坚持可持续发展的理念和原则。参与共同现代化的行为者必须把共同现代化作为实现可持续发展战略的具体路径。联合国倡导的可持续发展战略为何成效不大？缺乏具体路径也许是其中的原因之一。

为了实现人类的共同利益，现代化的行为者不能把企业/组织利益置于国家利益之上，不能把国家利益置于全球利益之上。而是要寻找和追求国家利益与全球利益的一致性、企业/组织利益与国家利益的一致性。通过企业/组织利益的贡献实现国家利益，通过国家利益的贡献实现全球利益。

2. 行为主体：国际共同体

谁来推进共同现代化？不是民族国家，而是由民族国家自愿组成的国际共同体；也不是国际体系本身，而是由民族国家为成员构成、相互形成国际体系的国际共同体。

我们知道，民族国家的形成是人类历史上的重大事件。民族国家对人类社会的进步有过重大的贡献，但是，民族国家作为现代化的行为主体，天然地会以自己的国家利益至上，有时甚至不惜损害其他国家的利益。当今世界存在的诸多全球问题，其根源之一就是民族国家本位的现代化模式。而且，在面对全球问题时，民族国家是难以提出有效的解决方案的。可持续发展理论由联合国和国际组织提出并倡导，就是一个例证。

全球问题的解决、人类共同利益的实现，客观上要求行为主体必须是国际共同体，而不是民族国家。所谓国际共同体是由多个民族国家自愿组成的、拥有共同命运意识和广泛深入合作机制的共同体。国际共同体首先在拥有命运共同体意识的国家之间产生，在共同利益驱动下开展广泛深入的合作，进而形成利益共同体；然后，在共同利益不断实现过程中建立起责任共同体；最后，在利益共同体和责任共同体基础上，真正形成命运共同体。

与民族国家是传统现代化模式的前提条件不同，国际共同体与共同现代化是相互促进、相互推进的。国家之间为了共同发展、共同繁荣而开展的国际合作是初始条件，合作成员国家的增加、合作范围的拓展、合作程度的加深、合作成果的显现，既是国际共同体的形成过程，也是共同现代化的不断推进。国际共同体的形成、发展与提升，取决于共同现代化推进的广度和深度；共同现代化的有效推进，也取决于国际共同体的建设水平和潜力。

3. 核心原则：合作共赢

合作是指双方或多方投入资源、互相配合做某事或共同完成某项任务。共赢是指合作的双方或多方能够获得与其资源投入和工作努力相匹配的收益。共赢的前提是合作获得了预期的收益，共赢的实质是平等法则，即合作双方或多方能够获得与其资源投入和工作努力相匹配的收益。

合作是共赢的基础，共赢不一定是合作的必然结果。共赢的合作才是真正的合作，才是可持续的合作。单赢或少赢的合作是打着"合作"旗号的"剥削"，是典型的机会主义 / 功利主义行为。

合作共赢作为共同现代化的核心原则，主要有以下内容：

（1）为实现人类共同利益，现代化行为者必须合作共赢。

（2）合作共赢不仅限于国际共同体的成员国家之间，还要包括国际共同体及成员与其外部国家，甚至包括人类与自然界的合作共赢。

（3）合作并不排斥竞争，只要这种竞争能够促进合作，即为了合作的竞争。在经典现代化理论中，竞争是主要的，即使存在合作，也是为了竞争。

（4）共赢必须让合作方先赢。共赢往往被认为是不现实的，因为合作各方都希望先赢，这样共赢就难以实现。因此，合作倡议方、投入资源多的合作方，必须让合作方先赢，最后合作各方才能共赢。

（5）合作共赢需要相应的文化支撑。源自欧洲的世界现代化进程主要是一部竞争的历史，这与西方社会的个人理性主义文化密切相关。今天，我们强调合作共赢为共同现代化的核心原则，这就需要关系理性主义文化作为支撑。东方文化尤其是中华文化对此将会有较大的贡献。

4. 战略重点：生态、人口、国际合作

经典现代化的重点领域是经济与政治，涉及社会与文化，根本未考虑生态、人口和国际合作；依附理论和世界体系理论的重点领域是经济与国际交往，其他很少考虑；生态现代化理论的重点领域是生态与经济；可持续发展理论的重点领域是经济、社会和生态。

由目标取向和行为主体属性所决定，共同现代化的战略重点是生态环境领域、人口因素与国际合作方式。这里并不是不考虑经济、政治、社会与文化因素，而是把它们作为内容都纳入到国际合作之中。

生态环境领域的现代化，一方面要承继和发展生态现代化理论，切实贯彻可持续发展战略，把共同现代化作为可持续发展战略的具体路径；另一方面要加强生态环境保护的国际合作，这方面虽然有些进展和成效，但距离目标还是差得太远。

人口因素与现代化。罗荣渠教授在西欧与东亚现代化比较中谈到，西欧国家是现代化启动在前、人口高增长在后，而东亚国家的情况却是人口高增长在前、现代化启动在后，涉及人口增长与现代化启动的时序关系。康荣平先生在 2006 年指出，人口基数是现代化模式或道路选择的重要因素。从世界现代化历程来看，18 世纪西欧国家现代化启动时各国人口规模在千万级，19 世纪美国、日本、中国等国家现代化启动时各国人口规模在亿级，20 世纪中国、印度进入现代化时各国人口规模在 10 亿级。经典现代化理论适用于人口规模为亿级的国家，但完全不适用于人口规模为 10 亿级的国家。因为经典现代化理论推崇的欧美现代化模式依赖于大量消耗不可再生资源，仅以美国为例，美国人口占世界人口的 6%，却消耗了全球资源的 1/3。因此，无论是中印人口超过 10 亿的国家的现代化，还是众多发展中国家的现代化（人口总规模在几十亿），都不能再走欧美现代化的老路，而必须开辟新的道路。

共同现代化以国际合作为主要方式，具有与传统现代化不同的指导原则：（1）国际经济合作：共同发展、共同繁荣，促进国际经济秩序向更加公平、合理的方向发展。而不是只顾自己发展，不顾他人发展，更不是在损害他人的基础上谋求自己的发展。（2）国际政治合作：相互尊重政治制度，共同应对全球问题。而不是把自己的政治观念和政治制度强加于他人，不是在应对全球问题时推卸责任。（3）国际社会合作：发挥国际非政府组织的积极作用，促进全球公民社会的形成和发展，建设全球和谐社会。而不是通过非政府组织的活动去干涉他国内政，颠覆他国政府。（4）国际文化合作：尊重文化多样性，促进不同文明之间的交流互鉴。而不是强调自身文化的优越性，贬低甚至毁灭其他文明。

综上所述，我们所讲的“共同现代化”是指以实现人类不同层次共同利益为目标的、以多个国家组成的不同类型和层次的国际共同体推进的现代化道路，它以合作共赢为核心原则，采取国际合作的方式，充分考虑人口和生态环境因素，追求人类社会的可持续发展。

三、“一带一路”的本质就是“共同现代化”

从“一带一路”官方文件的文本分析中，我们发现了两个核心关键词：“共同”与“现代化”；从现代化理论的逻辑分析中，我们提出了一个新的概念：“共同现代化”。结合“一带一路”官方文件与“共同现代化”的主要思想和内容，我们认为，“一带一路”的本质就是“共同现代化”。这至少可以从以下五个方面来加以说明。

1. 目标：实现共同利益

经典现代化是民族国家本位，以本国发展和利益最大化为最高目标。“一带一路”倡议突破了这个局限性，明确提出了以“共同利益”为目标。例如，“努力扩大亚洲国家共同利益”，“将给地区国家带来实实在在的利益”，“是促进共同发展、实现共同繁荣的合作共赢之路”，“是一项造福世界各国人民的伟大事业。符合国际社会的根本利益，彰显人类社会共同理想和美好追求”，等等。

“共同现代化”的最高目标是实现人类的共同利益。这个最高目标需要分解为不同地域范围、不同领域的目标组成的目标体系，才能逐渐地实现。不同地域范围的共同利益有：亚洲的共同利益、亚欧的共同利益，以及亚欧非的共同利益和全球共同利益；不同领域的共同利益有：经济共同利益、社会共同利益、文化共同利益和安全共同利益等。

我们认为，“共同利益”之存在是“一带一路”倡议的客观基础，“共同利益”的认同是“一带一路”从愿景到行动的关键，“共同利益”的实现是“一带一路”的目标。

2. 主体：多个国家组成的共同体

世界现代化历程中出现了殖民主义、帝国主义和霸权主义。这三种主义的核心是“不平等”，只考虑自我利益的实现，不考虑他人利益，甚至损害他人利益。导致这种“不平等”事实的思想根源在于经典现代化中的民族国家本位。

“一带一路”官方文件明确指出，“一带一路”是中国和亚洲邻国的共同事业。不是封闭的，而是开放包容的；不是中国一家的独奏，而是沿线国家的合唱。“一带一路”相关的国家基于但不限于古代丝绸之路的范围，各国和国际、地区组织均可参与，让共建成果惠及更广泛的区域。

这就表明，“一带一路”的建设主体不是中国或其他某一个国家，可以是全世界的所有国家。也就是说，由多个国家组成的共同体是“一带一路”建设的行为主体，这与“共同现代化”是完全一致的。

哪些国家能够组成共同体呢？这取决于这些国家对“共同利益”的认识和认同。只要在某个互联互通项目、在某个国际合作领域中，多个国家对“共同利益”达成共识，这些国家就能够组成一个共同体，这个共同体就是“一带一路”建设的行为主体。

由此看来，“一带一路”建设进程与不同类型和层次的利益共同体形成是“一体两面”：“一带一路”建设需要众多不同的利益共同体的推进；不同利益共同体的形成、扩大和增加，正是“一带一路”建设的进程。

3. 原则：“三共”与“合作共赢”

经典现代化的原则是竞争取胜，各个国家为了实现现代化展开了争先恐后的竞争，为取得本国及同盟国的胜利，某些国家不惜动用武力发起战争来维护本国的利益。欧洲历史上为争夺殖民地，列强不断发起战争。20世纪的两次世界大战达到顶峰，这种现代化竞争带来的灾难严重地损害了人类社会的进步和发展。

“一带一路”官方文件明确提出了“共商、共建、共享”的“三共原则”，也就是共同协商方针政策、共同推进项目建设、共同分享建设成果。这就彻底摒弃了传统的竞争取胜原则，摒弃了单赢的零和思维，这正是“共同现代化”中“合作共赢”核心原则的具体体现和落实，即以所有参与者的共同利益实现为目标。

“一带一路”官方文件还就共建原则进行了细化：恪守联合国宪章的宗旨和原则，坚持开放合作，坚持和谐包容，坚持市场运作，坚持互利共赢。但没有提及“共商、共享”原则的细化。

4. 内容：互联互通为主线

经典现代化是以工业化为主线的，以致有学者认为，现代化就是工业化。

“一带一路”官方文件突破了现代化就是工业化的传统逻辑，在现代化内容方面强调互联互通的重要性，包括政策沟通、设施联通、贸易畅通、资金融通、民心相通。

“共同现代化”是多个国家为了实现共同利益而推进的现代化，这就从客观上要求多个国家组成的共同体必须实现互联互通；“共同现代化”又是在全球化、信息化不断深化的时代背景下推进的现代化，这就为满足以上互联互通需求提供了强大的物质技术支撑。

所以，互联互通既是“一带一路”建设的主线，又是“共同现代化”的主要内容。

5. 方式：国际合作为核心

经典现代化的主要实现方式是竞争，甚至包括战争。这种方式与西方基督教文明相适应，到20世纪初，实现现代化的国家只有欧洲北美各国（日本例外）。到20世纪70—80年代，亚洲“四小龙”以群体方式实现了现代化，其中成功因素之一就是国际合作。

“一带一路”官方文件把“合作”提到非常重要的位置，这不仅表现在“合作”一词出现了136次，而且更重要的是，“合作”既是基础又是核心。为了实现共同利益，我们必须合作；为了形成共同体，我们必须合作；为了共商、共建、共享，我们必须合作；为了互联互通，我们必须合作。完全可以说，没有合作，就不会有“一带一路”。

沿线国家发展战略的相互对接是“一带一路”建设的主导方式。发展战略是什么呢？就是现代化为目标和内容的国家战略！如何相互对接呢？需要找到一个“接口”！这个“接口”就是“共同现代化”。

“共同现代化”实质上就是“合作现代化”。

柯银斌 察哈尔学会秘书长、高级研究员，《公共外交季刊》编辑部主任。兼任中国公共外交协会常务理事、中国国际关系学会理事、中国国际交流协会理事、全国高校国际政治研究会常务理事、“一带一路”智库合作联盟理事会理事、中国国际民间组织合作促进会理事，“‘一带一路’百人论坛”专家委员会委员。2010 年之前从事企业战略与跨国公司研究与实践，2010 年至今从事公共外交研究与推广工作。

“一带一路”倡议的中国传统思想要素初探*

龚　婷

一、“一带一路”倡议的涵盖区域：西部的开放和陆权的回归

根据国家发展改革委、外交部、商务部联合发布的《推动共建丝绸之路经济带和21世纪海上丝绸之路的愿景与行动》（以下简称《愿景与行动》），共建“一带一路”致力于亚欧非大陆及附近海洋的互联互通，联通活跃的东亚经济圈和发达的欧洲经济圈，中间经过广大腹地国家。“一带一路”所涵盖的沿线区域包含着国内和国际两个层面的意义。

国内层面，“一带一路”背景下西部地区将成为中国对外开放的前沿。改革开放30多年以来，由于历史传统、产业基础、区位优势、政策导向等原因，东部地区率先对外开放，在经济发展速度和社会发展水平上远超过西部地区。尽管2000年以来国家实行“西部大开发”战略取得长足进步，然而西部地区“与东部地区发展的绝对差距仍在扩大，交通基础设施落后、水资源短缺和生态环境脆弱的瓶颈制约仍然存在，经济结构不合理、自我发展能力不强的状况仍然没有根本改变，贫困面广量大、基本公共服务能力薄弱的问题仍然突出，加强民族团结、维护边疆稳定的任务仍然繁重，西部地区仍然是我国区域发展的‘短板’，是全面建设小康社会的难点和重点”[①]。根据《愿景与行动》，在与中亚、南亚、西亚等国家的交流合作中，新疆将成为丝绸之路经济带的核心区，山西、甘肃、宁夏、青海将发挥各自的要素及区位优势；在北面向俄罗斯和蒙古国的开放中，黑龙江、吉林、辽宁、内蒙古将发挥独特的联通优势；在面向东南亚、南亚的开放中，广西、

---

* 本研究受“中国与东印度洋地区合作发展协同创新中心”资助。原文刊载于《当代世界与社会主义》2015年第4期。

① 国家发展改革委《国家西部大开发“十二五”规划（全文）》，http://www.farmer.com.cn/xwpd/btxw/201203/t20120301_701756.htm。

云南甚至西藏都将成为重要的门户。可见，西部地区将成为“一带一路”建设的重要依托和窗口。

国际层面，近代以来美国、欧洲、日本及亚太地区是中国对外交往的重要方向，而“一带一路”背景下向西及整个欧亚大陆的开放将成为新一轮对外开放的重点。根据《愿景与行动》，丝绸之路经济带的重点方向是中国经中亚、俄罗斯至欧洲（波罗的海）；中国经中亚、西亚至波斯湾、地中海；中国至东南亚、南亚、印度洋。21 世纪海上丝绸之路重点方向是从中国沿海港口过南海到印度洋，延伸至欧洲；从中国沿海港口过南海到南太平洋。从重点打造的经济走廊来看，“一带一路”涵盖造新亚欧大陆桥、中蒙俄、中国—中亚—西亚、中国—中南半岛等国际经济合作走廊，并将推动与中巴和孟中印缅两个经济走廊紧密对接。可见，几乎整个欧亚大陆将成为“一带一路”倡议下对外开放和合作的重点区域。

中国自古就是一个欧亚大陆国家。从地理上来看，中国位于欧亚大陆的最东段，中华文明的起源、演变和发展的地理范围也以欧亚大陆东端为限。中国历朝历代对外交往的主要对象也位于欧亚大陆，纵贯近 2000 年的丝绸之路长期以来是联通中国与亚洲、非洲和欧洲的最主要通道。

从一定意义上来讲，“一带一路”标志着中国在地缘空间上对自身定位向欧亚大陆的回归。西方地缘政治理论向来有着“陆权”和“海权”之争，中国被认为“主要是一个陆权国家”，中国的历史是“陆权国家的成长、发展、衰落以及再度崛起的历史”①。从历史上来看，中国古代危及历代王朝安全的外来威胁主要来自于北部和西部，这决定了防御的主要方向和重点来自于陆上而非海上。尽管明朝期间中国曾是一个航海大国，书写了“郑和下西洋”的辉煌历史，同时在东部沿海也面临倭寇的侵扰，然而明朝的“禁海”政策也说明，陆上安全在中国古代对外防御中的主要矛盾地位并没有发生改变。

清代后期以来，中国逐渐融入资本主义世界体系，对外防御也面临着“塞防”和“海防”孰重孰轻之争。西方列强从海上方向以两次鸦片战争打开中国大门，使清政府被迫改变“闭关锁国”的状态，《南京条约》、《天津条约》、《北京条约》强迫清王朝通商开埠，被动地打开了中国内地通往东部海洋的通道。与此

① 叶自成《中国的和平发展：陆权的回归与发展》，《世界经济与政治》2007 年第 2 期。

同时，沙俄趁机侵扰中国北部边疆地区并蚕食领土，通过《瑷珲条约》强迫清廷将外兴安岭以南、黑龙江以北的大片领土割让给俄国，并要求将乌苏里江以东至海的中国土地改由中俄共管。

在这一大背景下，以李鸿章为代表的“海防派”和以左宗棠为代表的“塞防派”展开了争论。林则徐和魏源为“海防派”奠定了基础，林则徐指出“时事艰如此，凭谁议海防”（《次韵答姚春木》），表达了对海防的关切，魏源在《海国图志》的《筹海篇》中提出了系统的海防思想，并主张“宜师夷长技以制夷”。“海防派”认为，包括新疆在内的西北边疆不应该再成为地缘防御的重点，而海上威胁前所未有地上升为主要矛盾，即“今则东南海疆万余里，各国通商传教，来往自如，聚集京师及各省腹地，阳托和好之名，阴怀吞噬之计，一国生事，诸国构煽，实为数千年来未有之变局。军器机事之精，工力百倍；炮弹所到，无坚不摧，水陆关隘，不足限制，又为数千年来未有之强敌”（李鸿章《筹议海防折》）。当务之急，应该将海防作为重中之重，“海疆不防，则腹心之大患愈棘：孰重孰轻，必有能辨之者”（李鸿章《筹议海防折》），并主张可以裁撤甚至停止对塞防力量的财政支持，“已经出塞及尚未出塞各军，似须略加覆灭，可撤则撤，可停则停。其停撤之饷，即匀作海防之饷”（李鸿章《筹议海防折》）。同时，李鸿章也强调，海防和塞防二者不可兼得，只能择其一为重点，否则财政羸弱的清政府难以支撑，即“既备东南万里之海疆，又备西北万里之饷运，有不困穷颠蹷者哉”（李鸿章《筹议海防折》）。

“塞防”的支持者则认为，塞防与海防二者并重。新疆在战略防御上具有决定全局的战略性意义，新疆安危事关整个中国北方及清王朝统治中心的稳定，“开新疆、立军府之所贻也。是故重新疆者所以保蒙古，保蒙古者所以卫京师。西北臂指相联，形势完整，自无隙可乘，若新疆不固，则蒙部不安，匪特陕甘、山西各边时虞侵轶，防不胜防，即直北关山，亦将无晏眠之日”（左宗棠《遵旨统筹全局折》）。左宗棠反对裁撤塞防军饷，“论者拟停撤出关兵饷。无论乌鲁木齐未复，无撤兵之理；即乌鲁木齐已复，定议划地而守，以征兵作戍兵为固圉计，而乘障防秋，星罗棋布，地可缩而兵不能减，兵既增而饷不能缺，非合东南财赋通融挹注，何以重边镇而严内外之防？”（左宗棠《复陈海防塞防及关外剿抚粮运情形折》），并指出减少塞防支出的危害远远大于减少海防的支出，“若此时即拟停兵节饷，自撤藩篱，则我退寸而寇进尺，不独陇右堪虞，即北路科布多、乌里雅苏台等处恐亦未能晏然。是停兵节饷，于海防未必有益，于边塞则大有所妨，利害攸分，亟宜熟思审处者也”（左宗棠《复陈海防塞防及关外剿抚粮运情形折》）。

简而言之，就中国的自我定位和世界观而言，“一带一路”倡议在学术上的意义在于它既是对中国作为一个欧亚大陆国家身份的重新确认，也是对中国将对外关系交往重点向欧亚大陆的回归。在推进这一倡议的过程中，中国面向包括中亚、南亚、东南亚、西亚、中东欧等地区在内的欧亚大陆的开放，至少被置于与近代以来中国向美、欧、日及亚太地区开放同等重要的地位。

不同点在于，中国古代重视“陆权”的逻辑基础在于将西北部方向的外部力量作为防御对象、将内陆地区特别是新疆作为防御的前沿地带，本质上是带有强烈防御性质的对外及国防政策，具有内向性的特征。然而，“一带一路”特别是丝绸之路经济带是一个以区域经济合作为核心的合作倡议，致力于以“政策沟通、道路联通、贸易畅通、货币流通、民心相通”提升欧亚地区的互联互通及经济融合水平，核心是寻求合作与互利共赢的对外开放政策，具有鲜明的外向性特征。

二、“一带一路”倡议处理与发展中国家关系的原则：坚持正确义利观

“一带一路”沿线涵盖的主要是发展中国家，体现了中国对于提振“南南合作”的思考和倡议。在处理与发展中国家和周边国家关系中，新一届领导人在外交上的重要新理念则是强调树立正确义利观。具体而言，政治上要坚持正义、秉持公道、道义为先，经济上要坚持互利共赢、共同发展。对那些与中国长期友好而自身发展任务艰巨的周边和发展中国家，要更多地考虑对方利益，开展合作时要注意多予少取，早予晚取，绝不搞损人利己，以邻为壑。[①] 外交部部长王毅也指出，正确对待和处理“义”与“利”的关系，重视道义与责任，是我国优秀传统文化的重要内容，也是新中国外交的一个鲜明特色。[②]

“正确义利观”要求在义和利之间兼顾，从而做到义和利的平衡和共赢。以

① 杨洁篪《新形势下中国外交理论和实践创新》，《求是》2013 年第 16 期。

② 王毅《坚持正确义利观 积极发挥负责任大国作用》，《人民日报》2013 年 9 月 10 日。

正确的义利观为指导处理与“一带一路”沿线发展中国家的关系，包含的要义如下：第一，中国在国际社会的基本身份定位依然是发展中国家，“一带一路”沿线国家多为发展中国家。这一基本定位和认同决定了双方处在相似发展阶段，面临与之伴生的相似的发展问题，中国应该明确同发展中国家站在一起的政治决心，这有利于凝结双方共同利益。第二，全球化时代任何一个国家都难以单独应对层出不穷的跨国问题，这要求中国在追求本国利益的时候兼顾他国的合力关切，彰显中国是积极参与地区和全球治理的负责任大国的形象。

“正确义利观”有着深厚的儒家思想背景，施行仁义是孔子和孟子思想的核心观念。孔子提出“不仁者不可以久处约，不可以长处乐，仁者安仁，知者利仁”、“君子喻于义，小人喻于利”（《论语·里任篇第四》），从价值观上主张个人以仁义修身立本，并从“义”和“利”出发对道德高尚者和品质低下者做出了明确区分。

孟子则进一步将义利之辩上升到对国家利益和治国之道的讨论中，主张仁义而非利益应该作为国家行为的根本出发点。在回答梁惠王关于“将有以利吾国乎？”的问题中，孟子曰：“王何必曰利？亦有仁义而已矣。王曰‘何以利吾国’？大夫曰‘何以利吾家’？士庶人曰‘何以利吾身’？上下交征利而国危矣。万乘之国弑其君者，必千乘之家；千乘之国弑其君者，必百乘之家。万取千焉，千取百焉，不为不多矣。苟为后义而先利，不夺不餍。未有仁而遗其亲者也，未有义而后其君者也。王亦曰仁义而已矣，何必曰利？”（《孟子·梁惠王上》），核心在于主张君主应该将义置于利之前，体恤民情并施行仁政，使得人民归心于君主。孟子还主张君主应该实施王道而非霸道，最终可以达到不使用武力而使天下归心的境界，正所谓“得道者多助，失道者寡助。寡助之至，亲戚畔之。多助之至，天下顺之。以天下之所顺，攻亲戚之所畔，故君子有不战，战必胜矣”（《孟子·公孙丑下》）。

中国领导人关于“正确义利观”的思考则是把儒家的义利之辩从个人修养、君主治国之道上升到了不同国家间相处之道的高度，对国家利益做出了新的思考。尽管国际政治处于无政府状态，但是国家间处理关系需要建构规范。“正确义利观”体现了中国对于这些观念的思考，通过“更多考虑他国利益，多予少取，早予晚取”，在外交中体现“仁义”和“义先于利”的精神，落实对于他国利益的关切和照顾，形成与“一带一路”沿线特别是发展中国家良性互动的氛围。

三、“一带一路”倡议处理与周边国家关系的原则：倡导“亲、诚、惠、容”的周边外交理念

周边对我国具有极为重要的战略意义，周边形势的稳定与否、我国同周边关系的好坏，将直接决定我国的发展大局和外交全局，也是统筹国内国际两个大局的关键。周边外交一直是我国整体外交中的亮点，新一届领导对中国整体外交做出了新的布局，周边外交的首要地位在外交全盘中的地位进一步提升，强调要“突出周边在我国发展大局和外交全局中的重要作用”[①]，进一步确定了把加强同周边国家的睦邻友好定位为国家对外关系的重点和外交的优先目标。“一带一路”倡议所涵盖的东南亚、南亚、中亚、俄罗斯及蒙古国都是我国周边具有重要战略地位的国家和地区。

在倡议框架下处理好与周边国家的关系，需要遵循“亲、诚、惠、容”的周边外交理念。在 2013 年 10 月周边外交工作座谈会上，习近平总书记提出了“亲、诚、惠、容”的周边外交理念，坚持与邻为善、以邻为伴，坚持睦邻、安邻、富邻。其要义包括：一要坚持睦邻友好，守望相助；讲平等，重感情，常见面，多走动；多做得人心、暖人心的事，使周边国家对我们更友善、更亲近、更认同、更支持，增强亲和力、感召力、影响力。二要诚心诚意对待周边国家，争取更多朋友和伙伴。三要本着互惠互利的原则同周边国家开展合作，编织更加紧密的共同利益网络，把双方利益融合提升到更高水平，让周边国家得益于我国发展，使我国也从周边国家共同发展中获得裨益和助力。四要倡导包容的思想，强调亚太之大容得下大家共同发展，以更加开放的胸襟和更加积极的态度促进地区合作。[②]

以“亲诚惠容”的观念来处理与周边国家关系，体现了中国以平等、诚信、相互关爱的兄弟之谊对待邻国的理念，并将儒家所述修身为人治国之道升华到了处理国家间关系的高度。《论语》有曰“君子敬而无失，与人恭而有礼，四海之

---

① 《习近平在周边外交工作座谈会上发表重要讲话强调：为我国发展争取良好周边环境》，http://cpc.people.com.cn/n/2013/1026/c64094-23333683.html 。

② 《习近平在周边外交工作座谈会上发表重要讲话》，http://politics.people.com.cn/n/2013/1025/c1024-23332318.html。

内皆兄弟也，君子何患无兄弟也"（《论语·颜渊篇》），"弟子，入则孝，出则悌，谨而信，泛爱众，而亲仁"（《论语·学而篇》），"与朋友交，言而有信"（《论语·学而篇》），"人而无信，不知其可也"（《论语·为政篇》），"子以四教：文、行、忠、信"（《论语·述而篇》），孟子主张"老吾老，以及人之老；幼吾幼，以及人之幼"（《孟子·梁惠王上》）的治国之道，并在齐宣王询问"交邻国有道乎？"时提出"惟仁者为能以大事小，惟智者为能以小事大"（《孟子·梁惠王下》）的主张，体现了与他人相处和君主治国中应该遵循平等之道、诚信之道、相互关爱之道。"亲诚惠容"理念秉承上述典籍的精髓，将"与邻为善、以邻为伴，坚持睦邻、安邻、富邻"的精神核心融入到处理与周边国家关系的指导观念当中。

四、"一带一路"倡议的远期愿景：建立以合作共赢为核心的新型国际关系

在 2014 年 11 月底召开的中央外事工作会议上，习近平总书记强调，中国要坚持合作共赢，推动建立以合作共赢为核心的新型国际关系，坚持互利共赢的开放战略，把合作共赢理念体现到政治、经济、安全、文化等对外合作的方方面面。王毅外长做了更为具体的阐述，即新型国际关系以合作共赢为核心，摒弃你输我赢、赢者通吃的旧套路，探索双赢、多赢、共赢的新理念。[①]《愿景与行动》也强调，"一带一路"是促进共同发展、实现共同繁荣的合作共赢之路，在共建过程中应该坚持互利共赢的原则，兼顾各方利益和关切，寻求利益契合点和合作最大公约数，把各方优势和潜力充分发挥出来。

"一带一路"倡议下，中国提出建立亚洲基础设施投资银行，作为亚洲区域多边开发组织，重点支持基础设施建设，促进亚洲区域互联互通和经济一体化建设。中国作为亚投行的发起国和创始国，承诺初始认缴资本目标为 500 亿美元。亚投行创始会员国申请期间，美国对包括英国、澳大利亚、韩国在内的部分欧洲和亚太盟友施压，要求其不加入亚投行。然而，上述国家最终决定加入亚投行，

---

① 《王毅：双赢、多赢、共赢新理念是国际关系发展的正确方向》，http://news.xinhuanet.com/2015-02/03/c_1114226109.htm 。

也引起美国国内自身对于是否加入亚投行的反思。包括美国国务卿克里在内的多名高官在多个场合表示对亚投行“治理标准和透明度是否符合国际标准”的公开质疑。[①]同时，部分国际舆论夸大“一带一路”和亚投行的战略意图，认为美国的衰落不可避免，美国被排挤在中国主导的亚洲地区秩序之外。

事实上，在未来很长一段时间内，美国的绝对实力仍然将雄踞世界首位，中国是现成国际秩序的支持者和维护者，无意挑战甚至推翻之，更无意将美国排除在亚洲之外。中国财政部部长楼继伟公开表示，世界银行、亚洲开发银行等多边开发银行积累了很多先进的经验和好的做法，在治理结构、环评政策、保障条款、采购政策、借款国财政可持续性评价以及包括基础设施领域投资在内的项目管理等方面，形成了一系列标准体系和政策要求，亚投行将充分尊重和借鉴现有多边开发银行的有关标准和好的做法，制定严格并切实可行的高标准保障条款。[②]“一带一路”可以成为欧亚大陆发展振兴的一个有力倡议，亚投行将对亚洲开发银行、世界银行等现存地区和国际多边发展金融机构形成有益的补充，体现中国开放包容的心态。

合作共赢思想以道家的朴素辩证法思想为底格。《老子》全篇以“道”为核心解释世间万物变化，认为事物都具有正反两方面，且可以互相转化，所谓“有无相生，难易相成，长短相形，高下相倾，音声相和，前后相随”[③]。老子的思想超越了基于基督教和犹太教传统的一元论，超越了前者所主张的“二元对立”思想，摒弃了事物矛盾面的绝对对立。换言之，国家间的竞争与合作和国际关系的本质并非你死我活、非此即彼的。在全球化时代，国家间相互依存和联系日益加深，任何一个国家在面对层出不穷的本土、跨国、地区和全球问题时，都无法独善其身，更不能以孤立和敌对的态度处理与他国关系。从这一意义上来讲，中国提出构建以“不冲突、不对抗、相互尊重、合作共赢”为核心的中美新型大国关系，则是摒弃了西方国际关系理论中关于“霸权国和崛起国必然发生冲突”的“修昔

① Reuters, Three major nations absent as China launches World Bank rival in Asia, Nov. 5th, 2014, see http://www.reuters.com/article/2014/11/05/us-china-aiib-idUSKCN0ID08U20141105.

② 《楼继伟：亚投行的成立将为亚洲地区经济发展注入持久动力》，http://www.mof.gov.cn/zhengwuxinxi/caizhengxinwen/201410/t20141027_1154454.html。

③ 陈鼓应《老子注释及评介》，中华书局，1984 年，第 64 页。

底德陷阱”。这一理念倡导中美建立一种新的大国间相处模式，即双方的关系不是绝对对立和对抗的，两国可以追求双赢而摒弃零和游戏，实现良性竞争合作而避免恶性冲突。在“一带一路”和亚投行的框架下，中国并不寻求排斥和挤压美国的欧亚大陆和亚太地区的空间，而是保持开放心态，积极寻求与包括美国在内的各大国利益共赢的空间。

《老子》提出“曲则全，枉则直，洼则盈，敝则新，少则多，多则惑。是以圣人抱一为天下式。不自见，故明；不自是，故彰；不自伐，故有功；不自矜，故长。夫唯不争，故天下莫能与之争”①，阐述了有道之人的处世哲学，即并不执着于与他人争夺名利，因此天下也没有人将其当作对立面而相争。这一思想为大国如何寻求与他国的相处之道提供了有益的启示。从国土面积、人口、经济总量、在地区和全球事务中的作用等指标来看，中国已经成为一个大国。“一带一路”沿线的大多数国家，以上述指标来衡量，相对于中国都“更小”。中国一贯主张，在国际关系中，国家无论大小一律平等。在处理相关周边国家和发展中国家的关系中，中国主张避免斗争思维，以“不争”的思维换取寻求合作和共赢的机会。进一步而言，中国发起“一带一路”倡议、主动出资发起亚投行，彰显了中国在地区互联互通和经济一体化过程中发挥负责任作用的姿态，也展现了中国主动为地区发展提供公共产品的意愿和能力，这也是对老子单纯“不争”思想的超越和创新。

五、推动落实“一带一路”倡议的原则和途径：坚持共商、共建、共享原则

《愿景与行动》文件指出，“一带一路”共建原则包括：恪守联合国宪章的宗旨和原则，遵守和平共处五项原则；坚持开放合作非排他，各国和国际、地区组织均可参与；坚持和谐包容，倡导文明宽容，尊重各国发展道路和模式的选择，求同存异、兼容并蓄；坚持市场运作，遵循市场规律和国际通行规则，充分发挥市场在资源配置中的决定性作用和各类企业的主体作用，同时发挥好政府的作用。

① 陈鼓应《老子注释及评介》，中华书局，1984年，第154页。

从实施路径来讲，以目标协调、政策沟通、对接合作为主，不刻意追求一致性，可灵活弹性、多元开放的合作进程；不刻意寻求建立新的合作机制，争取依托既有的双多边和区域次区域合作机制框架开花结果。

具体而言，共商、共建、共享包含几个要义：第一，推动“一带一路”建设不是给沿线国家强加落实中国版的“欧亚大陆发展纲要”，中国不强求签订双边或多边条约，也不事先预设区域一体化的具体目标，而是在自愿参与、平等协商的基础上因时制宜、因地制宜地开展合作。第二，在“一带一路”沿线，各主要大国和地区及国际多边组织先后提出了一系列涉及互联互通和区域经济一体化的地区合作倡议，比较典型的包括美国“新丝绸之路”计划、俄罗斯“欧亚经济联盟”、印度“季节”计划、上海合作组织框架下的多边经济合作、联合国亚太经济社会委员会推动的泛亚铁路计划和亚洲高速公路计划、亚洲开发银行牵头的中亚区域经济合作计划、欧洲—中亚交通与能源倡议等。“一带一路”是非排他性质的合作倡议，不是零和博弈的对抗游戏，更不是对已有合作倡议的排斥、挤压和替代，中国与俄罗斯、美国、印度、欧洲等在各自倡议下可以进行对接，形成良性互动的氛围。

老子的思想体现了理想主义和和平主义情节。《老子》中有这样一段对于国家间应该如何相处的论述，“大国者下流也，天下之牝。天下之交也，牝常以静胜牡。为其静也故宜为下。故大国以下小国，则取小国；小国以下大国，则取大国。故或下以取，或下而取。大国不过欲，兼畜人；小国不过欲，入事人。夫两者各得其所欲，大者宜为下”[①]。这表达了一种国家间应当和睦相处的理想主义理念，他认为小国与大国的关系不应该是强迫和强加的：大国对小国应当谦下，就能取得小国信任；小国对大国尊重，就能被大国信任。[②]同时，他也阐述了用兵之道，所谓“用兵有言：吾不敢为主而为客，不敢进寸而退尺。是谓行无行，攘无臂，执无兵，乃无敌”[③]，即有武力一方应该宽容忍让、以退为进，而非主动谋取积极进攻。

老子的思想体现了对主动使用武力、强权政治的反对。他提倡国际关系中的

---

① 陈鼓应《老子注释及评介》，中华书局，1984 年，第 301 页。

② 叶自成《春秋战国时期的中国外交思想》，香港社会科学出版社，2003 年，第 176—177 页。

③ 陈鼓应《老子注释及评介》，中华书局，1984 年，第 323 页。

和平主义，主张无论国家大小和国力强弱，任何一方都不应该将自身的意志强加给对方。参与“一带一路”倡议的建设基于自愿原则，中国不强迫任何国家加入、也不将自身对如何落实该倡议的看法和意志强加于任何国家。中国提出“积极与沿线国家的发展战略相互对接”[①]，通过与部分国家签署合作备忘录、地区合作和边境合作的备忘录及经贸合作中长期发展规划的方式推进倡议落实，这不仅是对中国一贯主张的“和平共处五项原则”中“相互尊重”原则的重申，也是共商、共建和共享原则的核心体现。

龚　婷　中国国际问题研究院助理研究员，“‘一带一路’百人论坛”专家委员会委员。研究方向包括中美关系、“一带一路”、能源安全等。在核心期刊和主流媒体上发表数篇学术论文和评论文章，包括《“一带一路”对外传播宜“六多讲、六少讲”》、《“一带一路”：国际舆论反应初探及应对建议》、《“一带一路”：美国对中国周边外交构想的解读》、《“一带一路”倡议的中国传统思想要素初探》、《“一带一路”能源合作初结硕果》等。

① 《张高丽：努力实现“一带一路”建设良好开局》，http://news.xinhuanet.com/politics/2015-02/01/c_1114209284.htm。

“一带一路”之国别研究
——以泰国为案例

宋清润

泰国是中国与东盟互联互通的节点国家，在中国与东南亚的“一带一路”建设中发挥着重要作用。中泰关系长期友好，泰国经常作为中国与东盟合作的推动者和桥梁。泰国巴育政府近期更加重视对华合作，支持中国“一带一路”建设。而且，中国海上丝绸之路计划与泰国未来发展铁路等交通基础设施规划存在巨大合作空间，尤其是在铁路合作方面。两国在海上丝绸之路框架下的合作领域还有很多，而且这些合作互惠互利，既推动中国海上丝绸之路建设与泰国等东南亚国家的对接，又提升泰国在区域互联互通中的地位。不过，两国在海上丝绸之路框架下的合作也存在不少挑战，比如，泰国政局变动频繁、南部恐怖主义猖獗、其他大国搅局中泰合作，等等。

一、泰国在海上丝绸之路建设中的优势与机遇

从地理与地缘区位而言，泰国地处东南亚较为中心的位置，是海陆兼备的国家。泰国位于中南半岛中南部，东北部与老挝接壤，东南部与柬埔寨接壤，西北部与缅甸接壤，南部与马来西亚接壤；东南临泰国湾（太平洋），面向南海南部区域，西南濒安达曼海（印度洋），也就是西南部狭长地带两侧濒临印度洋和太平洋。最近，舆论热议克拉地峡开凿话题。如果真能开凿克拉地峡，将使货轮从印度洋到泰国湾、太平洋的航程缩短 2—5 天，产生极大的时间与经济效益，而泰国也会因此成为连接印度洋和太平洋的关键国家，在海上丝绸之路建设以及国际航运中的地位均会大为提高。

泰国海运、河运较为发达，是中国与东盟国家推进互联互通、建设海上丝绸之路的重要节点国家。全国共有 47 个港口，其中海港 26 个，国际港口 21 个。

海运线可达中、日、美、欧和新加坡。湄公河和湄南河为泰国两大水路运输干线，内河航运网络发达。此外，曼谷素万那普机场是东南亚最大的空运转运中心，是地区重要交通枢纽。

在经贸、金融方面，泰国是东南亚第二大经济体，经济发展水平在东盟成员国中居于中等偏上，是东南亚重要的生产与物流枢纽之一，在东盟经济共同体建设中发挥着重要作用。中泰经贸联合密切。中国是泰国最大贸易伙伴国、重要贸易顺差国、重要外资来源国、重要的基础设施合作国，在水利工程建设、铁路建设、电信发展等领域，中泰有着良好的合作，尤其是，中泰跨国铁路项目正在积极推进，这是海上丝绸之路的关键示范性工程。在金融方面，泰国是东南亚国家中帮助推动人民币国际化的重要国家之一，2015 年 4 月 22 日，中国工商银行曼谷人民币清算行正式启动，对于促进中泰双边经贸发展以及人民币在泰国的使用都将发挥积极作用，推进中国与泰国、东南亚其他国家的资金融通，提升人民币在东南亚以及全球金融市场中的地位，具有重要作用，这也是泰国在参与"一带一路"建设中占据的一大先机。

在人文方面，"中泰一家亲"友好关系源远流长，中泰文化习俗相近，中国人对泰国的印象很好，同样，泰国上至王室、政府，下至普通百姓，很多人都对华存在着友好感情，两国人文交流密切，开展海上丝绸之路建设有着很好的人脉与群众基础。华人在泰国的社会融合度好，在泰国社会具有重要影响力，泰国政治、商业、学界精英中的大多数人具有华人血统。① 近年来，泰国从官方到民间，兴起了推广和学习汉语的热潮。

二、泰国总体支持 21 世纪海上丝绸之路建设

泰国政府、官员、商界、舆论等基本表示支持中国的"一带一路"建设，期待从中获得更多发展收益。当然，和东南亚其他国家对中国崛起天然具有的疑惧心理一样，也有一些担忧中国在泰国影响力大的声音，但不太多，公开反对"一

① Supalak Ganjanakhundee, "Businessman provides a fillip to Thailand-China relations", The Nation, July 1, 2015.

带一路”战略的声音也较少。[①]

时任陆军司令巴育2014年5月掌权、8月当选泰国总理以来，与中国领导人在双边和多边场合多次会晤，两国领导人会晤次数是巴育总理与外国领导人的会晤中最多的。2014年11月9日，中国国家主席习近平在人民大会堂会见泰国总理巴育。巴育表示：“泰方正在探索走符合国情的发展道路，希望同中方交流互鉴，深化合作，特别是借助丝绸之路经济带和21世纪海上丝绸之路建设，推进农业、铁路合作，促进地区互联互通，扩大泰国农产品对华出口，欢迎中企到泰国投资，促进民间交往，加强人才培训。泰方已经积极参与亚洲基础设施投资银行，赞赏中方成立丝路基金。泰方将继续致力于推动东盟同中国合作，支持中方成功举办亚太经合组织领导人非正式会议。”[②] 同年11月25日，巴育对政府官员发表年终讲话。他说，泰国人应摒弃分歧，向中国学习。他与中国国家主席习近平会谈时，习主席表示，60年前，中国还是世界上最贫穷的国家之一。在30年时间里，中国已发展成经济强国。巴育指出，“我们现在却仍在争吵不休”。[③]

2015年7月2日，泰国总理巴育在曼谷参加中国驻泰使馆举行的中泰建交40周年纪念晚会，他与中国驻泰大使宁赋魁均再次表示，要深化两国战略合作，推动中国“一带一路”建设。[④]2015年7月中旬，泰国商务部长差猜·沙里卡耶对新华社记者表示，泰中双方已对铁路合作项目的可行性、融资框架等达成多项共识，合作项目将于同年底动工，建设工期约3年，除铁路合作项目外，泰国还将积极参与涉及“一带一路”的其他项目，与中方一道，加强在公路、航空、港口等方面的对接，借此提升泰国基础设施建设水平。[⑤] 泰国其他多位在任或卸任官员也表示支持“一带一路”建设。泰国前副总理、前外交部部长素拉杰·沙田泰2015年5月18日在福州参加亚洲合作对话——共建“一带一路”合作论坛暨亚洲工商大会时表示，中国倡导的“一带一路”旨在创造互利共赢，这也有助于

---

① “Greater RECIPROCITY needed in Thai-Chinese relations”, The Nation, June 30, 2015.

② 《习近平会见泰国总理巴育》，中国外交部网站，2014年11月9日，http://www.fmprc.gov.cn/mfa_chn/ziliao_611306/zt_611380/dnzt_611382/ydyl_667839/zyxw_667918/t1208864.shtml。

③ 姚丽娟《巴育：在经济发展方面中国是一个很好的榜样》，《环球时报》2014年12月26日。

④ 《泰中建交40周年 巴育、李克强互致贺电》，《世界日报》（泰国）2015年7月3日。

⑤ 潘强、李颖《泰商务部长：泰中铁路合作项目将于年底动工》，新华网，2015年7月15日，http://news.xinhuanet.com/world/2015-07/15/c_1115936491.htm。

实现“众行远”的目标，可以预见，“一带一路”战略启动后，亚洲40多个国家都能从更好的基础设施中获益，这显然有助于推动商品贸易、服务贸易、投资、消费以及亚洲资本市场的发展。素拉杰以中泰正在商谈的铁路合作项目为例，说这个项目同样需要两国政府更多地与泰国老百姓进行沟通，让他们认识到自己就是中泰铁路最大的受益者。[①]

泰国商界人士也表示支持“一带一路”建设，愿意积极参与。泰中文化经济协会在泰国商界、政界具有重要影响力，协会主席颇欣·蓬拉军曾任泰国国会主席兼下议院议长、副总理等要职，2015年5月中旬，他在中国深圳出席2015“丝路之友”中国—东南亚对话会期间强调，21世纪海上丝绸之路建设要让沿线国家都能从中获益。他说：“早在600年前的明朝时期，中国的郑和率领船队七下西洋，并多次途经泰国。在泰国，很多人都尊称郑和为‘三宝公’（郑和小名叫三宝或者三保），并且在多地建有三宝公祠庙表示对他的纪念。郑和船队并不以贸易获利为目的，可以说是那个时期联通东西方的友好使者。而如今，21世纪海上丝绸之路建设也要以增进友谊为根本，要让沿线国家都能从中获益，消除彼此的顾虑，推动和平。泰国赞赏中国国家主席习近平提出的‘共建21世纪海上丝绸之路’构想，希望‘一带一路’的福祉能惠及区域各国人民，大家携起手来实现共赢。”[②]泰国还有多位商人，尤其是华商，表达对“一带一路”的支持，此处不一一列举细节了。

泰国官方和主流媒体还在泰国积极介绍“一带一路”战略，帮助泰国商界、民众更多了解该战略对泰国和地区的好处，这在东南亚国家政府和媒体中还是比较罕见的公开支持中国地区发展战略的做法。比如，2015年4月，泰国外交部东亚司专门向社会介绍“一带一路”的内容。[③]泰国发行量最大的泰文日报《泰叻报》2015年4月底连续刊登中国驻泰国大使宁赋魁题为《传承丝路精神　共创亚洲辉

---

① 张羽《泰国前副总理素拉杰：“一带一路”有助各国互利共赢》，中国新闻网，2015年5月18日，http://www.chinanews.com/gn/2015/05-18/7284329.shtml。

② 崔沂蒙《希望“一带一路”建设能够携手各国实现共赢——专访泰中文化经济协会主席颇欣》，国际在线，2015年5月18日，http://gb.cri.cn/42071/2015/05/18/5311s4966525.htm。

③ “Thai Foreign Ministry explains China’s ‘One Belt One Road’ strategy”, Thaivisa news, April 8, 2015, http://news.thaivisa.com/thailand/thai-foreign-ministry-explains-chinas-one-belt-one-road-strategy/47636/.

煌》的署名文章。文章指出，泰国既连接陆上东盟，也连接海上东盟，是有着6亿多人口的东盟大市场的天然交汇点，区位优势得天独厚，公路、铁路、航空、港口、通讯、电力等基础设施较为完善，在推动21世纪海上丝路建设方面具有巨大潜力。①

三、中泰在海上丝绸之路建设中的合作基础与领域

中泰加强海上丝绸之路框架下的合作，惠及双方，惠及地区。泰国央行行长张旭洲指出："泰国在地缘政治上位于东盟地区的核心地带，是东盟的物流、贸易和金融中心，是东盟市场与中国之间天然的桥梁。而中国也需要通过进入泰国，进而进入东盟乃至大湄公河次区域，来对产品供应链进行重新布局。中国可以泰国为核心，辐射和连接整个东盟的基础设施建设，中泰在这方面有巨大的发展潜力和合作空间。两国应该抓住'一带一路'的合作契机，实现双赢。中国帮助加强东盟国家的基础设施建设，可以将东盟不同发展水平的国家融入地区产业链中，发挥各自的比较优势。"②

根据中国官方发布的"一带一路"战略全文中的有关思路，互联互通是"一带一路"建设的血脉经络和优先发展方向，主要是指基础设施、规章制度、人员交流三位一体的联通，既包括交通基础设施的硬件联通，又包括规章制度、标准、政策的软件联通，还有增进民间友好互信和文化交流的人文联通。③中泰在"一带一路"建设合作中也要优先加强互联互通，要在"一带一路"大的战略框架下实现"政策沟通、设施联通、贸易畅通、资金融通、民心相通"。

首先，中泰政府间关系很好，已经有很好的政策沟通，未来可以"百尺竿头更进一步"，建立多层面、多机制的政策沟通机制。2012年4月，两国建立全面战略合作伙伴关系。2013年10月，两国政府发表《中泰关系发展远景规划》。2014年11月9日，国家主席习近平在人民大会堂会见泰国总理巴育。习近平指出，

①② 李颖、陈家宝《泰国期待"一带一路"合作红利》，新华网，2015年5月11日，http://news.xinhuanet.com/world/2015-05/11/c_1115243879.htm。

③ 本文引用的"一带一路"战略的内容来自：国家发展改革委、外交部、商务部28日联合发布的《推动共建丝绸之路经济带和21世纪海上丝绸之路的愿景与行动》。

中泰一家亲。中方赞赏泰国作为中国—东盟关系协调国为深化中国—东盟合作发挥积极作用，愿同泰方一道，促进亚洲和平、繁荣、和谐。泰国总理巴育等官员、商界人士、媒体等也表达泰方积极参与“一带一路”的愿望。①

两国已经有了很好的政策沟通机制。在战略层面，2013 年 8 月和 2014 年 7 月，中泰两国先后举行第一轮和第二轮的副外长级别的战略对话。在经贸方面，1985 年两国成立部长级经贸联委会，2003 年 6 月升格为副总理级。2004 年 7 月，中国吴仪副总理与泰国差瓦利副总理在北京共同主持联委会首次会议。2005 年 9 月，吴仪副总理与泰国颂吉副总理在泰国清迈共同主持联委会第二次会议。2014 年 11 月，中国国务委员王勇和泰国副总理比里亚通在北京共同主持联委会第三次会议。在此基础上，两国应该在中央和地方层面建立健全更多正式、定期的全面合作对话机制，以增进相互了解，使两国发展战略更好地实现对接，产生“1+1>2”的效应。

而且，在国际关系方面，巴育政府执政时期，受到美欧压力，与美西方的高层交流较少，而且，由于美西方经济总体不振，泰国经济与外交合作重点在中国、日本、东盟成员国等亚洲国家。这也为中泰加快海上丝绸之路建设提供了契机。

其次，中泰两国的基础设施联通已经走在了中国与东盟、周边其他国家互联互通的前列，以跨国铁路合作为契机，有望大踏步前进，实现更大范围的贸易联通。中国的海上丝绸之路计划恰好同巴育政府的 8 年基础设施建设计划存在契合点，其中铁路项目是两国合作的重点。2014 年 9 月 27 日，泰国新任交通部长巴金透露，政府已制订出 2015—2022 年的陆上运输发展规划，预计将在未来 10 年内投入预算 8660 亿铢开发陆路运输系统，使泰国铁路系统全面提速一倍，并降低物流成本，从现在的 15.2%，降为 13%；至于连接到边境线的跨国铁路线，将在 2015 年内开始推动建设 6 条铁路线，并在 2016 年再增加建设 6 条边境铁路线，使铁路系统的乘客量从现在的每年 4500 万人次，增加为 7500 万人次。② 可见，泰国在未来若干年内将大规模扩大水陆交通运输设施的建设。而中国在这方面与泰国合作具

---

① 《习近平会见泰国总理巴育》，中国外交部网站，2014 年 11 月 9 日，http://www.fmprc.gov.cn/mfa_chn/ziliao_611306/zt_611380/dnzt_611382/ydyl_667839/zyxw_667918/t1208864.shtml。

② 《泰政府制订出 2015—2022 年未来 8 年陆路发展规划》，《世界日报》（泰国）2014 年 9 月 29 日。

有极大潜力。除了亚投行和海上丝路基金的支持外，中国在工程项目设计、承建、设备等方面也有成熟的经验、技术和实力。

中泰互联互通有较好基础，发展前景也光明。昆明—曼谷公路 2008 年部分通车，2013 年全线贯通。预计 2015 年底中泰跨国铁路（途经老挝）即将动工。中泰之间打造昆—曼经济走廊的条件愈发成熟，可以推动泰、中、缅、老四国次区域合作，解决“金三角”地区猖獗的毒品与犯罪扩散问题。在中泰铁路建设基础上，未来的昆明—万象—曼谷—吉隆坡—新加坡泛亚铁路联通后，将带动铁路沿线的次区域经济走廊建设。泰国将真正成为东盟地区的交通、生产、物流枢纽之一，将从地区互联互通的大发展中获益颇丰。而以中泰互联互通为契机，中国南部可与更多东南亚国家实现联通，可以更便捷地到达马来西亚、新加坡、越南、印度尼西亚等国家。同时，“海上丝绸之路”建设，中泰要在铁路、公路联通的基础上，重视海上、空中的联通，实现中泰之间的陆、海、空立体联通，进而实现更大范围的地区陆海国家联通。

现在，中泰两国舆论关注克拉地峡的开凿前景。克拉地峡是位于泰国春蓬府和拉廊府境内的一段狭长地带，一个论证了 100 多年还未开凿的运河，有关其开凿的新闻却频频见诸媒体，近来又引发舆论热议。如果克拉地峡开通，从印度洋直接经克拉运河到太平洋的泰国湾，再到南海，与取道马六甲海峡相比，航程缩短约 1200 千米，节省 2—5 天航程，大型轮船每趟航程节省约 30 万美元，这对中国海运避开“马六甲困境”具有很大帮助，具有战略意义。而克拉地峡从开挖到长期运营，还会带给泰国诸多综合收益，产生滚雪球效应。第一，增加就业，据估算，开凿运河大约能给泰国增加 30000 个就业，运营后每年用工也得成千上万。第二，带动泰国南部贫穷地区经济发展，稳定南疆。地峡开通后，当地会吸引更多投资，建立一批工业园区，帮助改变南部经济社会长期落后局面，成为泰国新的经济增长极，带动整个环泰国湾经济发展，提振泰国萎靡不振的经济，并消除泰南恐怖主义频发和动荡的根源——贫穷。第三，泰南将会成为地区新的航运与经济枢纽，提升泰国综合国际地位。当然，开凿克拉地峡对地区国家也会有一些好处。

同时，马六甲海峡有一些缺陷，更加突显了开凿克拉地峡的必要性。第一，马六甲海峡最窄处只有 37 千米，每年通行 10 万余艘船，是世界上最繁忙的海峡之一，船只排队现象突显，未来几年的通航能力将趋于饱和，而船只绕行印度尼西亚龙目海峡，从印度洋到达南海和东北亚海域，至少绕远两三千千米，差不多耽误 10 天航程，而克拉地峡是个很便捷的补充航路。第二，马六甲海峡最大水深 27 米，水中礁石较多，船只搁浅、受损事故时有发生，载重超过 10 万吨尤其是 20 万吨的巨轮通常绕行龙目海峡，费时费力，而专家估计，克拉地峡开通后可通行 20 万吨巨轮。[①] 第三，安全问题。印度尼西亚经常有山火，导致马六甲海峡有时能见度极差。而且，马六甲海峡及印度尼西亚海域的海盗袭击案件在 2009—2013 年间增长了 700%，2013 年达到 107 起，显示海峡通道安全的严峻性。[②]

中泰基础设施联通的大方向是陆海并举，以陆促海，实现陆海设施相连，进而推动中国与东盟的整体互联互通，将海上丝绸之路建设从泰国延伸到印度尼西亚、马来西亚、新加坡和印度洋、南太平洋。

同时，中泰要实现物流、人流的大流通，实现贸易畅通，还要重视加强在通信、海关、边防、质检、邮政、物流等领域的立体联通，减少非关税壁垒，推动通关便利化，使泰国新鲜蔬菜水果一天可以到达中国南部，扩大泰国对华出口，而中国游客可以一天抵达泰国，进行深度游。

再次，以中国工商银行在曼谷开设清算业务为基础，实现更大范围、更便捷的泰铢与人民币互换与结算，以此带动人民币在东南亚的广泛使用，加快推动人民币国际化。

泰国是中国在东盟国家中的第三大贸易伙伴，两国计划在 2015 年将双边贸易额扩大至 1000 亿美元。2014 年 12 月 22 日，中国人民银行与泰国央行续签了规模为 700 亿元人民币的双边本币互换协议。中国人民银行 2015 年 1 月 6 日发

---

① Kavi Chongkittavorn, "Thailand ponders digging Kra Isthmus - again!", The Nation, March 30, 2015; David Scutt, "A plan for a China-controlled canal through Thailand could change everything about Asia as we know it", Business insider Australia, May 22 2015, http://www.businessinsider.com.au/a-plan-for-a-chinese-controlled-canal-through-thailand-could-change-everything-about-asia-as-we-know-it-2015-5; Gaku Shimada, "Kra Isthmus shortcut would mean big shifts in Southeast Asia", June 25, 2015, http://asia.nikkei.com/magazine/20150625-IS-ASIA-READY/Politics-Economy/Kra-Isthmus-shortcut-would-mean-big-shifts-in-Southeast-Asia; Wendy Laursen, "Historic Thai Canal Plan Resurfaces", February 4, 2015, http://www.maritime-executive.com/article/historic-thai-canal-plan-resurfaces.

② Patrick Winn, "Strait of Malacca Is World's New Piracy Hotspot", NBC News, March 27, 2014, http://www.nbcnews.com/news/world/strait-malacca-worlds-new-piracy-hotspot-n63576.

布公告，根据《中国人民银行与泰国银行合作备忘录》相关内容，决定授权中国工商银行（泰国）有限公司担任曼谷人民币业务清算行。工银泰国成为曼谷人民币清算行，将对人民币在泰国和东盟地区的跨境使用发挥积极的促进作用，将为中泰两国以及东盟地区的个人、企业和金融机构使用人民币进行跨境交易带来更加便捷优质的金融服务，进一步促进贸易、投资自由化和便利化。①

最后，在“中泰一家亲”、既有密切人文交流的基础上，持续拓展两国的民心相通工程。一是在汉语学习方面，2011 年 8 月至 2014 年 5 月执政的英拉政府，力推泰国和其他东盟国家的更多人学习汉语。2013 年 4 月 21 日—28 日，泰国国会主席兼下议院议长颂萨率国会代表团对中国进行正式友好访问，与中方一个重要议程就是推动与中国合作一项名为“你好，我爱你”的学习中文工程。这一项目当时计划首先在泰国实施，然后推广到东盟其他国家，目标是在 4 年内让东盟 10 国 6 亿人中的 1 亿人会说中文。而在这 1 亿人的影响带动下，余下 5 亿人也至少会说两句中文——“你好，我爱你”。颂萨表示，相信这一成果会对中国与泰国及其他东盟国家的经济合作带来极大的便利。颂萨说将首先在中国厦门华侨大学进行试点。目前华侨大学每年招收 100 名泰国留学生，泰国方面希望可以将其推广到更多中国高等院校，通过中泰合作共同促进中文在东盟国家的传播。②目前，共有两万多泰国留学生在中国学习，人数是东盟国家中最多的，而中国则是泰国最大的留学生生源国，在泰学习的中国留学生也超过两万人。③而随着“一带一路”建设的推进，两国对彼此语言文化人才的需求将日益扩大。尽管英拉政府下台了，但中泰两国政府应重视继续推进“你好，我爱你”这项惠及两国和地区的重大汉语学习工程。二是在人员往来方面， 2014 年赴泰国旅游的中国游客达 460 万人次。未来，中泰两国要尽快实现游客长期互免签证，并要充分将中泰

---

① 吴雨、刘铮《央行授权工行担任曼谷人民币清算行》，新华网，2015 年 1 月 6 日，http://news.xinhuanet.com/world/2015-01/06/c_1113900054.htm。

② 常天童、明大军《泰国将推出“你好，我爱你”中文工程》，新华网，2013 年 4 月 20 日，http://news.xinhuanet.com/world/2013-04/20/c_115463469.htm。中国华侨大学招收泰国留学生的数量在不断增长，而且，北京、福建、云南、广西、上海、重庆等地的多所高校也在扩大招收泰国学生，云南大学等多所高校建立了泰国研究中心，成为中泰文化交流的重要桥梁。

③ 杨讴《中泰合作共建“一带一路”——访中国驻泰大使宁赋魁》，人民网，2015 年 6 月 18 日，http://world.people.com.cn/n/2015/0618/c1002-27175715.html。

两国的地缘优势与华人华商的血缘优势结合起来，充分发挥泰国华人华商的重要纽带作用，让广东、福建、海南、广西、云南等成为与泰国进行海上丝绸之路建设的前沿合作重镇。三是让"郑和在泰国的友好使者形象"成为推动两国海上丝绸之路的重要民间动力。泰中文化经济协会会长颇欣·蓬拉军介绍说，协会筹备了部分资金，并正在与中国云南等地（郑和是云南人）磋商拍摄有关郑和下西洋路过泰国、与泰国进行经贸友好往来的纪录片。因为，在泰国多地都能找到郑和或其后裔的影子，郑和船队有 3 次到过暹罗（泰国古称），与当地进行通商贸易，与当地民众友好交往，在泰国阿瑜陀耶（大城）府等地仍保留有三宝公庙。定居在清迈的一支郑和后裔——郑和的第十五代孙郑崇林，现在已经富甲一方，成为当地名门望族，在政界、商界有一定影响力。

总之，泰国依托海上丝绸之路建设，将大大提升其经济社会发展，增加百姓收入，缓解区域发展失衡局面，部分消除泰国社会动荡的根源。而泰国的富强，将有利于提升其地区地位。① 中国也可以借助与泰国的海陆互联互通加快与东南亚其他国家的联通，推动海上丝绸之路建设更多开花结果。

四、中泰在海上丝绸之路建设中的挑战

首先，尽管中泰两国都有着强烈合作推动 21 世纪海上丝绸之路建设的愿望，尽管泰国多届政府都重视对华合作，但是，泰国政局难以长期稳定有时会迟滞两国合作。

21 世纪以来，泰国政局动荡此起彼伏，政府更迭频繁，而且，泰国内斗影响到国家内政外交政策的制定和执行，政策连贯性差。比如，英拉政府曾经力倡与中国推进"大米换高铁"计划，已经开始推进，但由于泰国政局动荡，英拉政府遭遇反对派长期示威打击，一方面忙于保权而无暇顾及项目推进，另一方面，属于反英拉阵营的泰国宪法法院在 2014 年 3 月 12 日判决"已获国会通过的约合 678 亿美元的基础设施建设一揽子项目"违宪，这导致该项目的核心部分"大米

① 这几个国家之间已经有一定的跨国公路和铁路连接基础，但是未能全线贯通。此外，按照学术界的惯例说法，马来西亚、印度尼西亚、新加坡是东南亚的海洋国家（海上国家），越南、泰国、缅甸等国家属于东南亚的陆地国家，因为他们地处中南半岛，不过，三国都濒临海洋。

换高铁”项目也将随之暂停。其实，两国政府已经在推进这个项目了。2013年10月，国务院总理李克强访问泰国，与英拉发表的《中泰关系发展远景规划》称，中方有意参与廊开至帕栖高速铁路系统项目建设，以泰国农产品抵偿部分项目费用，泰方表示欢迎。两国领导人共同见证了《中泰两国关于深化铁路合作的谅解备忘录》，泰方承诺与中方探讨相关事宜。这可是双方政府领导人达成的共识与政府间签署的文件，最后因为泰国政争激烈而中途夭折。①当然，巴育政府重启了中泰跨国铁路合作，尽管线路与合作方式有所变动，但也反映了泰国新政府也高度重视对华合作，可谓好事多磨。

不过，未来，如果泰国政坛上以前总理他信、英拉为首的代表草根利益的一派，与代表权贵、中产阶级利益的一派的矛盾难以从根本上缓解，泰国短期很难走出一派上台、另一派上街抗议的动荡怪圈，即便一派执政后希望实施系列参与海上丝绸之路建设的规划和项目，但是，彼派势必反对当局的发展项目，搅黄当局的发展举措，使之难堪，乃至将其搞下台。这是泰国未来参与海上丝绸之路的隐忧，其政局如果仍无法走出动荡怪圈，可能会使一些中泰合作项目遭遇波折，丧失一些推进良机。

泰国经济发展近年来起伏较大，总体形势不好，在东盟的地位也有所下降。1967年8月7日、8日，印度尼西亚、泰国、新加坡、菲律宾四国外长和马来西亚副总理在曼谷举行会议，发表了成立东南亚国家联盟（东盟）的《曼谷宣言》（《东南亚国家联盟成立宣言》），泰国在东盟成立以及日后发展过程中，经常起到重要作用。21世纪初（大致是在2001—2005年间），当时印度尼西亚民主转型遭遇波折，他信领导泰国在东盟区域合作中一度发挥了多年的“领头羊”作用。而2006年至今，泰国因为内斗不止，在东盟的地位有所下降，2014年8月8日，在曼谷举行的“第三届中泰战略研讨会”上，泰国前外长、东盟前秘书长素林在演讲时表示，47年前的今天，东盟成立的宣言是在曼谷签署的，而今，泰国周边的国家经济都在快速发展，区域地位在提高，而泰国因为常年内耗导致其在东盟地位下降。②

---

① 《泰国宪法法院判决英拉678亿美元基建项目违宪 中泰高铁流产》，观察者网，2014年3月12日，http://www.guancha.cn/Neighbors/2014_03_12_213253.shtml。

② 素林当时作为会议重要演讲嘉宾，笔者当时在会场。

笔者归纳了近年来泰国在东盟地位下降的主要原因：第一，泰国政局陷入此起彼伏的动荡怪圈，政府为了保权，主要精力用在应对政争，而且，泰国内斗也曾经导致其在东盟和东亚区域合作方面蒙羞，损害国际信誉。2009 年 4 月，支持他信的“红衫军”示威者冲击东亚峰会会场，导致峰会流产，让他国感到失望和不满。第二，泰国经济遭遇内外多重因素打击，经济多年不振，就难以在泰国经济共同体建设和区域一体化进程中发挥应有的作用。内部而言，除了政治动荡必然打击经济增长之外，泰国 2011 年遭遇半世纪以来的最严重涝灾，2015 年遭遇半世纪以来最严重的旱灾、曼谷 8 月严重恐怖袭击又打击旅游业。外部而言，泰国经济严重依赖外贸和出口，而美西方经济低迷，市场需求弱。这些综合不利因素也导致泰国经济近年来不振。泰国央行宏观经济办公室的数据显示，泰国 2014 年 GDP 增长 0.8%。① 2015 年 1—5 月，泰国出口连续下滑，消费者信心指数也在下降，银行的中小企业坏账率也在上升。泰国商会大学经济商业预测中心 7 月初发布调查预测数据称，近半个世纪以来最严重的旱灾可能会把泰国 2015 年的经济增长率拉低 0.5%，增长率将低于 3%。②

泰国不仅面临上述多种不利的因素和内外挑战，当前和未来还面临政治改革引发当局与前总理他信派的矛盾愈发尖锐、经济低迷与随之产生的政策波动大、国际合作信誉降低等难题，导致泰国在对外合作过程中，包括参与海上丝绸之路的过程中，可能遭遇波折，甚至遇到挫折。

其次，克拉地峡运河百余年未能动工：争论与难题不少。

“克拉地峡运河”构想最早可追溯到拉玛五世皇时期，当时泰国国力所限，这一浩大工程成为海市蜃楼。“二战”前后至 20 世纪 70 年代，日本也曾有意开凿此运河。近年来，克拉地峡开凿问题频频被炒热，却同样是只打雷不下雨。泰国商界支持开发克拉地峡的声音一直都有，而运河迟迟未能开工，委实面临诸多争议与难题，而其遇到的阻力和风险远远超越运河本身，受制于泰国政治稳定与社会民意，牵扯到诸多国家的地缘政治博弈。

① 《2014 年泰 GDP 增长 0.8%》，中国驻泰使馆经商参赞处，2015 年 2 月 2 日，http://th.mofcom.gov.cn/article/jmxw/201502/20150200885546.shtml。

② 李颖《研究机构认为旱灾可能拉低泰国经济增长率》，新华网，2015 年 7 月 10 日，http://news.xinhuanet.com/world/2015-07/10/c_1115886924.htm。

第一，技术难题。泰国专家表示，地峡两侧的印度洋与泰国湾的海平面并非一样高，开凿和运营地峡需要克服高低水流间的自然运动力量；正在论证的开挖地点不少，最后必须选择成本低、收益高的点，笔者曾亲自看到一位泰国专家在地图上标注了密密麻麻的点和线作为可能的开凿方案，而今似无让大家一致认可的开凿线路；在开挖方式方面，是直接陆地上开凿运河还是地底下开挖海底隧道，也未有定论，地上开挖运河必须建设多个桥梁连接运河南北两地交通，而挖隧道毕竟是地下作业，难度可想而知。①

第二，投资成本高与收益回报周期长的难题。据估算，克拉地峡开挖建设周期长达 10 年，总投资 300 亿美元左右，一般企业恐怕无力承担这笔巨额投入。理想情况下，如果仅仅靠运河通行费，收回本金需要几十年。如果再算上企业贷款利息与筹资成本，建设连接克拉地峡南北两地的多座桥梁建设，征地、拆迁、环保等带来的巨额补偿问题，运营过程中的人员工资、设备维护与折旧等成本，单靠通行费较难收回成本。此外，有人担心，巴拿马运河与苏伊士运河节省航程都在 1 万公里左右，其建成初期的几十年内尚且长期亏损。而且，马六甲海峡是国际海峡，暂未征收通行费，克拉地峡只节省 1200 公里航程，对国际船只而言是个可选之道而非必经之地，其是否能长期吸引大量船只通行，是个未知数。企业投入这么大的资金是否合算，就打了个大大的问号。如何组建一个愿意投资、抗风险能力强的企业联合体，是投资成功的关键前提。②

第三，生态环境与社会舆论风险。有民调显示，只有不到 1/3 的泰国人支持开凿克拉地峡，约 1/3 的人不置可否，其余的人反对。泰国媒体发达，公民社会强大，非政府组织活跃，他们强烈反对那些会带来大的拆迁、移民、环境破坏的项目。比如，泰国严重缺电，因为环保人士反对，却难以新建中大型水电站，只

---

① 这是笔者与泰国专家座谈时得到的信息。

② Kavi Chongkittavorn, "Thailand ponders digging Kra Isthmus - again!", The Nation, March 30, 2015; David Scutt, "A plan for a China-controlled canal through Thailand could change everything about Asia as we know it", Business insider Australia, May 22 2015, http://www.businessinsider.com.au/a-plan-for-a-chinese-controlled-canal-through-thailand-could-change-everything-about-asia-as-we-know-it-2015-5; Gaku Shimada, "Kra Isthmus shortcut would mean big shifts in Southeast Asia", June 25, 2015, http://asia.nikkei.com/magazine/20150625-IS-ASIA-READY/Politics-Economy/Kra-Isthmus-shortcut-would-mean-big-shifts-in-Southeast-Asia; Wendy Laursen, "Historic Thai Canal Plan Resurfaces", February 4, 2015, http://www.maritime-executive.com/article/historic-thai-canal-plan-resurfaces.

能长期从缅甸、老挝进口电力。那么，开挖克拉地峡所带来的移民、生态影响恐怕不亚于建设水电站的负面效应，势必改变当地一些人的传统生活。[①]此外，泰国有些人认为在国土上开凿一条巨大运河，有伤国家安全和风水。泰国总理巴育2015年5月22日表示，克拉运河的经济收益引人瞩目，但从国家安全方面考虑，则会给泰国带来国土分裂的风险，因此，开凿运河首先要考虑国家安全。[②]如何让泰国官员、民众和舆论心悦诚服地接受和支持开挖克拉地峡，难度不小。

第四，泰国政局的不确定性可能干扰工程的推进。克拉地峡尚处论证阶段，这么大的项目，应该需要泰国政府、国会的审核通过，进行国际招标，这是个漫长的过程。问题在于，泰国政治动荡、政府频繁更迭已成“新常态”，每个政府的要务是应对国内政治斗争，可能这个政府同意开挖地峡，还没走完程序，就下台了，或者项目被卷入朝野政争而久拖不决。此外，克拉地峡南部地区就是穆斯林极端分裂分子活跃之地，尽管这些人一般只在本地搞恐怖袭击，但是，恐怖主义的间接、潜在威胁犹如达摩克利斯之剑，不知道哪天是否会落到克拉地峡头上，因为不能完全排除南部恐怖分子或国际恐怖分子借威胁地峡安全来要挟泰国政府和国际社会，实现其政治目的。

第五，国际地缘政治博弈风险。克拉地峡一旦运营，利益首先受损而感觉不悦的自然是马六甲海峡沿岸的新加坡、马来西亚、印度尼西亚。而从亚太乃至全球大国政治博弈来看，美国正在联合日本、菲律宾等地区盟国积极围堵中国崛起，加强在南海的军力存在，重点威慑中国南部海洋运输通道。现在，中泰公司签署了有关克拉地峡的合作备忘录，尽管中泰政府否认参与运河项目，但西方媒体恶意炒作中企参与地峡项目是帮助中国商船缓解“马六甲海峡困境”，如果美国、日本等国公司被中泰公司排除在外的话，其必然虎视眈眈地明里暗里地阻挠克拉

---

① Kavi Chongkittavorn, “Thailand ponders digging Kra Isthmus - again!”, The Nation, March 30, 2015; David Scutt, “A plan for a China-controlled canal through Thailand could change everything about Asia as we know it”, Business insider Australia, May 22 2015, http://www.businessinsider.com.au/a-plan-for-a-chinese-controlled-canal-through-thailand-could-change-everything-about-asia-as-we-know-it-2015-5; Gaku Shimada, “Kra Isthmus shortcut would mean big shifts in Southeast Asia”, June 25, 2015, http://asia.nikkei.com/magazine/20150625-IS-ASIA-READY/Politics-Economy/Kra-Isthmus-shortcut-would-mean-big-shifts-in-Southeast-Asia; Wendy Laursen, “Historic Thai Canal Plan Resurfaces”, February 4, 2015, http://www.maritime-executive.com/article/historic-thai-canal-plan-resurfaces.

② 《巴育首谈克拉运河 国安优先》，《世界日报》（泰国）2015年7月10日。

地峡开发。从军事安全角度而言，泰国是美国在东南亚的两大缔约盟国之一和美国“非北约主要盟友”。谋求在泰国建立更多军事存在，是美国“亚太再平衡”战略的关键目标之一。如果我们看看泰国地图，美泰每年搞数十次联合军演（其中，最著名的是“金色眼镜蛇”），美军经常“光顾”泰国的梭桃邑、乌塔堡等军事基地，而这些基地距离克拉地峡不远，这种隐形军事压力是不得不考虑的。而且，美国 2015 年企图借救助东南亚难民为由在普吉岛增加军事存在，可能也与中泰企业签署克拉地峡开发备忘录有关系，因为美国企图遏制中国在东南亚推进“一带一路”建设。

综上所述，克拉地峡的开凿和运营有着潜在的巨大收益，但其不仅牵扯到“技术和资金”难题，更需要大的区域统筹和协调，要推动多国多方建立“利益共享、风险共担、协调行动”机制，需将泰国、中国、美国、日本、新加坡、马来西亚、印度尼西亚、印度等利益攸关方的企业都拉进来，形成利益均沾局面，在具体开凿和运营过程中，技术要过硬，环保要严格，补偿要到位，只有这样，才能减少地缘政治风险与国际博弈。事因难能，所以可贵。克拉地峡的开凿需要天时、地利、人和，其未来进展如何，尚待观察。

再次，恐怖主义与安全问题。

泰南与马来西亚接壤的北大年府等地长期存在着马来穆斯林分裂问题以及暴恐事件频繁等问题，而南部这个狭长区域对于中泰合作建设海上丝绸之路非常重要，其安全局势也事关海上丝绸之路建设的重大项目推进和运营：中泰铁路向马来半岛延伸必须经过泰南地区，克拉地峡的开凿与运营也靠近泰南。2004 年前，南部分离分子一度不是非常活跃，但 2004 年他们袭击当地军火库后，暴恐活动一直不断，迄今，已造成万余人受伤、6300 余人死亡。[①] 2014 年 8 月 17 日晚，曼谷市中心著名旅游景点四面佛附近发生严重恐怖袭击，造成 20 多人死亡、百余人受伤，其中有不少外国游客。[②] 这次事件损害了泰国安全形象，打击其经济。中泰两国在合作打击跨国恐怖主义方面仍需要加强合作，因为一旦出现恐怖主义

---

① 《泰国南部多地发生爆炸和枪击 致 7 人亡十余人受伤》，中国新闻网，2015 年 7 月 11 日，http://www.chinanews.com/gj/2015/07-11/7399063.shtml。

② Eliott C. McLaughlin and Kocha Olarn, “Tourists among 22 killed in apparent attack on Bangkok shrine”, CNN, August 18, 2015, http://edition.cnn.com/2015/08/17/asia/thailand-bangkok-bomb/index.html.

破坏“一带一路”建设的行为，大型项目的推进必然受阻。

此外，近年来，泰国等国家一直对湄公河流域经济开发（如水电站、工业区）带来的污染颇有微词。随着中国崛起的加速，中国经济对泰国影响力的增大，泰国人对中国崛起产生的恐惧感自然会增强，加之美西方舆论渲染中国“一带一路”战略对地区国家的负面效应，称相关大项目会污染地区环境，等等。这些挑唆性言论也可能在一定程度上影响泰国参与“一带一路”合作的积极性。[①]

综上所述，中泰在海上丝绸之路建设中积极合作，将对地区发展产生较大作用。然而，言易行难，中泰合作参与海上丝绸之路建设，任重道远，需要天时、地利、人和，需要两国持之以恒、相向而行地努力，还要处理好中泰与东盟其他成员国和美国、日本等域外国家的关系，需要搞好舆论公关、环境保护等配套工程。

宋清润　博士，中国现代国际关系研究院南亚东南亚及大洋洲研究所环孟加拉湾研究室主任，副研究员，“‘一带一路’百人论坛”专家委员会委员。主要研究缅甸局势、泰国局势、美国与东南亚军事关系等问题。著有《“亚太再平衡”战略背景下的美国与东南亚国家军事关系（2009—2014年）》、《泰国民主政治论》（与张锡镇合著），参编《中美亚太和平共处之道：中国·美国与第三方》、《缅甸国情报告（2011—2012）》、《缅甸国情报告（2013—2014）》等。多次在中央电视台（中、英文频道）、凤凰卫视、中央人民广播电台、中国国际广播电台、中国网等媒体点评泰国、缅甸局势。

① Lucio Blanco Pitlo III, “ China’s ‘One Belt, One Road’ To Where? Why do Beijing’s regional trade and transport plans worry so many people?”, The Diplomat, February 17, 2015, http://thediplomat.com/2015/02/chinas-one-belt-one-road-to-where/; Brian Eyler, “China’s new silk roads tie together three continents”, April 17, 2015, https://www.chinadialogue.net/article/show/single/en/7849-China-s-new-silk-roads-tie-together-3-continents.

企业与经济

『一带一路』与中企软实力

『一带一路』背景下我国航运中心建设的新战略

中国与『一带一路』沿线国家贸易格局

『一带一路』的混合所有制金融创新路径

『一带一路』与军工企业发展

金匮要略

“一带一路”与中企软实力

冯　晞

根据零点研究咨询集团2015年对海外20家重点媒体有关中国“一带一路”新闻报道的整理分析，发现2015年第一季度包括美国有线电视新闻网（CNN）、美国福克斯广播公司（FOX）、美国全国广播公司（NBC），英国广播公司（BBC）、日本读卖新闻等海外媒体大都认可“一带一路”彰显了中国的崛起，但软实力仍是中国的软肋。

“一带一路”是基于全球的中国国家战略，蓝图的设计层面在国家，蓝图的实施层面在企业，因为中国企业将扮演一个史无前例的双重角色：硬实力与软实力在“一带一路”国家的平衡表现。然而，中国企业在“一带一路”的国际化发展中也面临着一个巨大挑战，即：如何让中国的“企业国际化”变成“国际化企业”？

在新的历史时期，应引导中国企业的国际化发展尽早迈向创新导向阶段。中国企业国际化道路的创新导向需要对走出去的策略提出新的理论方向，赋予新的理论内涵。“走出去”其实更多的是代表了硬实力，当企业有了资本和资源，有了海外市场的需求，就开始寻求海外的发展。但创新导向阶段更加需要的是软实力，比如一家外企如何能够创新具有国际视野的思维，融入当地的政策、法规、社会、文化从而得到所在国企业与人民的认可呢？如果再上一个台阶提出更高的要求，海外中国企业如何得到当地政府与人民的尊重？

“一带一路”毫无疑问需要中国企业的硬实力，从可持续发展的角度而言更需要中国企业的软实力。那么，中国企业的软实力应该从哪些方面提升呢？

一、中企软实力

“中企软实力”旨在倡导海外的中国企业善用文化与情感赢得所在国的喜欢、信任与尊重，让海外中国企业的硬实力与软实力同步生根、开花、结果。

“浇花浇根，交人交心”，这是李克强总理2014年在“上合组织成员国总理会议”上谈及海外中国企业如何融入国际化发展环境时候的一个形象比喻。总理强调，中国作为一个硬实力在全球不断提升的大国，要特别注重软实力的同步发展与影响。同样，中国企业作为经济硬实力在全球不断快速增长的实体，也要注重软实力与硬实力的同步发展与影响，要保持硬实力与软实力的平衡与和谐。企业硬实力靠的是资金、技术和产品，软实力靠的是文化、品牌和声誉。只靠硬实力没有软实力，那就是浇花浇了表层，交人交了表面，虽然貌似光鲜，实则国际土豪一个。如果既有硬实力又有软实力，那就犹如浇花浇了根，交人交了心，赢得所在国的社会与人民发自内心的喜欢、信任和尊重，那就成了国际绅士一位。

“中企软实力”在海外发展与影响的核心是吸引力，指通过吸引而非利诱的方式实现自己的愿望。零点研究咨询集团的新书《2014海外中国企业声誉报告》发现，海外的中国企业“硬性有余，软性不足”，前者的反映是无论国企还是民企最近几年在海外的投资并购出现了井喷现象，俨然一头庞大的经济动物，未来的投资并购势头有增无减。然而，中国企业在海外的品牌和声誉相对滞后和疲软，软实力与硬实力发展不平衡、不协调、不同步。中企软实力的培育和培养没有上升到企业国际化战略新理论、新方向、新行动的大格局里面，更谈不上海外中国企业软实力与硬实力的同步发展与影响。

“中企软实力”在全球的发展与影响对中国软实力在世界的发展与影响举足轻重。企业软实力通常会经历四个阶段：无名企业、初出茅庐、企业公民、全球明星。今天，海外的大部分中国企业处于初出茅庐的第二阶段，正在探索、尝试、关注树立独特的海外公众形象，迈出了可喜的第一步。同时，随着中国成为世界第二大经济体，随着海外中国企业实力的迅猛增长，海外中国企业软实力的发展迎来了黄金时代。所有海外的中国企业都肩负着新的历史重任：让海外中国企业的硬实力和软实力同步、同心、同力。让“中企软实力”在海外，包括 “一带一路” 沿线国家生根、开花、结果。

二、“三步走”战略

“三步走”战略即“走出去、走进去、走上去”，首度提出了中国企业国际化发展的新理论和新战略。

新理论与新战略一道一术，需要相向而行，同步而行，平衡而行，和谐而行。换言之，中国企业在海外的硬实力与软实力能够相辅相成，互利互惠，双赢双丰。“走出去”更多的是代表了企业的硬实力，当企业有了资本和资源，有了海外市场的需求，就开始寻求海外的发展。但是，创新导向阶段更需传播企业软实力的魅力和影响，比如企业融入当地的社会生态环境，包括文化、习俗、环保、公益、社区、公共关系、价值观、当地化、政府关系等。《2014 海外中国企业声誉报告》的企业案例证明，国外传统媒体和新媒体对所在国的中国企业的关注度出现了变化，表现在关注的长度、广度和深度，很多内容聚焦海外中国企业软实力，虽然这些关注时高时低，时多时少，时正时负。

“走出去、走进去、走上去”是中国打造国际化企业和全球声誉的新三步走战略。从宏观层面来讲，它指导中国企业整体的国际化发展方向与步骤。“走出去”指硬实力，是资金资源的实力体现。“走进去”指软实力，是跨文化沟通与管理的成功体现。“走上去”是硬实力与软实力的完美结合，得到所在国政府、社会、企业和人民的喜欢、信任和尊重，是国际化企业追求的至高境界。

三、声誉“心”概念

声誉“心”概念强调海外中国企业一要注重硬实力（硬件），二要注重软实力（软件），三要注重“心”实力（心件）。三者之间，最重要的是“心件”，即用心滋润、滋补、滋养企业的声誉。

《2014 海外中国企业声誉报告》提出了适应海外中国企业发展软实力的声誉“心”概念模型。这个海外声誉模型有八大维度：一般印象、综合魅力、商业伦理、社会责任、公共关系、透明度、本地化与合规性。前三个维度组成总括性声誉，后五个维度组成行动性声誉。前三个维度是需要中国、中国人、中国企业共同来维护提升的整体声誉，而后五个维度则是每个企业自己根据实际情况维护提升的个体声誉。两者相互依赖，相互帮助，承前启后，互惠互融，是海外每一家中国企业应该不断实践的方向与方法。

声誉“心”概念强调海外中国企业这个整体、而非个体企业的声誉。每个个体的企业都因为行业背景、战略定位、发展过程等因素而在声誉上有不同的侧重和表现。为了海外中国企业的整体声誉，个体企业需要找出自己在海外声誉模型中的软肋努力改进，为海外中国企业整体声誉做出努力。《2014 海外中国企业声誉报告》发现海外中国企业在公共关系和透明度方面得分偏低，对中国企业而言，这是一个普遍存在的声誉软肋，值得关注和提升。

声誉“心”概念要求海外中国企业在塑造中企软实力方面要“用心良苦”。根据这次研究对海外新老媒体的跟踪分析，发现国外媒体对海外中国企业的报道从投资兼并到日常表现全方位关注并出现了若干年持续关注报道的趋势。这说明国际媒体非常关心中国的海外重大投资。当重大海外投资发生后，国际媒体会进一步跟踪关注。投资是硬实力的体现，是资金说了算数。而声誉是软实力，是用心打动人心才算数。

声誉“心”概念是海外中企软实力的核心内涵，是中国企业“走出去、走进去、走上去”三步走战略中的精神食粮。

四、海外“软生态”

海外“软生态”倡导海外的中国企业入乡随俗，了解、熟悉、适应、尊重、融入当地的政治生态、商业生态、文化生态和生活生态，成为跨文化沟通与管理的国际化企业。

在海外也要讲政治、讲商德、讲文化、讲生活。对于海外中国企业而言，政治生态包括促进当地就业、社区关系、当地政府关系、用企业收益跟进投资、注意到所在国对国家安全的范围界定。商业生态包括企业竞争策略的本土化、了解当地消费者偏好、与当地公司联合、参与当地的协会、商会、论坛、公关等活动。生活生态特指中国企业的领导者融入当地的生活，以及总部高层参与当地经济活动的程度。

四个生态之中文化生态尤为重要，要天天讲、月月讲、年年讲。它就发生在身边，就发生在眼前，细润无声，柔中有刚，感受时刻，震撼心灵。文化生态包括维护当地人的尊严、获得身份认同、进入当地各个阶层的社会、解决不同背景员工的文化冲突。文化生态包括企业内和企业外两个层面，企业外的文化生态主要是指企业能获得当地各个阶层的接纳并成为当地社群的一员；企业内的文化生态是指企业需要协调当地员工与外派员工之间的互动和协作。

海外“软生态”的环境是不分国界的，适应所有走出国门的企业。2013年和2014年英国曼彻斯特商学院与英国中国商会合作设立了“中国企业英国投资奖”，每年奖励一名在英国做出杰出贡献的中国企业。评估衡量获奖企业的标准有九大项，包含政治生态、商业生态、文化生态、生活生态，其中多与中国企业在英国的软生态环境里的表现有关。比如企业与政府的关系维护和对两国长久友谊的贡献度如何？比如企业的创新战略新在哪里？对两国的关系有何贡献？在当地可持续发展的长久目标和计划是什么？有没有把中国的经验和最佳实践带到英国？当地化程度如何？在科研方面和学校机构的投入合作多少？在当地的竞争力比如服务与人才培养有无逐年提升？与当地社区有无互动？社会责任履行了哪些？等等。

适应软生态就是软实力。海外“软生态”期望中国企业在海外不仅仅是经济的庞然大物，同时也是软实力的倡导先行者。

五、价值共同体

“价值共同体”是指海外中国企业要和当地的利益相关者建立以多方共赢、价值共享为宗旨的合作平台，并通过此平台吸引和影响利益相关者。

“价值共同体”追求全方位满足利益相关者，实现可持续的利益共信、共享、共赢。这些利益相关者包括股东、员工、工会、合作方、政府、媒体、社区和更广泛的社会团体。这些价值不同于国家与国家之间的政治、外交、军事价值观，而是基于商业利益驱动而带来的共同利益，所以产生了共同的价值观。海外中国企业必须具备中企软实力，实践“三步走”战略，弘扬声誉“心”概念，适应海外“软实力”，建立价值共同体。切记不要“身在曹营心在汉”，躯体在外，企业在外，事业在外，然而理念、举止、行为、价值观仍然是中国版的原汁原味。

“价值共同体”就是要求海外中国企业变胃。换言之，西餐中餐都能吃，而且要吃得惯，吃了能消化，中国胃要培养成国际胃。这个变胃的过程主动还是被动是衡量海外中国企业价值共同体培育步伐快慢、水平高低、成功多少的标准之一。中国企业走出去不能变成纯粹的“经济动物”，只用硬实力说话，只以营收和利润衡量成败。如此做法会使中国企业被当地社会猜疑、误解和孤立，难以长远发展。只有让当地利益相关者分享发展产生的价值，才能赢得各方的尊重和信任，在海外产生影响力，寻求长远的发展。

《2014 海外中国企业声誉报告》发现，海外中国企业对合作者和政府等直接面对的利益相关者能做到互利互惠，达成双方共赢的局面。但对于受间接影响的利益相关者，比如竞争者、民众和非政府组织，中国企业往往忽略他们的利益，而这点也经常被海外媒体批评。同时，中国企业在国内习以为常、被国内商业生态接受的行为，如恶性价格竞争和薄弱的契约精神，在海外会被视为扰乱市场、阻碍行业良性发展的行为而被诟病。

创建“价值共同体”是海外中国企业的使命和义务。一方面，海外中国企业要理解国内外“软生态”的差异，大度、大方、大力地融入当地的政治、商业、文化和生活。中国企业要在注重硬实力和软实力之上，培养自身的“心”实力。即在和利益相关者的互动中更加用心，寻找共同的价值，获得共赢的发展。

六、全球化公民

“全球化公民”是指海外中国企业应该将自己看作属地国的一分子，而非异客，应该对当地承担企业公民责任。

中国企业“走出去”和“走进去”要同步进行，才能相得益彰。企业公民责任包括两方面：一方面是企业应该负责任地从事生产和服务活动，并且尽力减少企业生产和服务对当地造成的不利影响；另一方面是企业需要参与到当地的公共事务中，比如教育、公共设施。《2014 海外中国企业声誉报告》发现，如果企业履行不好前一种公民责任，会给企业带来负面的影响；如果企业履行好后一种公民责任，则会给企业带来正面的回响。

企业关注当地的社会公共事务，承担社会责任并不是单纯的捐款赞助。履行社会责任也不可以被当成企业的宣传手段，企业需要将自己看作当地的一员。最直接的履行企业公民责任的方式包括：以公平公正的方式对待当地员工和合作伙伴；以尽职尽责的态度生产出对消费者和环境没有伤害的产品；以主人翁的精神对当地社群做贡献。这些其实和中国企业在国内受到的要求是一样的。因此我们提出企业应该在投资发展的新阶段中习惯于做“全球化公民”。

全方位理解教育和中外双向理解教育是符合海外中国企业成长为“全球化公民”的双轨理解教育。双轨理解教育是“全球化公民”维度中举足轻重的一环。首先，海外中国企业领导高层要做到理解国情与世情，带头先行。其次，中层领导要承上启下，影响力行。然后，员工要落地有声，实践必行。同时，海外中国企业的高层、中层、员工都有义务让所在国的社会各界理解中国企业的管理风格与文化习惯。

“全球化公民”对海外中国企业提出了对全球负责和提升企业声誉的“心”概念，企业有责，中国有利，世界有益。

七、跨界透明度

“跨界透明度”是指海外中国企业要熟悉不同文化中的企业监督机制，需要根据不同的企业监督机制建立对外沟通的信息渠道，并建立透明制度。

《2014 海外中国企业声誉报告》发现，海外中国企业在透明度方面明显存在不习惯、不适应、不主动等问题。企业透明并不是简单地开放一切信息。企业毕竟不同于公共机构，需要竞争和隐私，但对个人而言，企业的力量相对要强大许多，因此，社会需要能够监督企业。在不同的文化下，监督企业的主体部门和主要力量不尽相同，但相同的是，企业都需要开放自己的部分信息。

不同文化对企业信息不透明的容忍程度也不相同，因此对企业透明的程度要求也不同。大致上来讲，企业透明的等级划分为偶尔公布信息、定期公布信息和制度化公布信息。此次研究证明，越是透明的企业，越容易得到公众的信任，企业声誉越高。而企业的透明只有制度化后才能保持信息公开的持续不断，而且满足公众监督的需求。

在透明的内容上，外界关心的是企业的公司治理、内部管理、商业计划、政府关系、财务信息、企业业绩和交易信息等。在对象上则主要是投资者、媒体和政府。虽然公众是监督企业最主要的力量，但因为公众力量分散。因此代表公众来监督企业的是媒体和政府。不同文化背景下的差异主要体现在政府和媒体在监督企业时的重要程度，投资者监督企业的能力，以及监督企业的主体对企业透明内容的侧重。因此，企业需要适应不同地区和文化下的透明需求，主动接受当地的监督，习惯、适应、主动地传播海外中国企业的"跨界透明度"。

"跨界透明度"需要制度先立，理念先导，行为先行，传播先声。这样海外中国企业就可以逐步做到习惯、适应、主动在世界的舞台上坦然亮相。

八、中企新印象

"中企新印象"是指海外中国企业要具有全球视野、全球责任、全球行动共同努力提升海外中国企业的印象，把中国企业的声誉印遍全球，享誉全球。

如何在全球成功塑造"中企新印象"呢？《2014海外中国企业声誉报告》对此给予了前瞻性、系统性、创新性的答案。"中企软实力"提出了同步发展硬实力和软实力的必要性和重要性；"'三步走'战略"设计了"走出去、走进去、走上去"的新理论和新战略；"声誉'心'概念"倡导用心滋润、滋补、滋养企业的声誉；"海外软生态"提出要鼓励了解、熟悉、适应、尊重、融入当地的各种生态；"价值共同体"强调与当地利益相关者建立多方共赢、价值共享的合作平台；"全球化公民"明确了全球的责任和义务；"跨界透明度"建议在世界舞台上习惯、适应、主动、坦然亮相。"中企新印象"描绘了把海外中国企业声誉印遍全球、享誉全球的远大梦想。

"一带一路" 部分国家的政治、文化、经济、环境风险相对欧美更高，所以在这些国家提升中国企业软实力的难度和挑战更大。因此，"一带一路" 的发展落地与中企软实力的提升将是一项长期艰巨的任务，值得各界人士给予关注和支持。

冯　晞　博士，零点研究咨询集团高级副总裁，零点国际发展研究院院长，"'一带一路'百人论坛"民营企业委员会委员。北京大学、清华大学、浙江大学、上海交通大学、同济大学、英国曼彻斯特大学商学院客座教授，浙江大学战略品牌顾问。《新营销》专栏撰写人。

“一带一路”背景下我国航运中心建设的新战略

刘　立

根据《推动共建丝绸之路经济带和21世纪海上丝绸之路的愿景与行动》，“一带一路”将通过政策互通、道路联通、贸易畅通、货币流通、民心相通等方式，实现亚欧非大陆及附近海洋的互联互通。其中，丝绸之路经济带将依托国际大通道，共同打造新亚欧大陆桥、中蒙俄、中国—中亚—西亚、中国—中南半岛等国际经济合作走廊；21世纪海上丝绸之路则以上海、天津、宁波—舟山、广州、深圳、青岛、大连、厦门等沿海城市港口建设重点港口为节点，共同建设通畅安全高效的运输大通道。

截至目前，我国经国务院批复的国际航运中心有四个：上海国际航运中心、大连东北亚国际航运中心、天津北方国际航运中心与厦门东南国际航运中心。四个航运中心不仅是21世纪海上丝绸之路的节点，同时也与丝绸之路经济带相对接，在“一带一路”中占有重要的战略地位。随着“一带一路”建设的推进，航运中心可以通过丝绸之路经济带与内陆腹地、中亚、西亚、欧洲地区进行衔接，通过21世纪海上丝绸之路与东南亚、非洲等地区相连接，给国际航运中心在拓展物流通道、开辟贸易市场等方面带来了良好的机遇。与此同时，国内外港口都在关注“一带一路”这块“蛋糕”，未来港口间的竞争将更加激烈，国际航运中心甚至面临着被替代的威胁。因此，在“一带一路”战略的实施背景下，对国际航运中心建设的战略进行研究，充分发挥其在“一带”中的“桥头堡”作用以及“一路”中的节点作用，对国际航运中心建设与推动“一带一路”战略的顺利实施都具有重要意义。

一、"一带一路"背景下我国航运中心建设现状

1. 基础设施建设

从码头泊位的建设情况来看，如表1所示，四个国际航运中心的基础设施条件较好，初步估计能够满足"一带一路"带来的货物增量运输需求。

表1　四个国际航运中心基础设施建设情况

	生产性泊位数	万吨级以上泊位数	泊位年通过能力	
			货物吞吐能力（亿吨）	集装箱（万TEU）
上海	612	251	5.0	2004
大连	93	70	1.3	420
天津	160	103	4.3	1125
厦门	143	63	1.4	964

（数据来源：2014中国港口年鉴。）

从集疏运基础设施建设来看，四个国际航运中心的铁路集疏运基础设施不完善，均存在不同程度的问题。上海港外高桥港区和洋山深水港区都没有铁路直接相连，货物从船上卸下后需要经集卡短驳运输至杨浦港站和芦潮港集装箱中心站发运，不仅增加了集装箱中转的成本，同时也降低了中转的效率。① 大连港存在着港区后方场站编组能力和线路运输能力低、内陆集装箱中转站不足的问题。② 天津港通往内陆地区的铁路也存在着"线路迂回"、"通而不畅"等问题。③ 厦门港港区内没有货物运输的专用铁路，辐射内地的铁路货运系统十分不发达。④ 这造成了港口铁水集疏运比例低，集疏运主要依靠公路。根据统计，2014年上海港所有集疏运方式中，水水中转占45.7%，海铁联运不足1%，公路运输占一半以上；大连港海铁联运只占到了货物运输总量的10%；天津港大宗散货的67%、集

① 段政焰《上海国际航运中心集装箱海铁联运发展研究》，《铁道货运》2014年第5期，第13—19页。

② 张哲、王谢勇《关于大连港集疏运系统优化建设的研究》，《商场现代化》2014年第15期，第81页。

③ 周媛媛《天津港发展国际集装箱中转运输的思考》，《港口经济》2014年第2期，第42—44页。

④ 刘绵勇、陈晓冰《厦门港口建设的现状与对策》，《中国港口》2015年第4期，第20—22页。

装箱的98%依靠公路集疏运，海铁联运严重不足。

2. 航线网络建设

四个国际航运中心或是靠近国际主航道，是集装箱运输的干线港，或是临近国内经济活跃的地区，在发展过程中都开通了密集的通往世界各港口的航线，为“一带一路”战略实施提供了坚实的保障。上海港与全球近1600个港口有业务往来，每月国际航班数超过1200班。大连港与世界上160多个国家和地区、300多个港口建立了经贸航运关系，集装箱班轮航线105条。天津港同世界上180多个国家和地区的500多个港口有贸易往来，每月航班500余班，直达世界各地港口。厦门港有集装箱航线183条，月航班数达944班。

3. 航运服务业发展

航运服务业产业链由上、中、下游产业组成，上游产业是为航运提供功能服务，包括航运金融、航运保险、仲裁服务、船舶交易和管理、航运数据信息定制及发布等知识密集型和高附加值的产业；中游产业以船舶运输为核心，包括船舶运输业、港口业等围绕货物装卸的相关产业；下游产业是以船舶代理、货运代理、报关报检、理货、船舶修理等为船舶运输及港口作业辅助服务业。目前，四个国际航运中心的航运服务业上游产业较国外相比有很大的差距，以其中发展最好的上海国际航运中心为例，从2011年在香港登记的船舶总吨位为953.3万吨，香港、新加坡则分别为6833万吨、5736万吨；2010年上海国际航运中心保险费用占全球的市场份额仅为1%，而伦敦、东京分别占20.1%、10.6%；从国际船舶经纪人才数量来看，2010年上海为135人，而香港为2130人，伦敦更是多达5000人。[①] 随着“一带一路”的建成，我国与其他国家的贸易往来将更加频繁，对知识密集型航运服务的需求将进一步扩大，我国国际航运中心的航运服务业上游产业亟待进一步发展。

---

① 卢长利、常二鹏《上海高端航运服务业的发展现状、问题及对策研究》，《中国水运》（下半月）2013年第5期，第30—31页。

4. 各国际航运中心对接“一带一路”的策略

四个国际航运中心都制订了相关规划或采取行动对接“一带一路”。上海国际航运中心从以下三个方面对接“一带一路”战略：一是上海市制订了贯彻“一带一路”战略的实施意见（正在内部征求意见），重点从金融服务、商贸投资、基础设施建设、人文交流等方面进行对接。二是积极与“一带一路”沿线国家的节点城市建立经贸战略合作伙伴关系，如2014年底与阿联酋的阿布扎比签订了经贸战略合作伙伴关系备忘录，2015年92家国内外单位发起成立了“一带一路”贸易商企业联盟，邀请“一带一路”沿线国家和地区的商（协）会和企业加入。三是改善海铁联运基础设施，沪通铁路的开通将使铁路线直接进入外高桥综合保税区，同时洋山港铁水联运的“最后一公里”项目，即公铁联运的东海二桥项目规划上已经完全落地。[①]

大连国际航运中心的对接主要体现在三个方面：一是大连港集团制订了“东北新丝路”的计划，主要包括打造以大连港为起点的国际海铁联运大通道，全力推进“辽满欧”、“辽蒙欧”、“辽新欧”国际多式联运大通道建设；打造“连海欧”国际海运通道，以大连港为起点过南海经印度尼西亚到达欧洲，同时辐射太平洋地区；依托目前航线资源，完善环黄、渤海中转服务体系，大力推进国际主枢纽港建设；打造以大连港为起点的北冰洋航线，开辟海运新通道，打造国际枢纽港。二是利用金普新区的平台，抢抓“一带一路”战略机遇，尽快形成连接东北亚和欧洲两个市场的功能。三是建设空中通道，依托大连机场以及建设中的新机场，通过加密航线与开通定期航班，打造国内及日韩地区经大连前往俄罗斯远东地区的枢纽。[②]

天津国际航运中心对“一带一路”的对接体现在[③]：沿着“一带”走向，通过现有的天津新港—阿拉山口班列到中亚、天津新港—满洲里—莫斯科班列、天津新港—二连浩特班列到蒙古国三条海铁联运通道发展跨境物流，同时推动天津

① 茅伯科《上海应发挥新亚欧大陆桥桥头堡作用》，《大陆桥视野》2008年第2期，第10—13页。

② 《大连对外开放积极融入国家“一带一路”》，http://dalian.runsky.com/2015-05/26/content_5267006.htm, 2015.05.26。

③ 《对接“一带一路”战略 天津：锁定新亚欧大陆桥“桥头堡”》，http://www.tianjin.gov.cn/ News/2014/1225/content_92038.html, 2014.02.25。

港进港三线、新港北铁路集装箱中心站、西南环线等铁路项目建设，以加快过境班列基础设施及通道建设。沿着“一路”走向，通过三条海运航线，联通日韩、澳新、欧洲大陆，发展海上战略支点以及海上内支线运输，集聚京津冀区域生成的内外贸集装箱。

厦门国际航运中心一方面正式出台了《关于贯彻落实丝绸之路经济带和21世纪海上丝绸之路建设战略的行动方案》，重点选择了基础设施、贸易金融、双向投资、海洋合作、旅游会展和人文交流六大重点合作领域。根据行动方案，厦门将重点依托东南国际航运中心、厦航等，推动海、陆、空三条通道建设，加强与“海丝”沿线国家和地区之间的互联互通和向内地腹地的辐射能力，实现厦门港与“海丝”沿线国家和地区海上航线、空中航线、友好港口数量不断攀升。另一方面，厦门国际航运中心正积极推进“厦蓉欧”与“厦新欧”班列的开通，“厦蓉欧”班列从厦门出发，在成都转乘“蓉欧快铁”班列经阿拉山口出境，途经哈萨克斯坦、俄罗斯、白俄罗斯等国直达波兰罗兹站；[①]“厦新欧”班列由厦门出发、经新疆阿拉山过境欧亚五国，直达德国汉堡。[②]

二、“一带一路”战略对我国航运中心建设的影响

1. 国际货运格局的改变

丝绸之路经济带与21世纪海上丝绸之路贯穿欧亚大陆，随着沿线国家交通基础设施的互联互通，沿线国家的经贸格局将被重塑，海运格局将随之发生改变。丝绸之路经济带通过建设和完善沿线国家的铁路和公路交通，打通经济带沿线陆上运输通道，主要包含以下几条路线：中蒙俄经济带通过环渤海、东北地区与俄罗斯、蒙古国等国家的交通通道，向东连接日本和韩国，向西通过俄罗斯连接欧洲；新亚欧陆桥经济带通过原来的亚欧大陆桥，向东连接日本和韩国，向西经新疆连接哈萨克斯坦及其他中亚、西亚和中东欧等国家；中国—中南半岛经济带通

① 《厦蓉欧快铁拟下月开通将“海丝”、“陆丝”连起来》，http://fujian.hexun.com/2015-05-27/ 176228151.html, 2015.05.27。

② 《厦新欧国际班列项目签约将过境欧亚五国直达德国汉堡》，http://xm.fjsen.com/2014-11/22/content_15263555.htm, 2014.11.22。

过云南、广西，连接巴基斯坦、印度、缅甸、泰国、老挝、柬埔寨、马来西亚、越南和新加坡等国家；中国—南亚—西亚经济带通过亚欧陆桥的南线分支连接巴基斯坦、阿富汗、伊朗和土耳其等国家。①

丝绸之路经济带为中亚、西亚、俄罗斯以及欧洲地区与东亚、东南亚之间货物的进出口提供了另一条通道，为与丝绸之路经济带相连的港口带来新的货源。以新亚欧大陆桥为例，韩国货物运往欧洲一般通过海运或利用西伯利亚大陆桥（TSR），如下图所示，通过新亚欧大陆桥运输全程比水运距离缩短了 1 万千米，比西伯利亚大陆桥缩短了 2000 千米，目前韩国已经开始运用经由连云港和青岛通过新亚欧大陆桥运往中亚、西亚至欧洲的运输通道。丝绸之路经济带涉及沿线众多国家，这些国家对机械设备、电子电器、交通工具等工业成品和日用生活消费品等具有较大需求，同时矿物燃料、金属矿物和制品、粮食皮毛等初级产品资源丰富，在贸易结构上与东亚、东南亚地区形成了互补，因此未来两个地区的进出口贸易有很大的增长空间。随着丝绸之路经济带的建设，跨境铁路运输的时间和运费将进一步降低，东亚、东南亚地区与中亚、西亚、俄罗斯以及欧洲地区进出口货源将向通道集聚，与丝绸之路经济带相连的港口将因此受益。

西伯利亚大陆桥与新亚欧大陆桥示意图

21 世纪海上丝绸之路将通过海运串起我国与东盟、南亚、西亚、北非、欧洲

① 《“一带一路”：港口掘金机遇》，http://epaper.zgsyb.com/html/2015-01/19/content_113807.htm, 2015.01.19。

等地区，随着各国之间贸易政策的互通与贸易市场的开放，我国与沿线国家的贸易量将大幅增长，而与欧美等传统贸易伙伴的贸易比重将降低，沿 21 世纪海上丝绸之路将有可能形成新的航运主干航线。此外，北极航道的开通也将对海运格局产生影响。北极航道是指穿过北冰洋，连接大西洋和太平洋的海上航道，包括东北航道和西北航道，通过这两条航道由东北亚到达西欧、北美的航程比传统航线航程缩短 25% 到 55%。北极航道一旦开通，东北亚至西欧、北美的海运距离与时间将缩短、海运成本也将降低，围绕北极航道将有可能形成新的航运干线。①靠近北极航道的大连国际航运中心和天津航运中心能够利用这一优势，增强港口在东北亚乃至全球范围内的地位。

2. 国内货运格局的改变

首先，借助丝绸之路经济带铁路的联通，内陆省份陆续开通或计划开通至中亚、西亚及欧洲国家的集装箱班列，如表 2 所示②，货物可以直接通过铁路运输出口至中亚、西亚、欧洲地区，而不必运输至港口通过水路到达欧洲。以郑欧国际铁路货运班列为例，货物可以通过郑欧班列直达德国汉堡，比货物从郑州经海运抵达欧洲的时间缩短了 15 天左右，这在一定程度上会影响港口的货源。其次，随着丝绸之路经济带的建设，我国的铁路网将逐步完善，港口与内陆地区的运输将更加通畅、便捷，同时，丝绸之路经济带的建设必然将会带动中西部地区经济的迅速增长，产生货物进出口的需求，因此，港口与中西部地区中长距离的运输需求将大幅增加，为港口带来新的货源。最后，“一带一路”战略的实施将引发中国内地市场的产业调整、经济结构转型升级，可能会导致部分产业回流和转移到东南亚、非洲、北美和欧洲，造成港口传统经济腹地货源减少。

---

① 王丹、张浩《北极通航对中国北方港口的影响及其应对策略研究》，《中国软科学》2014 年第 3 期，第 16—31 页。

② 《中国制造挺进欧洲：8 条中欧货运班列领跑“一带一路”》，http://finance.eastmoney.com/news/1351, 20150419498331486.html, 2015.04.19。

表 2 陆上已开通的集装箱跨境运输班列

名称	起始地	目的地	具体路线	货物
渝新欧	重庆	德国杜伊斯堡	重庆→阿拉山口→哈萨克斯坦→俄罗斯→白俄罗斯→波兰→德国杜伊斯堡	本地生产的IT产品，目前已开始吸引周边地区出口至欧洲的其他货源。
汉新欧	武汉	波兰	武汉→阿拉山口→哈萨克斯坦→俄罗斯→白俄罗斯→波兰→捷克斯洛伐克	武汉生产的笔记本电脑等消费电子产品，以及周边地区的其他货物。
蓉欧	成都	波兰罗兹	成都→阿拉山口→哈萨克斯坦→俄罗斯→白俄罗斯→波兰罗兹	本地生产的IT产品及其他出口货物。
郑欧	郑州	德国汉堡	郑州→阿拉山口→哈萨克斯坦→俄罗斯→白俄罗斯→波兰→德国汉堡	河南、山东、浙江、福建等中东部省市的轮胎、高档服装、文体用品、工艺品等。
苏满欧	苏州	波兰华沙	苏州→满洲里出境→俄罗斯→白俄罗斯→波兰华沙	苏州本地及周边的笔记本电脑、平板电脑、液晶显示屏、硬盘、芯片等IT产品。
合新欧	合肥	波兰	合肥→阿拉山口（或霍尔果斯）→途经中亚五国（哈萨克斯坦、乌兹别克斯坦、塔吉克斯坦、吉尔吉斯斯坦、土库曼斯坦）→俄罗斯→德国→波兰	太阳能光伏、电子及家用电器、轻纺等产品。
义新欧	义乌	马德里	义乌→阿拉山口→哈萨克斯坦→俄罗斯→白俄罗斯→波兰→德国→法国→西班牙	工艺品、饮品、玩具等义乌小商品。
——	长沙	杜伊斯堡	具体实行"一主两辅"运行路线。"一主"：长沙→阿拉山口→哈萨克斯坦→俄罗斯→白俄罗斯→波兰→德国；"两辅"：长沙→霍尔果斯→乌兹别克斯坦塔什干；长沙→二连浩特（或满洲里）→俄罗斯莫斯科	湖南本地的服装、茶叶等生活用品，还有机械、化工、建材产品。
——	西安	阿拉木图中亚	西安→阿拉山口→阿拉木图中亚	陕西、甘肃、宁夏、山东、江苏、河北、上海、浙江等地的工业原材料、机械设备、工业零配件、建材、食品、轻工产品六大类。

3. 与其他港口竞争的加剧

由于"一带一路"对海运格局产生的重大影响，与"一带一路"相对接的港口竞争优势将明显增强，有可能形成新的枢纽港，因此随着丝绸之路经济带铁路网的建设，国内其他各沿海港口也加快了与丝绸之路经济带的对接，营口港、青岛港、宁波港等港口陆续提出了对接“一带一路”的计划，如表3所示。从跨境班列的货源来看，环渤海港口群内，营口港、烟台港与青岛港都重视吸引我国南方地区以及日韩地区至中亚、欧洲地区的转运货物，与大连港、天津港形成了竞争；长三角港口群内，连云港与宁波港吸引日韩、东南亚地区货源经铁路运往欧洲，与上海港经水路通往欧洲形成了竞争；珠三角港口群内，泉州港、福州港与厦门港地理位置接近，对接“一带一路”的计划中港口功能定位也相近，与厦门港形成了竞争。除了国内港口的竞争，国外港口为应对“一带一路”也在进行积极建设。韩国海洋水产部2015年7月发布规划要将釜山港建成继新加坡港之后的全球第二大转运港，计划将釜山港的北港集装箱吞吐量全部转移到新港，北港和新港合二为一，同时，为了方便大型集装箱船舶进出，还将拆除釜山新港入口的“土岛”。新加坡港则通过建设大士国际海运港，提升港口的吞吐能力，大士港建成后年集装箱吞吐量可高达6500万TEU，是现有的丹戎巴葛码头吞吐能力的两倍，将进一步强化新加坡国际航运中心的地位。

表3　国内其他港口对接“一带一路”的计划

港口	对接计划
青岛港	已经开通青岛→阿拉山口→吉尔吉斯斯坦比什凯克，青岛→霍尔果斯→土库曼斯坦阿什哈巴德两条班列；打造国内内陆港核心区，在新疆、西安、郑州、银川、兰州进一步布局内陆港；增加航线，与21世纪海上丝绸之路沿线15个港口实现互联互通。
营口港	已经开通营口→满洲里→白俄罗斯岑特罗利特，营口→满洲里→直达莫斯科，营口→满洲里→华沙三条班列。
烟台港	计划开通中韩铁路轮渡→烟台→阿拉山口→中亚各国→欧洲的日韩至欧洲新欧亚大陆桥。
连云港	已经开通连云港→霍尔果斯→哈萨克斯坦阿拉木图班列。
宁波港	计划开通宁波至中亚五国、俄罗斯、欧洲的甬新欧班列。
泉州港	打造海峡西岸“主枢纽港”，与海上丝绸之路沿线港口缔结友好港口。
福州港	打造连接东盟、中国台湾和内陆的区域性国际航运枢纽。

4. 物流等相关服务需求的增长

“一带一路”将带动我国与沿线国家的贸易规模的扩大，四个航运中心均处于“一带”与“一路”相交汇的节点，各类实物资源、信息将通过贸易向国际航运中心集聚，对国际航运中心产生了更高的要求。首先，越来越多的货物跨国转移为航运中心带来了更多国际物流量，要求国际航运中心为货物的运输、装卸、仓储、信息传输等各个环节都提供便利，带来物流服务需求的增长。其次，贸易的展开同时也伴随着资金的流动，对国际航运中心在跨时区、跨国家、跨币种等维度上的国际结算、贸易融资和担保等金融服务需求也随之增加。最后，现代贸易强调全球营运、调度和控制功能，相关的仓储物流、国际采购、分销和配送、国际中转、检测和售后服务维修、商品展示、产品研发和加工制造等贸易服务将会日益强烈。最后，由于航运服务是国际贸易中交易费用重要组成部分，贸易的增长也催生了航运金融、航运保险、国际运价指数、信息咨询等高端航运服务需求。

三、我国航运中心建设的新战略

我国国际航运中心货物吞吐量和集装箱吞吐量在全球港口位于前列，但港口的货源大部分来自经济腹地的外贸货物，国际航运中心主要发挥"交通运输枢纽"的作用。随着国际航运中心的发展，其内涵已经不仅仅是发达的航运产业、现代化的运输设施、网络化的运输配制体系，更是以航运业服务的金融、贸易、信息、法律等软件功能及综合资源配置功能为基础标志的港口城市。综合资源配置是指将有形商品、资本、信息和先进技术等高度集成起来，并创新性地将各种要素组合成全新的产品或服务输向目标市场，国际航运中心的资源配置特性使其辐射范围超出航运中心，对全国甚至全球的航运业和物流体系产生重要的影响作用。[①]"一带一路"的建设将引起全球贸易格局的变化，国际航运中心应抓住这一机遇，注重吞吐量增长的同时，更要注重航运服务的提升，实现由"交通运输枢纽"向"全球资源配置枢纽"转型升级。

1. 对接"一带一路"，巩固枢纽港地位

加强港口的软硬件建设，对接"一带一路"，维持港口腹地型枢纽港地位的

① 许淑君《上海资源配置型国际航运中心发展研究》，《上海财经大学学报》2010年第2期，第58—65页。

同时，发展国际中转服务，促使航运要素向国际航运中心的集聚，巩固枢纽港的地位。与丝绸之路经济带战略相对接，加强针对性的港航基础设施的建设，以陆桥过境通道和海铁联运为载体，打造通往国内内陆地区、中亚、西亚、欧洲地区的新的国际物流大通道。加强与通道沿线内陆地区的联系，通过建立无水港等方式为内陆地区货物出口提供便利，加快港口功能、口岸功能和自由贸易功能向内陆腹地延伸。与中亚、西亚、欧洲等通道沿线国家或城市建立合作关系，利用国际航运中心通往世界各地密集的航线优势，成为这些地区的货物进出口的枢纽。与 21 世纪海上丝绸之路战略相对接，与 21 世纪海上丝绸之路沿线城市开展合作，开辟国际航运中心与东盟等沿线国家的海运航线。此外，上海、天津、厦门国际航运中心的“自贸区”政策要与 21 世纪海上丝绸之路相对接，与沿线国家和地区在货物通关、信息共享等方面建立合作机制，充分发挥自贸区国际商品中转集散功能。加快提升口岸通关效率和服务水平，可以通过“单一窗口”实现一次申报、一次查验、一次放行，减少企业通关环节，缩短通关时间。

2. 提升国际航运中心的资源配置功能

首先，拓展航运服务产业链向上游产业延伸，通过这些产业掌控全球航运市场的整体动态与运作。加强高端航运服务人才的培养与引进，加大对上游航运服务企业和项目政策扶持，促进上游航运服务业的发展，使航运资源可以进行高效的配置。其次，通过结合移动互联网、物联网、大数据、云计算等高新科技手段，将港口、航运与互联网技术进行融合。建设多接口、多用户、跨区域、无时限的港航电子商务平台，实现船舶、集装箱、货物、车辆等信息在码头、场站、外轮理货、货主、货代、船公司、船代、第三方物流企业及海关、海事、国检等口岸监管部门之间全面的共享与交换。建设航运交易平台，为船舶交易和贸易提供航运信息发布、国际结算、融资服务、航运保险和航运衍生品等服务。最后，加强港城联动，依托航运中心所在城市，积极推进国际航运中心与国际物流中心、国际贸易中心、国际金融中心的联动发展。积极推动航运 + 产业、航运 + 资本、航运 + 电子商务、航运 + 文化教育、航运 + 大数据信息服务等产业的跨界融合，实现航运中心新型服务产业链的构建和整体实力的提升。

3. 通过组合港的形式加强与国内港口的合作

目前，我国沿海诸多港口都加大投资争做"一带一路"的节点港口，这不仅造成了资源的浪费，而且对于我国港口应对国外港口竞争也是十分不利的。在这种背景下，国际航运中心港口可通过与周围港口建立组合港的形式，加强与国内港口间的相互合作，形成利益共同体，充分发挥港口各自的优势，共同参与国际航运中心的竞争。

组合港是指站在区域整体战略的角度，综合各港口的优势、规模、货品类型、运输条件等因素，对港口进行统筹规划、合理分工，做到层次分明、功能明确、优势互补，形成有机结合的港口网络。同一港口群内部港口的地理位置接近、交通状况类似，决定了港口之间竞争的产生，但各港口在自然条件、基础设施等方面仍然存在一定的合作空间。以天津港与曹妃甸港为例，天津港可以利用曹妃甸港天然深水良港的优势安排适当班次，减少疏浚成本；而曹妃甸港也可以利用天津港基础设施充足的优势安排适当班次，减少建设成本。[①] 国际航运中心港口可以通过参股、收购兼并的形式与周围港口形成组合港，整合组合港的集疏运体系，搭建组合港信息共享平台，实现组合港内部差异竞争、优势互补。此外，可以通过组合港对港口群内港口进行明确定位，形成以国际航运中心为枢纽，组合港内其他港口为支线港的航运网络，提升国际航运中心的竞争力。

4. 借力"一带一路"，推动港航企业走出去

"一带一路"要实现我国与沿线国家在基础设施、政策方面的互联互通，为港航企业走出去提供了良好的机遇。对于国际航运中心而言，参与国外重点港口的建设、运营，积极融入全球航运体系，形成覆盖全球的服务网络对于提升国际航运中心的地位具有重要意义，同时，随着劳动密集型的产业向东南亚、非洲等地区转移，向这些国家进行港口布局可以利用其增长的海运需求优势实现收益，优化港口资源配置。而对于航运企业，向中亚、西亚、非洲地区扩展，可以将剩余的运力输出，发展第三国运输，既有助于我国航运市场的复苏，又促进了国际

---

① 潘志、李飞《环渤海地区港口竞合发展层次分析》，《环渤海经济瞭望》2015年第5期，第9—13页。

航运中心的服务贸易输出。

目前，我国港航企业海外投资的主要模式有独资、合资合作、兼并收购、BOT、特许经营权五种。其中，独资是指企业在海外港口市场单独投资、独立经营、自负盈亏；合资合作是指企业与投资目标国的港口企业以共同投资组建企业的方式进入国际市场；兼并通常由一家占优势的公司吸收一家或多家公司，收购是指一家企业用现金或者有价证券购买另一家企业的股票或者资产，以获得对该企业的全部资产或者某项资产的所有权，或该企业的控制权；BOT 即 Build-Operate-Transfer（建设—经营—移交），是指政府部门通过特许协议，授权项目发起人进行项目的融资、设计、建造、经营和维护，在规定的期限内向该项目的使用者收取适当的费用，由此回收项目的投资、经营和维护等成本，并获得合理的回报，特许期满后，项目公司将项目免费移交给政府；特许经营是指特许经营权者以合同约定的形式，允许被特许经营者有偿使用其名称、商标、专有技术、产品及运作管理经验等从事经营活动的商业经营模式。[①] 在海外投资过程中，要充分考虑被投资国的政治、经济、法律和文化，因地制宜地采取收购、参股、设立子公司、项目合作等多种投资方式。

四、结论

“一带一路”战略的实施对我国国际航运中心产生较大影响。一方面，“一带一路”引起国际贸易格局的变化，海运格局也将随之改变，同时由于各个港口之间的竞争更加激烈，有可能形成新的主干航线及枢纽港；另一方面，“一带一路”带来贸易量的增多，为货物服务的物流服务、金融服务、航运服务等服务需求也将日益增加。在这种背景下，国际航运中心应利用“一带一路”带来的新的发展机遇，实现从“交通运输枢纽”向“全球资源配置枢纽”转型升级。通过在基础设施和港口服务方面对接“一带一路”，打造新的物流通道，吸引航运要素资源的集聚；发展高端服务业，将港口航运与互联网技术融合，港口与城市形成互动发展，提升国际航运中心对资源的配置能力；通过组合港的形式与国内港口合作，

① 张磊《国内港航企业海外投资港口情况分析》，《港口经济》2014 年第 3 期，第 49—52 页。

共同面对国外港口的竞争；鼓励港航企业采取多种模式，因地制宜地进行投资，增强港口在全球范围内的控制能力。

刘　立　大连新兴产业规划院院长、大连外国语大学经济与管理学院教授，“‘一带一路’百人论坛”专家委员会委员。

中国与"一带一路"沿线国家贸易格局

王 博 刘 跃 黄珍学 童友俊

2015年3月，中国政府制定并发布《推动共建丝绸之路经济带和21世纪海上丝绸之路的愿景与行动》，借此重塑世界经济动力格局，互利合作迈向新的历史高度。政策沟通、设施联通、贸易畅通、资金融通、民心相通成为"一带一路"对外合作战略的重点。加强对我国各个省市地区和"一带一路"沿线国家的经贸合作特点以及产业格局研究，对于深化中国与沿线国家的产业合作，加强贸易畅通，促进经济文化繁荣具有重要的科学与现实意义。

改革开放以来，尤其是我国加入WTO之后，随着外贸规模持续扩大和对外贸易水平的显著提升，中国贸易格局逐渐引起了学术界的关注。尤其是"一带一路"国家战略提出之后，学者们纷纷对"一带一路"的战略意义、风险和挑战、机遇以及国家间的经贸关系进行了方方面面的研究。以往研究多以定性研究为主，定量研究相对缺乏，对于中国出口格局的研究较多，对于进口格局的研究较为缺乏。另外，已有研究主要是基于国家贸易总量的分析，对于产品结构以及中国内部区域间的产业差异研究较为薄弱。

在此背景下，本文基于海关总署以及瀚闻资讯贸易数据平台提供的国际贸易大数据分析，采用比较优势指数、行业敏感性指数以及聚类算法，对中国31个省（市、区）与"一带一路"沿线64个国家的经贸合作情况进行系统梳理（进出口目的国、贸易方式、企业主体和产品种类），定量描述我国对"一带一路"沿线国家贸易总体格局以及我国各地区与"一带一路"沿线国家合作态势。最后，通过中国与"一带一路"沿线国家贸易竞争性和互补性分析，对我国各区域构建全方位"一带一路"产业互利合作关系提出建议。

一、数据来源与研究方法

1. 研究范围与数据来源

《推动共建丝绸之路经济带和21世纪海上丝绸之路的愿景与行动》中描绘了贯穿亚欧大陆，一头连接活跃的东亚经济圈、一头连接发达欧洲经济圈，涵盖中间广大腹地的"一带一路"倡议"路线图"。"一带一路"构想的提出，契合沿线国家的共同需求，为沿线国家优势互补、开放发展提供新的机遇，有利于促进沿线各国经济繁荣与区域经济合作，是国际合作的新平台。目前，已有60余个国家表现出积极兴趣。

表1 "一带一路"沿线国家范围

区域	国家名称
东北亚2国	蒙古国、俄罗斯
东南亚11国	印度尼西亚、泰国、马来西亚、越南、新加坡、菲律宾、缅甸、柬埔寨、老挝、文莱、东帝汶
独联体6国	乌克兰、白俄罗斯、格鲁吉亚、阿塞拜疆、亚美尼亚、摩尔多瓦
南亚8国	印度、巴基斯坦、孟加拉国、斯里兰卡、阿富汗、尼泊尔、马尔代夫、不丹
中亚5国	哈萨克斯坦、乌兹别克斯坦、土库曼斯坦、吉尔吉斯斯坦、塔吉克斯坦
西亚北非16国	沙特阿拉伯、阿联酋、阿曼、伊朗、土耳其、以色列、埃及、科威特、伊拉克、卡塔尔、约旦、黎巴嫩、巴林、也门共和国、叙利亚、巴勒斯坦
中东欧16国	波兰、罗马尼亚、捷克共和国、斯洛伐克、保加利亚、匈牙利、拉脱维亚、立陶宛、斯洛文尼亚、爱沙尼亚、克罗地亚、阿尔巴尼亚、塞尔维亚、马其顿、波黑、黑山

针对以上"一带一路"沿线64个主要国家，基于中国海关总署提供的我国对外贸易数据（2010—2014）以及瀚闻资讯国际贸易大数据平台提供的157个国家贸易数据，对中国与"一带一路"沿线国家经贸合作现状做一梳理，以展现中国与"一带一路"沿线国家合作总体格局。采用《中华人民共和国海关进出口税则》（2014年版）HS分类体系对22大类98种商品构成做进一步分析。

2. 研究方法

（1）比较优势。出口比较优势指数，是用来衡量一国产品或产业在国际市场竞争力的指标，旨在通过定量的方法来描述一个国家各个产业中或者多个国家在同一产业内相对出口的表现，用以判断一国具有竞争优势的产业是哪些，从而揭示其在国际市场的比较优势，计算公式如下：

$$RCA_{ijk}=\frac{EX_{ik}}{ES_i}\bigg/\frac{EX_{jk}}{ES_j}$$

RCA_{ijk} 表示出口比较优势指数，表示 i 地区或国家相比 j 地区或国家出口 k 产品具有相对比较优势。EX_{ik} 和 EX_{jk} 表示 i 和 j 地区或国家出口 k 产品的出口贸易额，ES_i 和 ES_j 表示 i 和 j 地区或国家进出口的产品总额。

（2）行业敏感性指数。行业敏感性是用来衡量一国进出口贸易中，某一行业的进出口对另一国家对本国该行业产品进出口贸易的依赖程度。

$$DE_{ijk}=EX_{ijk}\wedge ES_{ik}$$

$$DI_{ijk}=IM_{ijk}\wedge IS_{ik}$$

DE_{ijk}（或 DI_{ijk}）为出口（或进口）依赖性，取值为 1 或 0；EX_{ijk} 表示 i 国出口 k 产品到 j 国的贸易额占 i 国出口 k 产品总出口贸易额的比例；IM_{ijk} 表示 i 国从 j 国进口 k 产品的贸易额占 i 国进口 k 产品总进口贸易额的比例；ES_{ik}（或 IS_{ik}）表示 i 国出口（或进口）k 产品占 i 国出口（或进口）总额的比例。在同时满足 EX_{ijk}（或 IM_{ijk}）>50%，ES_{ik}（或 IS_{ik}）>0.5% 的前提下，DE_{ijk}（或 DI_{ijk}）为 1，表示 i 国出口（或进口）k 产品对 j 国有依赖性；反之，无依赖性。

（3）贸易竞争性和互补性指数。最早由 Blázquez-Lidoy 等提出，运用对某两国在某一时间内的进出口结构进行比较的方法，评价了中拉之间的贸易关系，[①] 我国桑百川、李计广也运用此法通过对修正后的专业化系数和一致系数两个指标的求解，并取两者的算数平均值得出中国出口与新兴市场国家贸易竞争性指数和互补性指数。[②]

① Blázquez-Lidoy, J., J. Rodríguez, and J. Santiso (2006), “Angel or Devil? Chinese trade Impact on Latin American Emerging Markets”, Working Paper #252, OECD.

② 桑百川、李计广《拓展我国与主要新兴市场国家的贸易关系——基于贸易竞争性与互补性的分析》，《财贸经济》2011 年第 10 期。

贸易互补性指数：

$$CS = 1 - \frac{1}{2}\sum_n \left| a_{it}^n - a_{jt}^n \right| \quad CC = \frac{\sum_n a_{it}^n a_{jt}^n}{\sqrt{\sum_n (a_{it}^n)^2 \sum (a_{jt}^n)^2}}$$

$$CI = \frac{CS + CC}{2}$$

a_{it}^n 表示国家 i 的产品 n 在 t 时间段内占其出口总量的比重；a_{jt}^n 表示国家 j 对产品 n 在 t 时间段内的出口额占其对所有商品的出口总量比重。若两者相等，即 i 国在 t 时间段内对产品 n 的出口结构与 j 国在 t 时间段内对产品 n 的出口结构完全一样。此时 CS 和 CC 将等于 1，两者数学平均值 CI 也将等于 1。当 CI 越接近 1 时，表明 i、j 两国贸易结果一致，贸易竞争性强。

贸易竞争性指数：

$$CS = 1 - \frac{1}{2}\sum_n \left| e_{it}^n - e_{jt}^n \right| \quad CC = \frac{\sum_n e_{it}^n e_{jt}^n}{\sqrt{\sum_n (e_{it}^n)^2 \sum (e_{jt}^n)^2}}$$

$$CI = \frac{CS + CC}{2}$$

e_{it}^n 表示国家 i 的产品 n 在 t 时间段内占其出口总量的比重；e_{jt}^n 表示国家 j 对产品 n 在 t 时间段内的出口额占其对所有商品的出口总量比重。若两者相等，即 i 国在 t 时间段内对产品 n 的出口结构与 j 国在 t 时间段内对产品 n 的出口结构完全一样。此时 CS 和 CC 将等于 1，两者数学平均值 CI 也将等于 1。当 CI 越接近 1 时，表明 i、j 两国贸易结果一致，贸易竞争性强。

二、中国与"一带一路"国家开展合作的总体格局

1. 中国主要贸易出口国家及产品种类

2014 年我国对"一带一路"64 个国家出口额总计 6370 亿美元，同比增长 12%。占我国 2014 年出口贸易总额的 27%，增速超过我国总出口贸易增速（6.1%）。我国对"一带一路"沿线国家的出口贸易主要集中在东南亚、东北亚的俄罗斯和南亚的印度等地区。机电类产品出口所占比重最高（33%）。

近3年来，我国主要产品年出口额基本保持稳步增长，其中对越南和伊朗出口增长幅度较大，分别比2013年增长31.17%和72.26%。2014年，我国出口额大于100亿美元的17个国家占我国对“一带一路”沿线64个国家总出口额的83.11%。我国对“一带一路”沿线出口主要国家及其主要出口产品种类如图1所示。

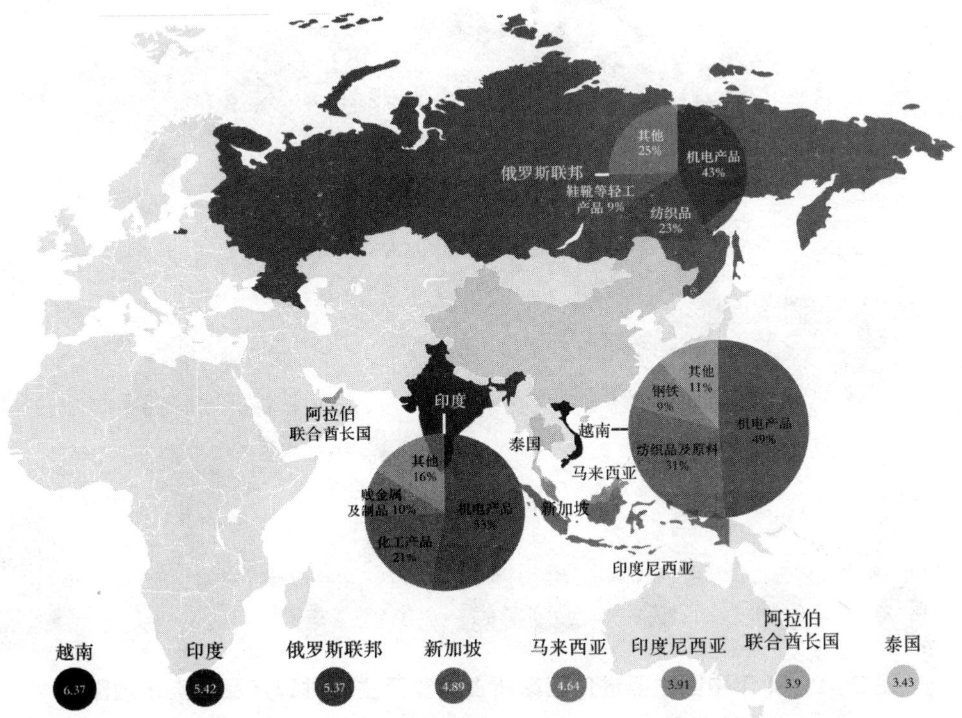

图1　2014年中国主要出口国家所占比重及主要出口产品种类示意图

2. 中国主要贸易进口国家及产品种类

2014年我国对“一带一路”64个国家进口贸易额总计4834亿美元，同比增长2.6%。占我国2014年进口贸易总额的25%，增速超过我国总进口贸易增速（0.4%）。我国对“一带一路”沿线国家的进口贸易主要集中在中东、东北亚的俄罗斯和东南亚等地区。矿物燃料、矿物油及其蒸馏产品、沥青物质的进口量最大，占到我国对“一带一路”沿线国家总进口额的42.58%。

近3年来，我国主要产品年进口出现下滑，其中马来西亚和沙特阿拉伯两个最主要进口国家进口额分别比 2013 年下降 7.49% 和 9.25%。2014 年，我国进口额大于 100 亿美元的 15 个国家占我国对“一带一路”沿线 64 个国家总进口额的 84.84%。我国对“一带一路”沿线国家进口贸易主要国家及主要进口产品种类如图 2 所示。

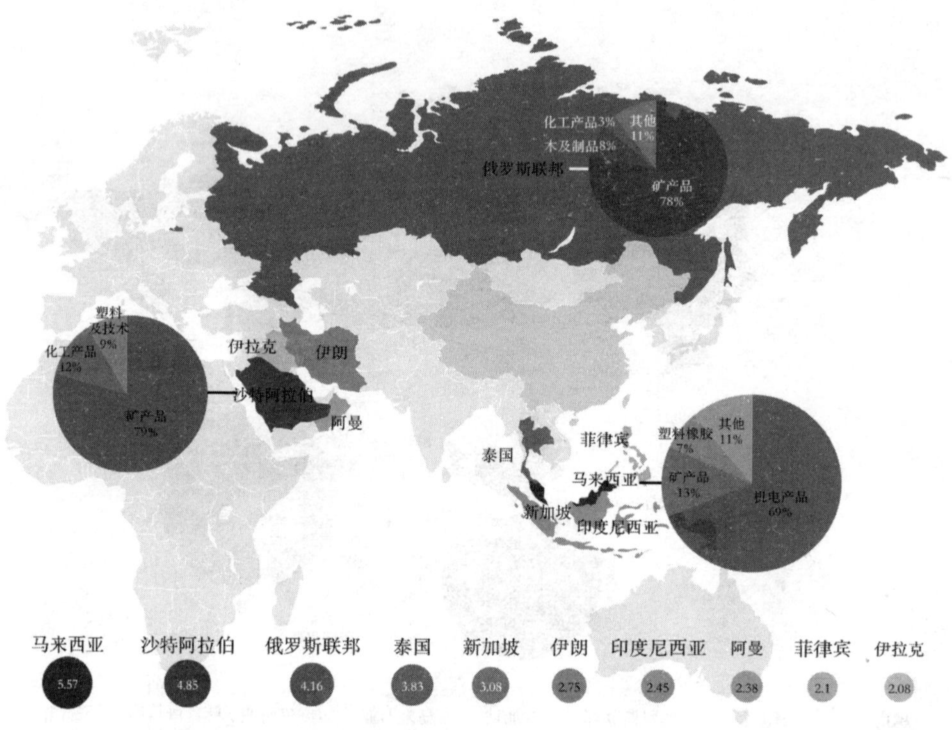

图 2　2014 年中国主要进口国家所占比重及主要进口产品种类示意图

3. 中国与“一带一路”沿线国家产业合作的总体格局

依据我国与“一带一路”沿线国家进出口贸易额，绘制出我国与各国之间的贸易关系图，每个圆点表示一个与我国有贸易往来的“一带一路”国家，圆点大小和我国与“一带一路”沿线国家贸易额成正比，线条粗细与进出口总贸易额成正比。具体中国与“一带一路”沿线国家产业合作的总体格局如图 3、图 4 所示。

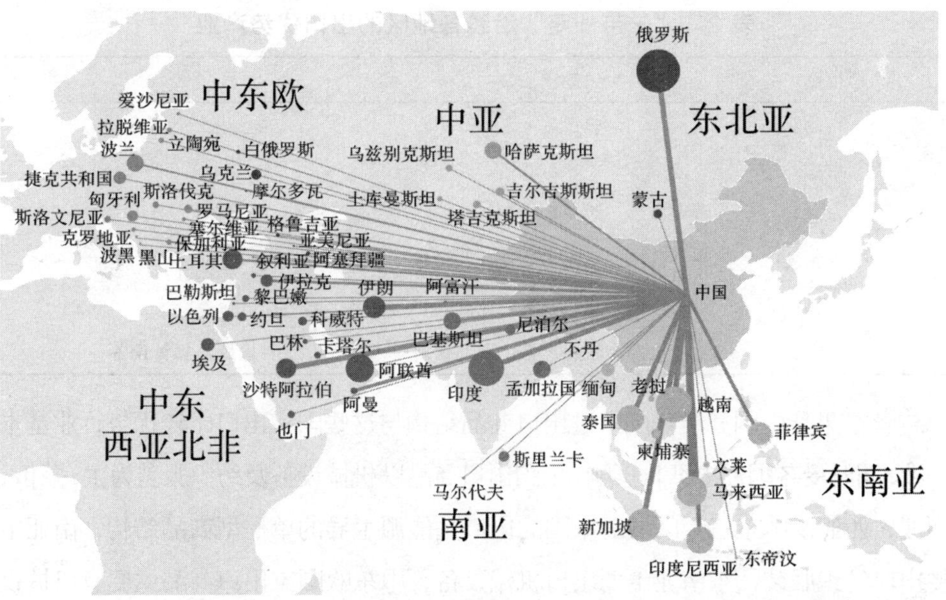

图 3　中国与“一带一路”沿线国家贸易出口总体情况示意图

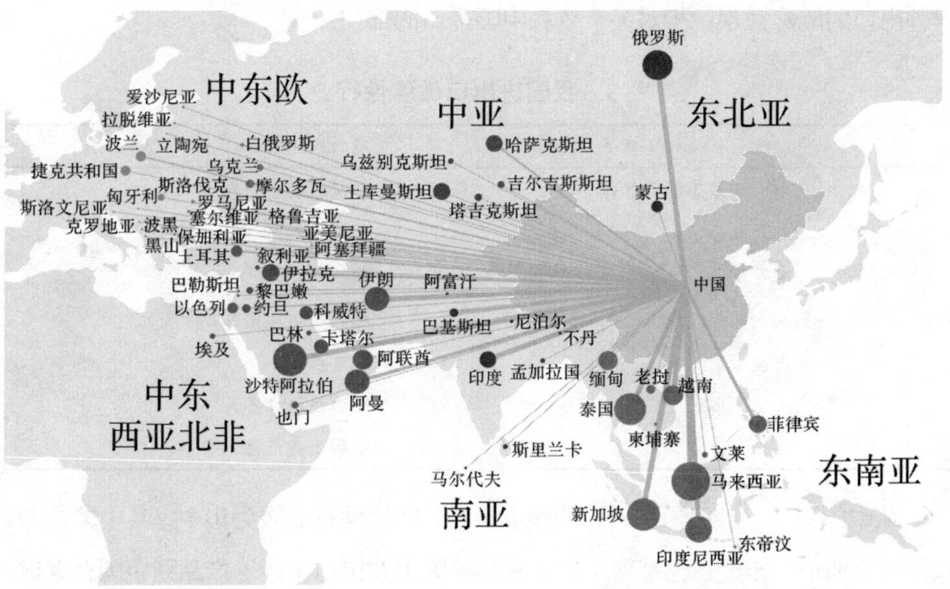

图 4　中国与“一带一路”沿线国家贸易进口总体情况示意图

RCA 指数计算结果显示沿线各地区的出口优势产业如下：

表 2　"一带一路"沿线各地区的出口优势产业

地区	优势产业
东北亚	矿产品
中亚	矿产品
西亚	矿产品
中东欧	交通运输设备、机械设备
南亚	纺织服装及非金属矿物制品
东南亚	植物产品、食品饮料、木制品、塑料橡胶及机械设备

该结果与中国和沿线国家进出口商品结构与这些国家出口比较优势行业基本一致，同时受各国需求结构影响。中国出口商品以机械设备及纺织服装为主，蒙俄、中亚、西亚及中东三大区域对中国的出口是能源主导的单一型商品结构，南亚主要出口纺织服装，东南亚主要出口机械设备，中东欧国家出口商品主要有机械设备、交通运输设备等。

行业敏感性指数计算结果显示，与中国贸易存在敏感性的部门中，依赖中国对外出口的敏感性部门相对多于依赖中国进口的部门。

表 3　我国进出口敏感性行业

进口	出口
矿砂、矿渣等能源产品	纺织服装、鞋帽
木材及制品	非金属制品
生皮及皮革	钢铁
铜及制品	玩具及运动用品
食用蔬菜类	机电产品
	交通运输设备
	矿物质类产品

从中国进口、沿线国家出口的角度来看，敏感性行业较为集中，其中蒙古国、乌兹别克斯坦、印度、巴基斯坦、土耳其等国主要出口矿砂等产品到中国；老挝、柬埔寨主要出口的是木材及制品类产品；吉尔吉斯斯坦、泰国、格鲁吉亚主要出口生皮及皮革、铜及制品、蔬菜类产品。从沿线国家进口的角度来看，蒙古国对中国的敏感行业为矿物及非金属制品、钢铁等；俄罗斯从中国进口贸易中，依赖程度较高的是玩具及运动用品；中亚地区以及乌克兰、埃及、也门对中国的敏感

行业为纺织服装；老挝、柬埔寨对中国的敏感行业为机电产品；柬埔寨、斯里兰卡、黑山对中国的敏感行业为交通运输设备。

三、中国在世界贸易格局中地位演变与升级

1. 中国对外贸易主体的演变

私营企业向“一带一路”沿线国家出口比重逐年上升，2010 年私营企业出口占出口总额的 40%，2014 年私营企业占比近 55%。市场经济活力进一步释放，私营企业竞争力逐步增强。

我国国有企业仍为贸易进口主要群体，5 年来，从“一带一路”国家进口贸易额所占比重均在 40% 以上。

2. 中国对外贸易方式转变

出口方面，我国对外贸易中，一般贸易出口逐年上升，贸易额所占比重由 2010 年的 58.69% 上升到 2014 年的 63.81%。来料加工贸易出口下降，所占比重从 2010 年的 24% 下降到 2014 年的 18%。对外承包工程出口和来料加工装配贸易有小幅下降，边境小额贸易和保税出口小幅上升。

进口方面，我国对“一带一路”国家进口以一般贸易进口为主，从 2011 年开始，一般贸易方式进口的贸易额占进口总额的 60% 以上。2011 年、2012 年和 2013 年，来料加工贸易进口比重连续下降，2014 年出现回升。近年来，我国从“一带一路”沿线国家保税仓库进境货物小幅提升。

3. 中国对外贸易产品结构升级

生活用品出口逐年增长，增幅较大。近 5 年来，我国向“一带一路”沿线国家出口 Top30 产品种类占总出口额的 90% 左右。其中，家具、寝具、灯具、非针织服装、鞋靴、陶瓷产品、针织物、皮革箱包、纸板制品、贱金属工具、器具和玩具等生活用品均有较大幅度增长，部分增速超过 30%。机电产品、精密仪器、钢铁制品、汽车等高技术产品出口稳定增长。

原材料进口趋缓，高端生活用品和食品进口增长较快。2014 年，进口金额超

过150亿美元的7大产品种类占我国从“一带一路”沿线国家进口总额的80%左右，我国从“一带一路”沿线国家进口产品种类较为集中。近年来，我国从“一带一路”沿线国家进口矿砂、橡胶、铜、棉花、钢铁、铝、锡等原材料产品出现下降。2014年，除矿物燃料品类相对平稳外，其他大部分原材料降幅超过10%。天然或养殖珍珠、宝石、贵金属制品、其他植物纺织纤维、纸纱线及其机织物、皮革制品、旅行用品、手提以及可可制品、糖等食品类和高端生活用品类出现较大幅度增长。

四、中国各地区与“一带一路”沿线国家合作态势

世界经贸格局的变迁以国家内部格局的调整为支撑。文章通过对全国六大重点区域与“一带一路”沿线国家进出口贸易方式、产品种类、贸易主体和主要贸易国家分析，展现出我国珠三角地区、西南地区、西北地区、环渤海地区、长三角地区及东北腹地与“一带一路”沿线国家合作总体格局。

我国进出口贸易主要集中在环渤海、长三角以及珠三角地区。其中，环渤海地区以进口贸易为主，2014年进口贸易额占全国进口贸易额的42%。出口以长三角和珠三角地区为主，2014年两地区出口贸易额占全国出口贸易总额的67%。

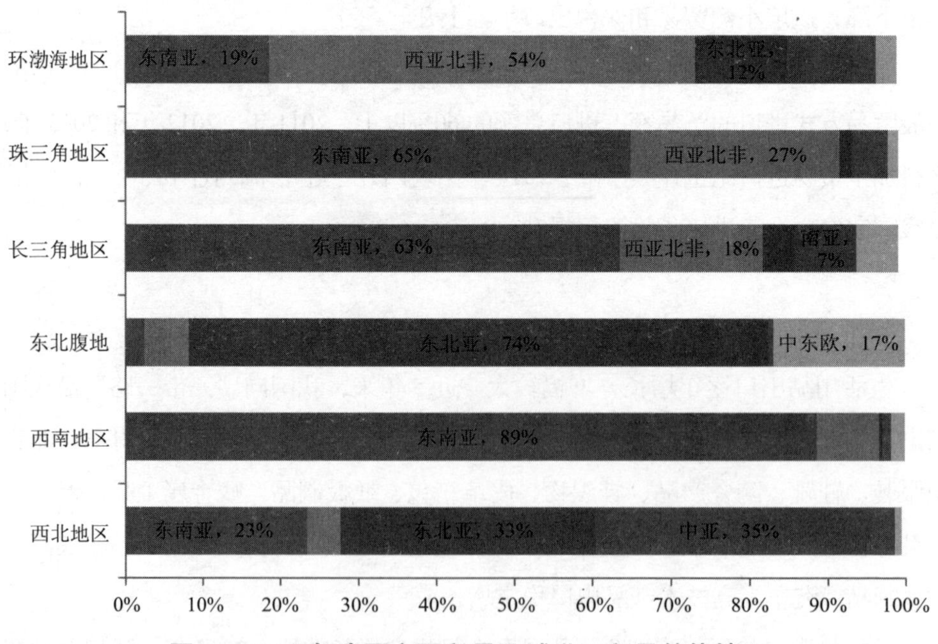

图5　2014年我国主要贸易区域进口贸易整体情况

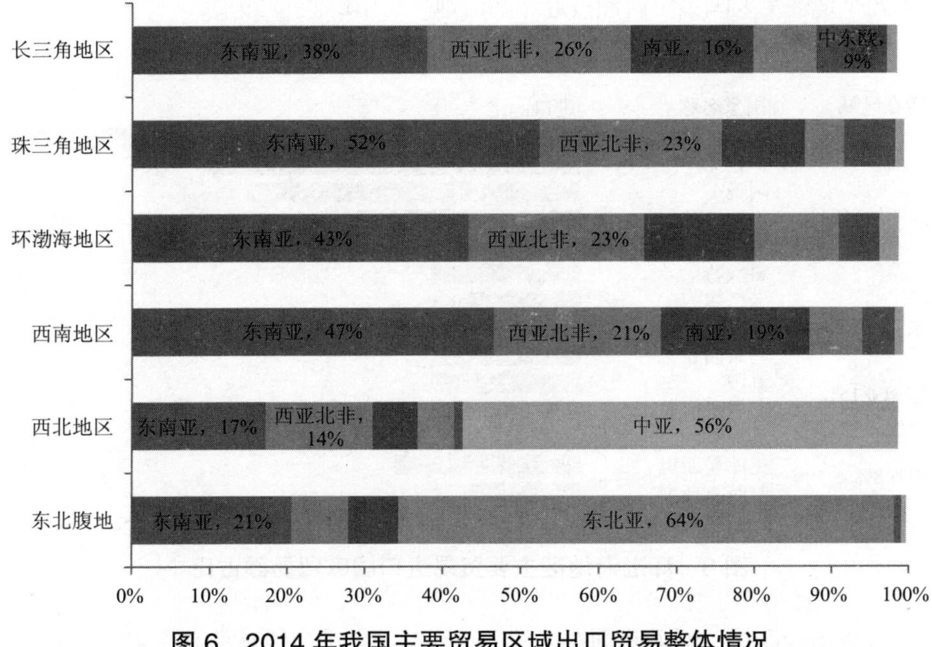

图 6　2014 年我国主要贸易区域出口贸易整体情况

1. 环渤海地区主要对外贸易区域

（1）主要出口国家。

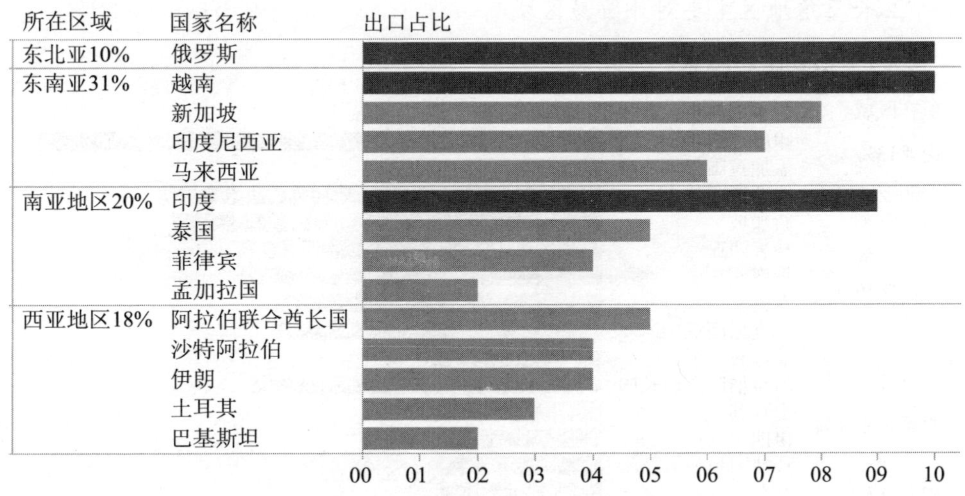

图 7　环渤海地区主要贸易出口国家贸易额占比

环渤海地区出口额占我国对“一带一路”国家出口贸易总额的 18%。环渤海地区排名前 14 位的主要出口地区集中在东南亚、南亚、西亚和东北亚地区，对以上四个地区主要国家出口额接近环渤海地区总出口额的79%。

（2）主要进口国家。

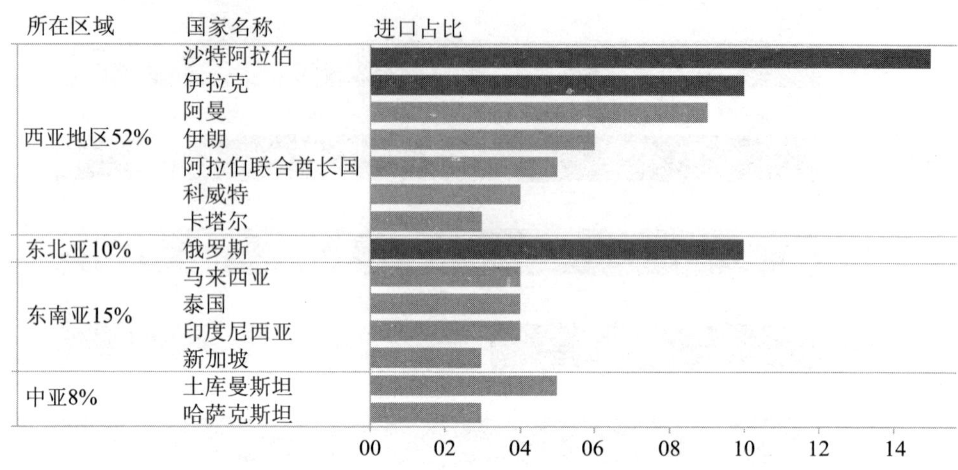

图8　环渤海地区主要贸易进口国家贸易额占比

环渤海地区进口额占我国对“一带一路”国家进口贸易总额的42%。环渤海地区排名前14位的主要进口地区集中在西亚、东南亚、东北亚和中亚地区，从以上地区的主要国家进口额占环渤海地区总进口额的85%。

2. 长三角地区主要对外贸易区域

（1）主要出口国家。

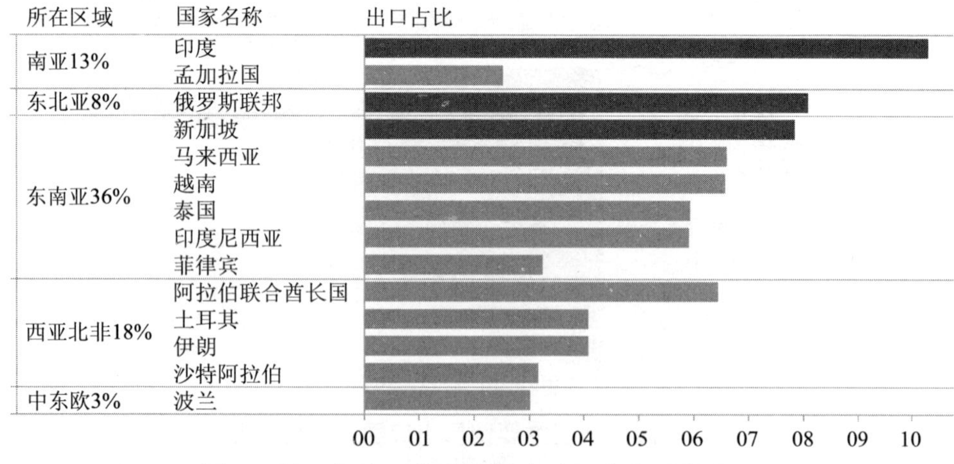

图9　长三角地区主要贸易出口国家贸易额占比

长三角地区出口额占我国对“一带一路”国家出口贸易总额的35%（首位）。

长三角地区排名前 14 位的主要出口地区集中在东南亚、南亚、西亚北非、东北亚和中东欧地区，向这些国家的出口额占长三角地区总出口额的 78%。

（2）主要进口国家。

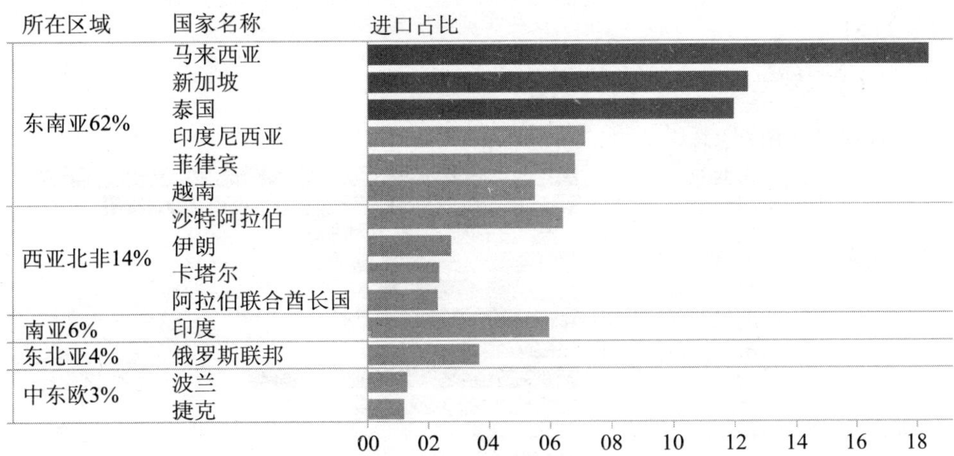

图 10　长三角地区主要贸易进口国家贸易额占比

长三角地区进口额占我国对“一带一路”国家进口贸易总额的 22%。长三角地区排名前 14 位的主要进口地区集中在东南亚地区，从东南亚地区的进口贸易额占到长三角地区总进口额的 62%。

3. 珠三角地区主要对外贸易区域

（1）主要出口国家。

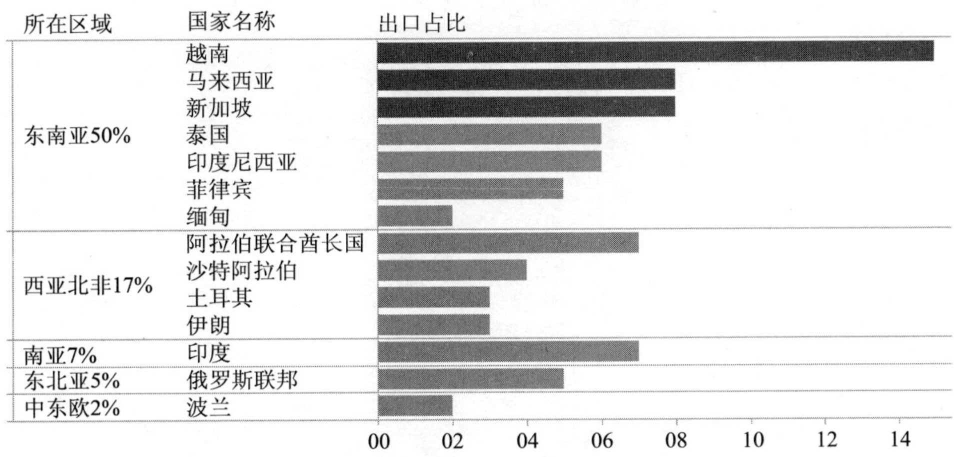

图 11　珠三角地区主要贸易出口国家贸易额占比

珠三角地区出口额占我国对“一带一路”国家出口贸易总额的32%，仅次于长三角地区。珠三角地区排名前14位的主要出口国家集中在东南亚、西亚北非、南亚、东北亚和中东欧地区，以上五个地区主要国家出口额接近珠三角地区总出口额的81%。

（2）主要进口国家。

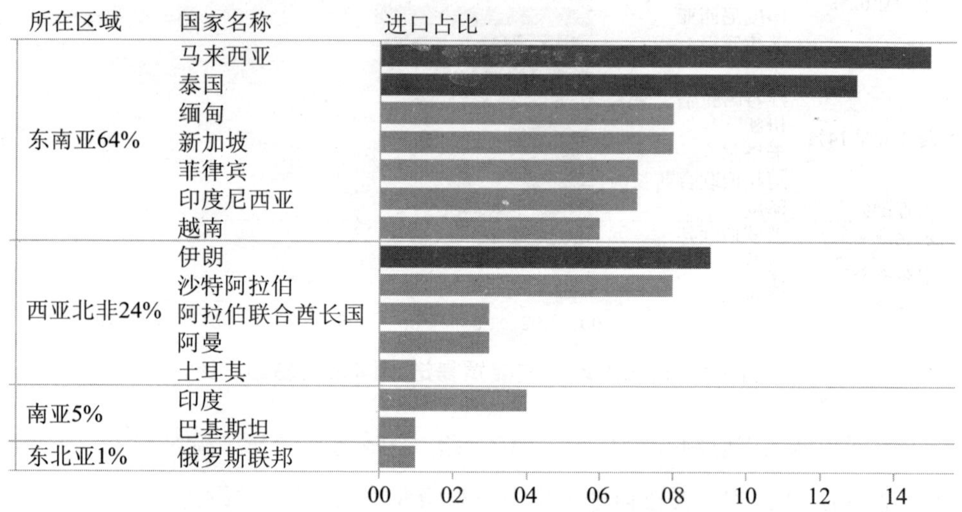

图12　珠三角地区主要贸易进口国家贸易额占比

珠三角地区进口额占我国对“一带一路”国家进口贸易总额的26%。珠三角地区排名前14位的主要进口国家集中在东南亚、西亚北非、南亚和东北亚地区，从以上四个地区的主要国家进口额占珠三角地区总进口额的94%。

4. 西北地区主要对外贸易区域

（1）主要出口国家。

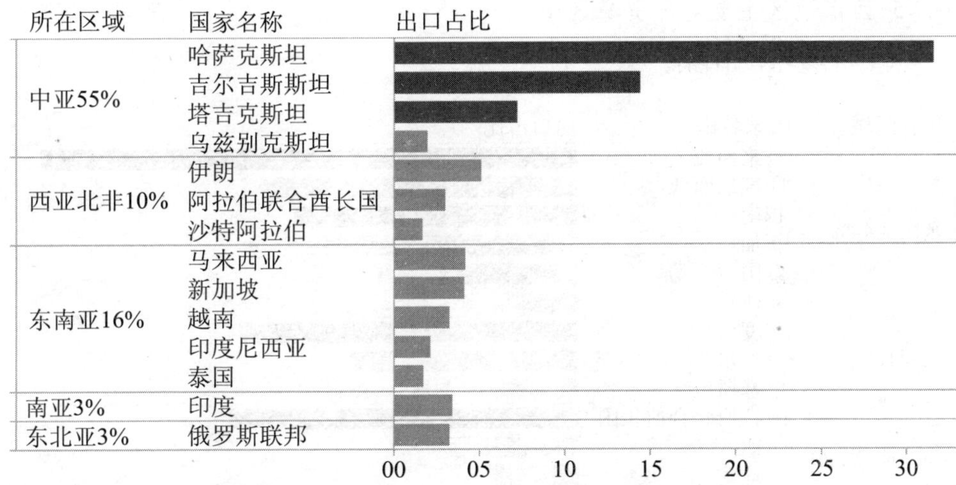

图 13　西北地区主要贸易出口国家贸易额占比

西北地区出口额占我国对“一带一路”国家出口贸易总额的 4%。该地区排名前 14 位的主要出口国家集中在中亚、东南亚、南亚、东北亚和西亚北非五个区域，其中对中亚国家的出口贸易额占西北地区总出口额的 55%。

（2）主要进口国家。

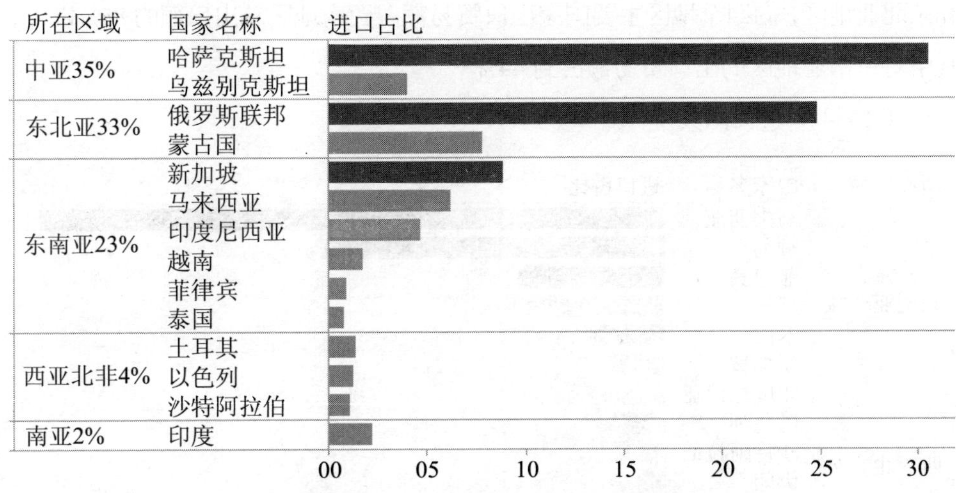

图 14　西北地区主要贸易进口国家贸易额占比

西北地区进口额仅占我国对“一带一路”国家进口贸易总额的 1%。该地区的进口贸易主要集中在中亚、东北亚和东南亚三个地区，三个地区的进口贸易额占该地区总进口额的 91%。

5. 西南地区主要对外贸易区域

（1）主要出口国家。

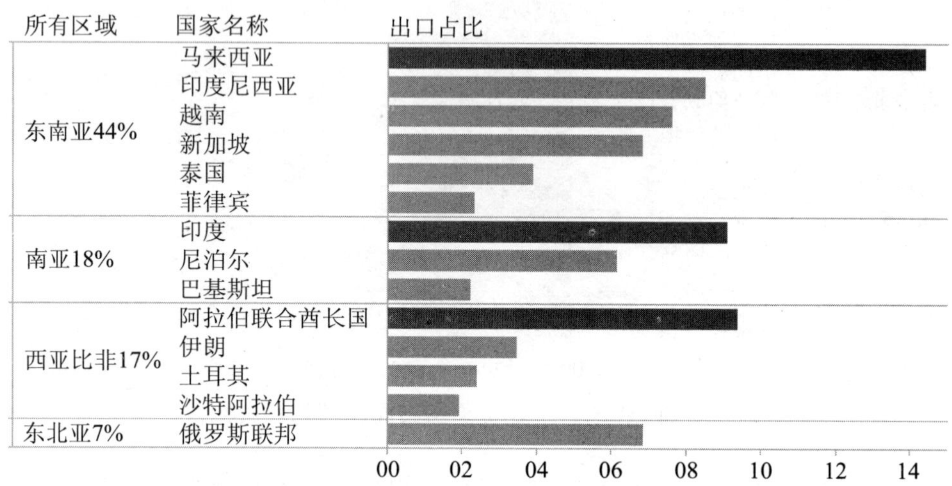

图 15 西南地区主要贸易出口国家贸易额占比

西南地区出口额占我国对"一带一路"国家出口贸易总额的 5%。在西南地区出口贸易国中，排名前 14 位的主要出口国家集中在东南亚、南亚、西亚北非和东北亚地区，向四个地区主要国家出口贸易额占西南地区总出口额的 85% 以上，其中对东南亚地区的出口贸易额占到 44%。

（2）主要进口国家。

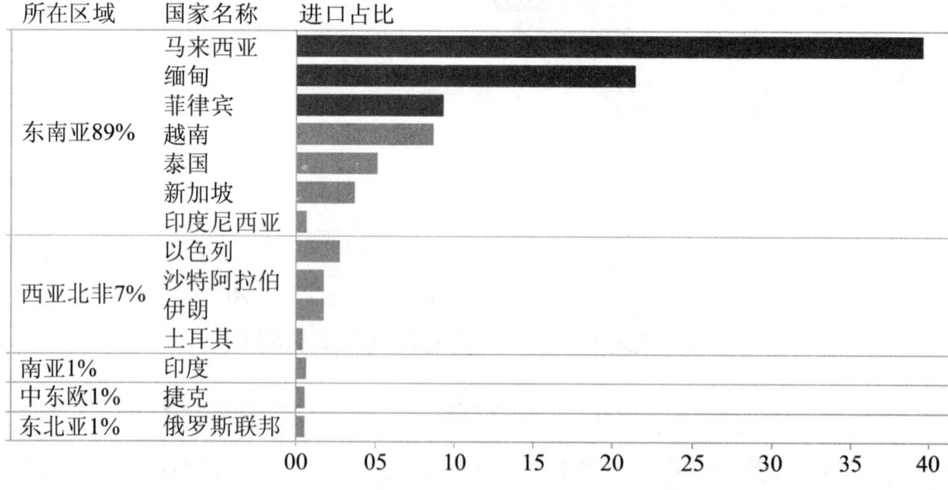

图 16 西南地区主要贸易进口国家贸易额占比

西南地区进口额占我国对“一带一路”国家进口贸易总额的4%。从东南亚地区的进口贸易额占到西南地区总进口额的89%。

6. 东北腹地主要对外贸易区域

（1）主要出口国家。

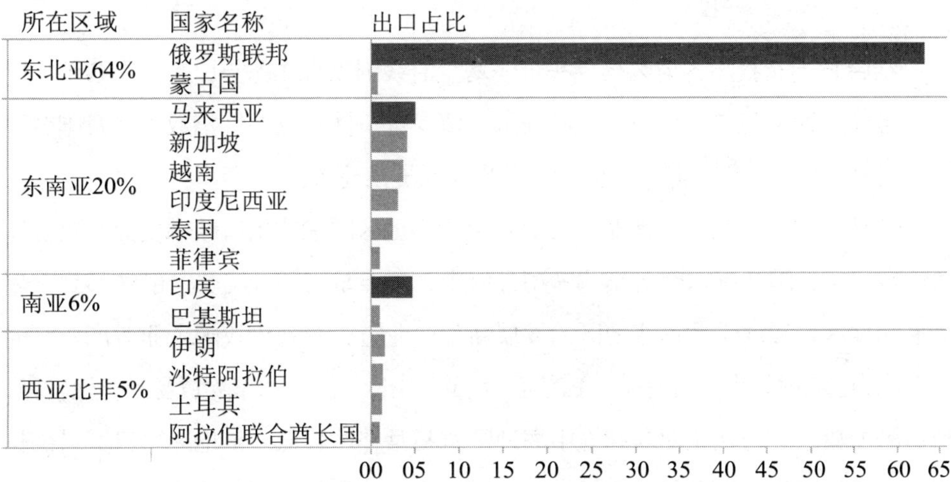

图17　东北腹地主要贸易出口国家贸易额占比

东北腹地出口额占我国对“一带一路”国家出口贸易总额的2%。在出口贸易中，排名前14位的国家，东北亚地区占一半以上，占东北腹地总出口额的64%。

（2）主要进口国家。

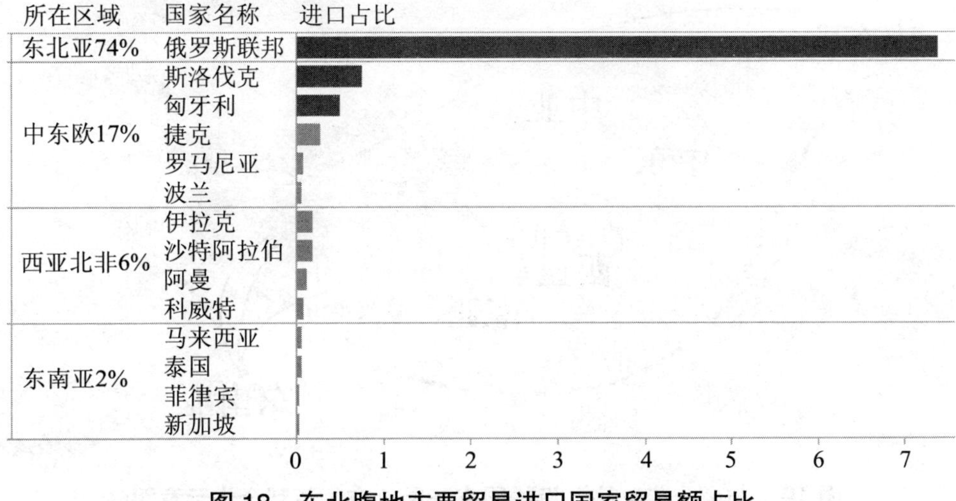

图18　东北腹地主要贸易进口国家贸易额占比

东北腹地进口额占我国对"一带一路"国家进口贸易总额的4%。在东北地区进口贸易中，排名前14位的国家，东北亚和中东欧两个地区的贸易额占到91%。

五、构建全方位"一带一路"产业互利合作关系

结合我国及我国各地区与"一带一路"沿线国家合作态势，尤其是各地区比较优势以及我国与"一带一路"沿线国家贸易竞争性和互补性指数，对我国各区域构建全方位"一带一路"产业互利合作关系提出建议。

总体来看，我国与东南亚、南亚和南欧等地区国家的出口结构类似，贸易竞争性较强，我国在寻求经济结构转型升级中，重点是将部分优势产能转移到上述国家和地区，形成带动这些地区的发展新型产业链，并强化我国企业对产业链的整合能力。同时，我国与南亚、东南亚、南欧、中欧、西欧和东欧贸易互补性较强，贸易潜力较大。与西亚北非和地中海地区贸易互补性较低。该地区出口贸易结构都是以矿物燃料、润滑剂和相关材料等出口为主，加强中国与这些地区的贸易关系，实现能源基础设施的互联互通，同时加强与这些地区国家的外交合作，不断寻求政治互信和共识，确保能源运输安全。

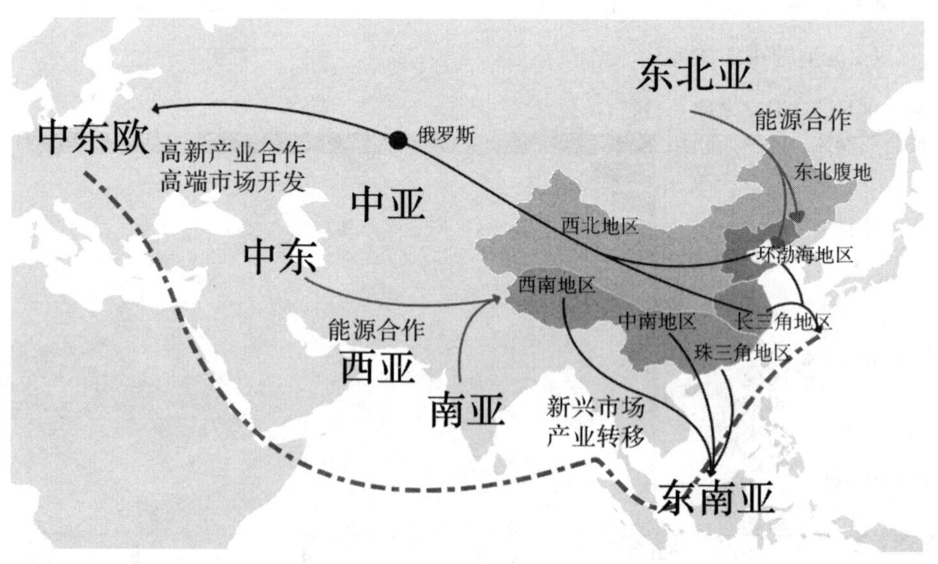

图19　与"一带一路"沿线国家开展全方位互利合作示意图

依照产需结合、优势互补、互利共赢的原则，建议重点推进中东和东北亚能源资源勘探开发合作、东南亚和南亚新兴市场产业转移、中东欧新兴产业合作和高端市场开发，将投资和贸易有机结合，以投资带动贸易发展，以投资带动工程、产业、企业和产品走出去，以便我国拓宽贸易领域，优化产业结构，进而打造全方位“一带一路”互利合作经贸关系。

1. 深化与中东和东北亚地区能源资源勘探开发合作

我国环渤海地区和东北腹地与中东地区和俄罗斯地区的能源合作有良好的贸易基础，因此建议：（1）推进能源资源就地就近加工转化合作，形成能源资源合作上下游一体化产业链。（2）加强能源资源深加工技术、装备与工程服务合作。（3）以内蒙古、黑龙江、吉林和辽宁的中心城市为支撑，加强北京与莫斯科通道建设。（4）以重点能源勘探、开发园区为合作平台，共同打造中蒙俄经济合作走廊，打造向北开放的重要窗口。

图 20　深化东北腹地和环渤海地区与中东和俄罗斯能源合作示意图

2. 开辟东南亚和南亚区域合作新市场

珠三角地区和西南地区出口占我国对“一带一路”沿线国家总出口额的比例均超过 55%；另外，珠三角城镇群是世界制造中心，东南亚和南亚地区是庞大的新兴市场，梯度差异显著、互补性强。因此建议我国能够加强珠三角地区和西南地区面向东南亚和南亚地区经贸合作。提出以下建议：（1）充分利用东南亚的华人华侨资源，探索投资合作新模式，鼓励优势产业“制造 + 服务”一体化方式走出去，合作共建境外经贸合作区、特色产业园区等各类产业园区，扩大市场、输出产能。（2）鼓励原料进口依存度高的木材加工、天然橡胶等产业生产环节向缅甸、马来西亚和印度尼西亚等原料资源国转移，以产业集群方式走出去，建立海外生产基地。（3）多种方式带动产能输出、劳动密集型产业转移，促进产能合作，优化产业链分工布局，提升区域产业配套能力和综合竞争力。

图 21　加强珠三角地区和西南地区面向东南亚和南亚地区经贸合作示意图

3. 开展中东欧互惠共赢合作，打造中欧合作新引擎

我国与中东欧 16 国贸易规模相对较小，2014 年进出口额分别占我国对“一带一路”国家进出口贸易总额的 3.4% 和 7%。但贸易合作领域技术含量高、产品附加值高。我国与中东欧 16 国主要贸易领域集中在技术含量较高的产业领域，与我国环渤海和长三角地区产业互补性强。同时，我国与捷克、克罗地亚、土耳其等国家在基础设施建设、装备制造、钢材、轿车、教育和金融领域合作潜力大；

与奥地利、匈牙利和波兰在节能环保、新材料、汽车制造、新能源等战略性新兴产业以及钾能源合作领域前景好。建议：（1）以贸易为基础，推动高端产品领域上下游产业链和关联产业协同发展。（2）推动新兴产业合作，加强在新一代信息技术、生物、新能源、新材料等新兴产业领域的深入合作。（3）鼓励围绕地区优势产业合作共建研发、生产和营销体系，共建联合实验室（研究中心）、国际技术转移中心、海上合作中心，促进科技人员交流，合作开展重大科技攻关，共同提升科技创新能力。

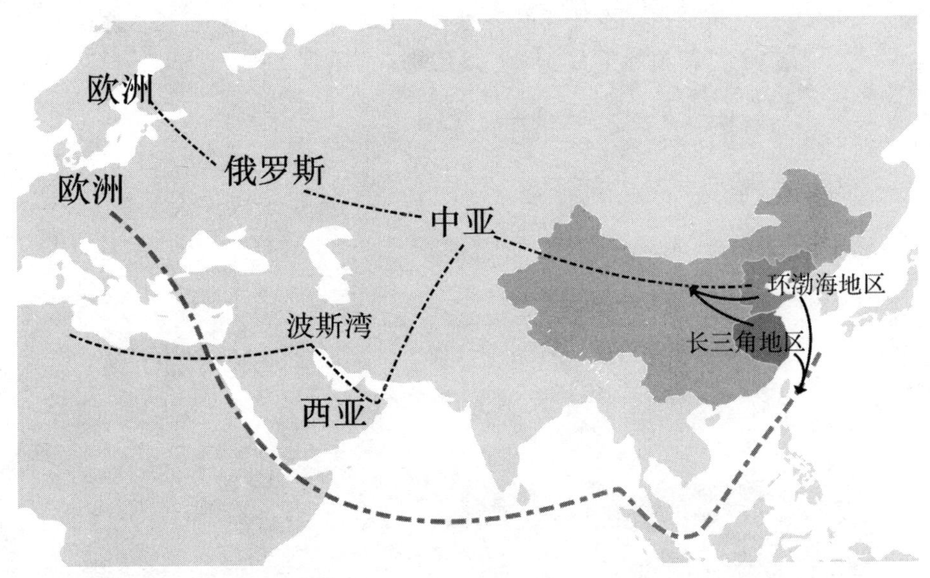

图 22　环渤海地区和长三角地区与中东欧经贸合作示意图

4. 加强与中亚地区经贸合作，共建西部开放窗口

西北地区与中亚 5 国贸易基础好，互补性强。该地区对中亚国家的出口贸易额占西北地区总出口额的一半以上。而且西北地区在“一带一路”国家战略中区位优势明显，是我国西部开放的重要窗口，是通往亚欧大陆的国际门户，加强西北地区与中亚国家经贸合作意义重大。

王　博　博士，大连工业大学讲师，瀚闻资讯研究员，研究方向为专利计量、计量经济学、创新管理。

刘　跃　瀚闻资讯助理研究员，研究方向为国际贸易学。

黄珍学　瀚闻资讯设计工程师，《对外贸易统计》美术编辑。

童友俊　中国国际贸易研究中心理事长，中国国际商会中小企业委员会主席，东亚商务理事会中国委员会副主席，中国对外经济贸易统计学会副会长，《对外经贸统计》杂志主编，中国国际贸易促进委员会专家委员会委员及瀚闻资讯董事长，"一带一路百人论坛"民营企业委员会委员。近年来一直专注于贸易统计方法研究，国际贸易咨询，以及政府智囊服务。

“一带一路”的混合所有制金融创新路径

许维鸿

2015年注定将成为中国经济腾飞伟大进程中格外值得纪念的一年：一方面，宏观新常态下的经济增速放缓，给中央政府和货币当局巨大的压力，不推出类似“四万亿”的政府投资计划，预防地方政府盲目举债、通过单纯的政府消费拉高宏观经济数据；另一方面，以中共五中全会和“十三五”规划为契机，梳理改革脉络、推进“一带一路”再开放、夯实地方政府财政现代化治理、“做优做强”国有企业，培育中国经济新的增长点。

正是在这样一个大的背景下，金融业的系统性改革备受瞩目，新经济模式需要新金融保驾护航——人民币国际化下的“一带一路”走出去，是一个跨境融资、跨境投资的大格局，国家层面虽然有亚投行和丝路基金，却并不能完全覆盖纷繁的多样化融资需求；深层次的沿线国家的跨境产能合作，旨在扩大“互联互通”的中国经济半径，需要全方位的混合所有制的金融创新路径。

对于传统的以商业银行为主的中国金融机构，间接融资的盈利模式显然不能适应宏观经济新常态，如何实现跨国主动性直接融资和投资，必然成为新一轮竞争的主战场。本文试图从推演“一带一路”产业发展入手，探讨国际化的开发性金融创新路径，从而为金融机构转型升级战略提供参考。

一、“一带一路”金融创新的背景

过去30年中国的经济腾飞，得益于全球化经济大趋势，更得益于中国外向型经济的发展战略。时至今日，虽然外贸领域面临诸多挑战，特别是以工资、房租为代表的生产成本提高；但是，中国融入全球化大生产、大贸易的战略不能改变，特别是对于沿海沿边的各个省域经济，闭关锁国是没有前途的，只能通过积极拓展跨境产能合作寻找新的经济增长点。

2013 年 9 月和 10 月，中国国家主席习近平在出访中亚和东南亚国家期间，先后提出共建丝绸之路经济带和 21 世纪海上丝绸之路的战略构想，即“一带一路”战略。古丝绸之路是我国历史上联通欧亚国家的重要通道，促进了东西方文明之间的商贸往来和文化交流。“一带一路”战略在传承历史的基础上，为古丝绸之路赋予了新的活力，对于我国经济转型升级、实现国际区域间的再平衡和创新合作具有重要的意义。

不同于传统中国外交中不计成本的对外援助，“一带一路”经济战略实施过程中，市场化运作的企业是实施主体。但是，由于“一带一路”沿线的许多国家存在政治稳定性差、经济市场化程度低的特点，“一带一路”建设不仅要面临项目本身的经营风险，还要面临因地缘政治或者政权更迭的政治风险，民营企业往往只能零打碎敲地小规模扩张。因此，利用现代金融中的开发性金融模式，支持国有企业，特别是具有雄厚资本实力的央企，充当“一带一路”战略的先行者，进而带动更多的民营企业走出去，才是最佳路径。

2015 年 3 月，国家发展改革委、外交部、商务部联合发布了《推动共建丝绸之路经济带和 21 世纪海上丝绸之路的愿景与行动》，确认了“一带一路”坚持市场运作，遵循市场规律和国际通行规则，充分发挥市场在资源配置中的决定性作用和各类企业的主体作用，也得到了沿线国家的积极响应。以沿边金融改革先行省份，也是“一带一路”重要节点的广西为例，9 月中旬举办的第十二届中国—东盟博览会异常火爆，人民币由于其长久以来在东南亚的“高信誉”，早就成为东盟各国实际上的“硬通货”，21 世纪海上丝绸之路愿景更是创造了广阔的想象空间。

推而广之，中国已经是名副其实的世界工厂，“一带一路”战略要求各级政府和外贸企业扭转惯性思维，充分认识到传统的“血汗工厂换外汇”的模式不可持续，取而代之的是中国劳动者实际收入提高、中国消费者全球大采购。中国—东盟博览会、西部大开发和沿边金融试验区诸多优惠政策，给了沿线地方政府摒弃以往“圈地、给优惠政策、搞房地产”的工业开发区盈利模式，搭建“一带一路”产能合作，通过引入国际资本，引入高端装备制造优势企业，带动全产业链制造业升级，在中国及“一带一路”沿线国家范围内优化资源配置的机会。如果真能如此，其余新兴经济国家丰富的矿产、农业资源和便宜劳动力，就不再是中国外贸企业的威胁，而是竞争优势了。

跨境融资、跨境投资，现代金融的力量不可小觑。人民币国际化只是为中国跨国金融发展提供了更加便捷的工具，实体经济的产能合作，必须形成以国际化开发性金融为引导、多层次的国际资本市场融资支持。在“一带一路”建设初期，各级政府的鼎力支持必不可少，通过智库先行、参照亚投行和丝路基金建设模式，积极创立定位明确的区域性跨境开发性金融机构，混合所有制国际化股东结构、巧用金融杠杆，为“一带一路”相关省份的实体产业升级、跨境产能合作源源不断地提供金融支持。

二、“一带一路”要智库先行

兵马未动、粮草先行！跨国融资、跨国投资，对于绝大多数中国企业都是陌生的，没有对投资目标国家的详尽了解，中国企业走出去可谓凶多吉少。即便是如市场经济国际化相对成熟的美国，2015 年 11 月才告和解的三一重工和美国总统所谓“威胁国家安全”之争（专栏 1），也给雄心勃勃的中国企业上了生动的一课。无论是产能国际合作的中国企业，还是创新的混合所有制金融，都需要提供“信息搜集、信息分析、战略建议、项目调研”服务的现代智库，进而打造开放合作、和谐包容、互利共赢的区域经济合作模式。

专栏 1　　三一重工与奥巴马之争

2012 年 4 月，三一重工（上海交易所上市公司，代码 600031）在美国的关联公司罗尔斯公司（Ralls Corp.），从希腊电网公司（Terna US）处，收购完成了位于美国俄勒冈州海军军事基地附近的 Butter Creek 风电项目，并取得了该项目建设的所有审批和许可。但是，时任美国总统奥巴马，以可能“危害美国国家安全”为理由，意外否决了这一项目。

2012 年 7 月 25 日，三一重工突然收到美国外国投资审查委员会 (CFIUS) 第一次临时性禁令，以“涉嫌威胁国家安全”为由，要求相关风电项目立即停工。不久后的 8 月 2 日，三一重工再次收到第二条临时性禁令，禁止该项目的任何转让，而且 CFIUS 称他们对被禁项目并无赔偿机制。为此，罗尔斯公司状告奥巴马，提出白宫的决定违宪，应当重新审查。

自此，拉开了三一重工与奥巴马总统、美国政府争取合法权益的序幕。2013年10月9日，美国哥伦比亚特区联邦地方分区法院就罗尔斯公司起诉美国总统奥巴马做出初审判决，驳回了三一重工针对奥巴马发出的总统令违反程序正义的诉讼请求。2014年7月15日，美国哥伦比亚特区联邦上诉法院的合议庭，再次就罗尔斯公司起诉CFIUS和美国总统奥巴马做出裁定，认为：美国总统奥巴马下达的禁止罗尔斯公司俄勒冈州Butter Creek风电项目的总统令违反程序正义。2015年美国当地时间11月4日，三一集团在美关联公司罗尔斯宣布，与美国政府正式就收购该项目法律纠纷达成全面和解。在美国投资历史上，这是第一次有外国企业站出来，从违宪审查的角度，挑战白宫和美国国家安全审查体系，对中国"一带一路"跨境产能合作具有重要指导意义。

首先，由于"一带一路"沿线国家和地区在历史、文化、意识形态、社会发展模式、经济发展水平等诸多方面存在较大的差异性，因此"一带一路"战略的实施、相关建设项目的推进，需要以对沿线各国进行全面深入的研究为基础，而完全由政府或项目实施企业承担此类研究工作根本不可能。专业智库作为专门的政策和市场研究咨询机构，正适合承担此类研究工作，研究服务范围可涉及沿线国家国别的研究、经济环境的研究、资本市场政策环境、具体项目的研究以及政府政策咨询等多个领域。

其次，各国智库间交流与合作，可以作为各国企业、政府之间合作的桥梁与纽带。"一带一路"沿线各国智库之间可以畅谈经济发展经验，有利于各国寻找利益共同点并达成合作共识，有利于实现项目库的积累和资金池的对接，为后续的具体项目合作打下基础。中国是近年来唯一成功从计划经济成功转型为市场经济的大经济体，尽管不同国家间由于在意识形态等方面存在差异，令不同政党之间合作存在阻碍，但是经济建设求发展的目标，大家都是一致的！在智库学术层面的交流，可更加便捷地寻找经济模式共识和政策沟通，助力政府之间达成政治互信与合作，企业的政策风险也就迎刃而解了。

再次，专业的智库往往在媒体和舆论具有相当的影响力，是政策宣传的绝佳选择。比起以往中国政府通过自己的官方媒体作为唯一的宣传渠道，市场化的智库通过针对性的信息传播和共享，将大大提高中国企业和各国公众之间理解的效率，为“一带一路”战略的实施打下“民心相通”基础。

在2015年，智库先行的“一带一路”市场化国际交流已初见端倪，诸如2015年5月在哈萨克斯坦阿拉木图举行的首届“中国—中亚资本市场论坛”，8月份在北京举办的“‘一带一路’百人论坛·首届论坛”（专栏2），10月底在西班牙马德里举行的“丝路国际论坛2015年会”等，虽然都不是政府直接主导的官方宣讲，但是在“一带一路”互联互通的实际效果上可谓格外显著。

专栏2　“一带一路”百人论坛

“一带一路”战略研究既需要理论与学理支撑，更需要实践落地。在这一过程中，学者专家（智库）、政府（中央＋地方）、企业（国有＋民营）、媒体，四大主体缺一不可。因此，为促进四大主体能有效对接、整合资源，在2015年，上百位政府官员、专家学者、企业家、媒体从业者等各界精英组建了“‘一带一路’百人论坛”，基本定位是要打造“一带一路”的“网络智库”，成为“一带一路”优质资源的共享与孵化平台，聚智慧、聚资源，推动“一带一路”早期成果与标志性项目的落地。

该百人论坛的首届论坛于2015年8月8日成功在北京举行，引起剧烈反响。其主题是“‘一带一路’：从愿景到行动”，会议上思维碰撞，初步开创了“一带一路”建设早期成果与标志性项目的及时落地，使“一带一路”建设赢得可持续发展与尊重，协力打造“一带一路”智慧共同体。

值得注意的是，中国目前缺少具有国际声誉的专业化智库。传统上的各级政府研究机构，即便不算“学术腐败”，近年来“衙门化”倾向也很严重，脱离实体经济的研究成果比比皆是。“一带一路”政策决定者应该正视这一点，把有限的研究经费更多通过公开招标的形式，倾斜那些具有真才实学的智库，而不是打着扶持智库发展的旗号，补贴脱离实际的官办研究机构。

另一方面，政府应该格外鼓励那些兼顾国家政策研究和企业经营研究的央企智库，成为"一带一路"最佳先行智库。作为中国市场经济转型的全程经历者、改革开放"走出去"战略的先锋官，央企对计划经济转型、对国家利益和企业利益相协调，具备丰富的发展经验。央企智库没有官办智库的血缘"尴尬"，不会引起沿线国家的"戒心"；另外，比起纯民营智库，央企研究机构在研究资源积累和与实体经济结合上，更具比较优势。

三、产能合作的央企先行

有了专业智库的出谋划策，"一带一路"在基础设施建设和跨境产能合作领域，应该央企先行。展望未来，"一带一路"战略至少要经历三个阶段或者说三个层面的投资历程：第一个层面是国家层面主导的基础设施建设，在亚投行、丝路基金等区域性国际开发性金融支持下，为"一带一路"沿线国家架桥修路；第二个层面是与基础设施现代化同时的产能合作，通过国际工业园投资建厂，促进区域经济协同发展；第三个层面则是人民币国际化，也就是基于跨国贸易贷款、基础设施项目融资、产能合作资本运作下的跨国货币服务。这三方面的工作有一定的因果关系和时间序列，但更理想的情景还是相辅相成、齐头并进式的发展。

2015 年 11 月召开的中共十八届五中全会，进一步明确了"做优做强"国有企业的顶层设计，央企作为经济领域的"共和国长子"，肩负的历史使命更加显著。可以说，中央企业集团在基础设施、仓储物流、装备制造业等领域的产能技术优势和国际实践经验，是做实"一带一路"战略的关键纽带。特别是在跨境产能合作初期，央企应勇于实践，利用具有区域竞争优势的装备制造技术，走在跨境投资的前列，力求带动相关产业链民营企业的跟进。

以 21 世纪海上丝绸之路沿线的东盟国家为例，其工业化国家的战略目标，需要工业产业链的系统规划，需要高起点、有经验的工业集团进行全方位的技术和管理输出，需要对外向型经济工业园区的长期建设。欧美日等工业发达国家企业主导的全球化布局中，只是把东盟作为橡胶、石油等自然资源产地，或是单纯的来料加工劳动力密集型行业所在地，工业品现代化生产技术沉淀不足，更不用谈什么装备制造产业链了！因此，东盟更渴望与中国这样的、刚刚完成劳动力工资上涨的新兴工业国家合作，以便形成区域梯次化的"出口导向型"工业发展阶段性目标，成为亚太经济圈“雁形排列”下一梯队。

央企的国际化经验，也是“一带一路”产能合作过程中民营企业无法比拟的。“十二五”以来，中央企业境外资产总额从2.7万亿元增加到4.9万亿元，年均增长16.4%，营业收入从2.9万亿元增加到4.6万亿元，年均增长12.2%。截至2014年年底，共有107家中央企业在境外设立了8515家分支机构，分布在全球150多个国家和地区。2015年6月，推进中央企业参与“一带一路”建设暨国际产能和装备制造合作工作会议在京召开，国务院总理李克强做出重要批示（专栏3），对央企在中国装备走出去过程中发挥的领头羊、主力军作用给予了充分肯定，并希望未来央企在“一带一路”战略实施中发挥更加重要的作用。

专栏3　　中央企业参与“一带一路”建设的总理批示

2015年6月18日，在国务院国资委在京召开推进中央企业参与“一带一路”建设暨国际产能和装备制造合作工作会议中，中共中央政治局常委、国务院总理李克强做出重要批示。李克强指出，推动国际产能和装备制造合作，是新阶段下以开放促进发展的必由之路，既有利于顶住经济下行压力，实现中高速增长、迈向中高端水平，也是与全球经济深度融合，在更高层次上嵌入世界产业链条，实现优势互补、合作发展的共赢之举。

李克强指出，近年来中国装备走出去初见成效，取得积极进展，央企立足自身，主动作为，不畏艰难，勇于开拓，在其中发挥了领头羊、主力军作用，为国内经济建设和对外经济合作做出了不可替代的重要贡献，促进提升了我国国际竞争力，有效拓展了我国经济发展空间，成绩应予充分肯定。当前，利用我国优势产能，突出重点领域，推动国际产能合作，条件具备，机遇难得。希望国有企业牢固树立大局意识，紧密结合“一带一路”战略，善于抓住和对接当地需求，坚持创新合作模式，坚持市场导向和商业运作原则，更加注重质量信用品牌服务提升，更加注重装备标准技术管理同进，更加注重自身发展与造福当地并重，推动形成优进优出格局，促进新一轮高水平对外开放，为我国发展增添新动能、实现经济提质增效升级做出更大贡献！

在投资执行层面，“一带一路”产能合作中的央企先行要充分考虑其与政府的“特殊”关系。一方面，央企在所有权上是国有，必须贯彻政府、也就是股东的指示而勇往直前，对于那些故步自封、只求自保的央企当家人，国资监管机构应以“懒政、堕政”问责；另一方面，虽然央企具有政府背景，却是依照市场规则运行的企业，任何跨境产能合作项目必须经过智库先行的研究，根据经济效益决策投资行为。

总之，央企先行能够在代表政府战略利益的同时，又能够淡化政治因素，通过按市场规则行事，避免了政府出面带来的在外交、对外投资等方面的弊端。而“一带一路”沿线多为新兴市场国家，风险与机遇并存，企业除了项目投资风险外，还需承担政策风险、地缘政治风险等。如前所述，在基础设施建设和初期的产能合作阶段，项目规模大、投资周期长，民营企业一肩承担确实很难。因此，中央企业集团体量大、资产实力更加雄厚，项目融资中国际金融市场也更认可，风险分散能力更强，更适合作为走出去初期的先锋与主力。

四、投资主体要上市公司优先

“一带一路”的基础设施建设和跨境产能合作，有了智库先行、央企先行，在投资主体上应以上市公司优先。这里所说的上市公司，不仅仅包括在沪深交易所上市的A股公司，也包括在沿线国家和我国香港、台湾股票交易所上市的外国公司。可以预见，“一带一路”战略的实施，将进一步优化中国与沿线国家的贸易和投资双边机制，无论是央企率先走出去，还是民营企业的跨国发展，都应该借助跨国资本市场，降低融资成本和投资风险，而上市公司作为项目投融资载体更要优先考虑。

首先，上市公司作为载体，很大程度上避免了因为地缘政治波动而带来的意外风险。“一带一路”沿线的发展中国家，大部分是“二战”后独立的民族主义国家，长期而广泛存在的殖民地文化背景，使得很多国家的政治制度依然在摸索阶段，很多民主化进程还处在“照猫画虎”水平，军政府执政可以说是家常便饭。这种因为政治势力更替而带来的经济动荡，最后造成投资血本无归，中国传统上、以政府为唯一投资主体的项目已饱受困扰。

除了非洲很多国家执政党非正常更迭频发，我们邻国——泰国的“红衫军”也颇有些“能量”，其屡次爆发的示威游行和其后的军方执政，导致泰国经济动荡多年（专栏 4）；但是反观泰国股市，近 3 年以来始终在 1200—1700 点之间波动，倒是相对比较稳定。究其原因，上市公司作为在交易所挂牌交易的公众公司，无论政府如何更替，经济上具有相对独立的延续性，能够抵御中低规模的“政治危机”，这对于国际领土纠纷渐多的中国以及刚刚走出国门的中国企业，无疑是有益的。

专栏 4　　泰国的“黄衫军”和“红衫军”

2006 年 9 月 19 日，泰国“他信政府”被军事政变推翻，其后反对他信的“黄衫军”与亲他信的“红衫军”间的斗争就持续不断，导致泰国经济随之动荡。

2008 年 5 月底，反对他信的人民民主联盟（简称“民盟”）的支持者统一身着黄色的外衣，开始在曼谷持续举行大规模反政府集会示威活动，他们也因此被称为“黄衫军”。民盟指责当时的政府是他信的代理，要求政府下台。面对国内的乱局，沙马和颂猜两届政府都无能为力，在不到 3 个月的时间内相继下台。2008 年 12 月底，阿披实联合政府上台后，民盟的“黄衫军”才暂告停止。反独联的他信支持者其后也开始示威游行，并统一穿着红色的外衣，因此也被冠以“红衫军”的俗称。“红衫军”的抗议活动、行动策略也与“黄衫军”大同小异，导致其后泰国 3 年来换了 3 个总理。其中最激烈的一次发生在 2010 年 4 月，泰国军警与“红衫军”在曼谷发生冲突，造成上千人的军民伤亡。

其次，上市公司为载体可以最大限度实现资本投资的“闭环循环”，提高“一带一路”资金的使用效率。无论在哪个国家，上市公司都受所在国证券监管机构的监管，其公司治理和运作经营相对规范。尽管各国股市的流动性溢价有差异，但是上市公司股份的变现都可以通过交易所完成，为风险投资的退出提供了机制保障。无论是国家层面的亚投行和丝路基金，还是前文提到的央企资本，在跨境产能合作项目中通过股权投资，并通过项目包装上市退出、完成初始资本的循环，无疑对国有资产的安全和收益是最佳路径，也是现代金融“资本闭环”的有效途径。

再次，上市公司是中国企业在战略合作中的优选合作伙伴。除了我们主动的投资通过上市退出，中国企业在“一带一路”沿线国家选择合作伙伴时，也应上市公司优先。上市公司除了公司治理规范，往往都追求百年老店的国际信用，进而带来融资便利和沟通优势。还是以东盟国家为例，由于历史上的原因，国内政坛更迭相对频繁，大型企业的实际控制人容易改变，这给中国企业选择长期合作伙伴造成了困扰。在这一点上，上市公司由于其资本市场的特殊要求，品牌和融资等多方位的持续性较好，即便背后的实际控制人发生了变化，违约成本比起非上市公司也要高得多，更易形成战略性合作关系。

五、跨境金融的 PPP 创新

“智库先行、央企先行、上市公司优先”的跨境产能合作，现有的中国金融体系难以全面支撑，需要 PPP（混合所有制）下的国际资本模式创新。换言之，国内外上市公司的合作、境外工业园区的建设，需要现代金融服务的支持，特别是以直接融资为代表的投资银行支持。央企工业集团在央企智库研究、技术管理输出的基础上，还可利用其跨境资本服务优势，协助各级政府构建“跨境产能合作基金”，对合作项目前景进行市场化主动评估，积极引入国际化、多样化的财务投资者，不完全依赖中国资金，并将成熟的合资企业在国际金融中心通过挂牌上市完成基金退出，实现国家、企业、资本的三赢！

“一带一路”产能合作横跨多省市和沿线国家，不同地区的经济形势和风土人情不尽相同，并且缺乏足够成熟的企业文化融合参考范本。因此，在落实每一个项目配置时，先行的央企或开发性金融机构，都要具体分析项目所处的经商环境、政策导向和民俗习惯，确定使用债权或者股权的融资方案。对于债权融资，以亚洲基础设施投资银行、国家开发银行为代表的传统开发性银行信贷应是主要模式。而更加广泛意义上的跨国产能合作，应该以股权投资为主要融资模式，即按照现代企业治理的方式构建恰当的股东结构和管理层，通过积极引入市场化民营经济的混合所有制，实现国有和民营各自发挥优势，风险共担、协同发展（图 1：直接融资对目标投资企业的持续增值服务）。

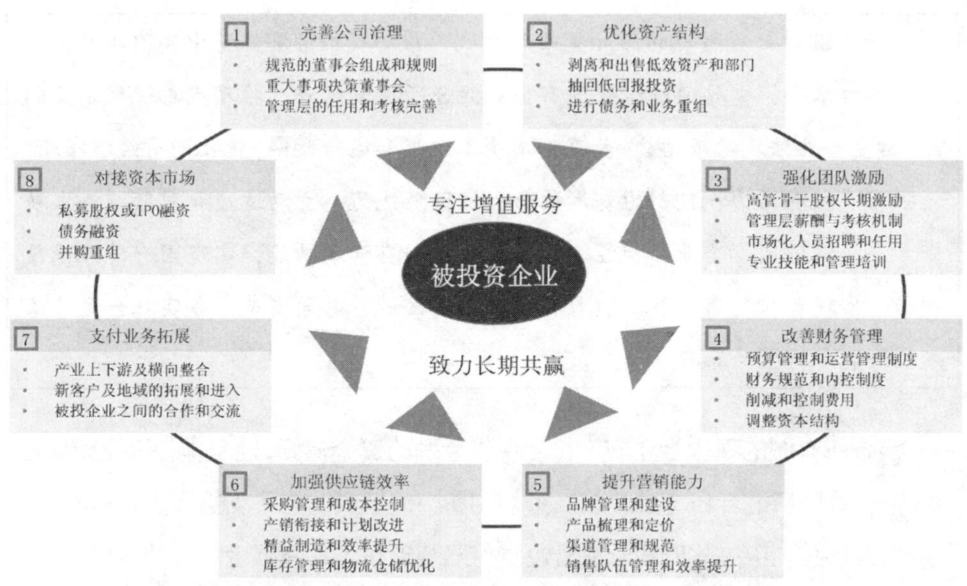

图 1　直接融资对目标投资企业的持续增值服务

2015 年 9 月，国务院印发了《关于国有企业发展混合所有制经济的意见》（专栏 5），明确了国有企业发展混合所有制经济的总体要求、核心思路和配套措施；而央企先行的“一带一路”金融创新，更应该积极践行混合所有制思路——将国企雄厚的资本和民企的机制灵活巧妙结合，是“一带一路”走出去企业现代化治理的必然选择。

专栏 5　国有企业混合所有制的政府指导意见

2015 年 9 月 24 日，国务院发布《关于国有企业发展混合所有制经济的意见》（共 29 条），鼓励非公有资本参与国企混改，有序吸引外资参与国企混改，鼓励国有资本多种方式入股非国有企业；分类、分层推进国企混改；电力、石油、天然气、铁路、民航、电信、军工等领域改革，开展放开竞争性业务、推进混改试点示范。

国务院的文件确认了国有资本、集体资本、非公有资本等交叉持股、相互融合的混合所有制经济，是基本经济制度的重要实现形式。一批国有企业通过改制发展成为混合所有制企业，但治理机制和监管体制还需要进一步完善；还有许多国有企业为转换经营机制、提高运行效率，正在积极探索混合所有制改革。

> 为了应对日益激烈的国际竞争和挑战，推动我国经济保持中高速增长、迈向中高端水平，需要通过深化国有企业混合所有制改革，推动完善现代企业制度，健全企业法人治理结构；提高国有资本配置和运行效率，优化国有经济布局，增强国有经济活力、控制力、影响力和抗风险能力，主动适应和引领经济发展新常态；促进国有企业转换经营机制，放大国有资本功能，实现国有资产保值增值，实现各种所有制资本取长补短、相互促进、共同发展，夯实社会主义基本经济制度的微观基础。

混合所有制的现代企业制度符合现代金融的资金偏好，加上国家对沿海沿边“一带一路”产能合作金融政策，金融创新空间巨大。为了支持多类型所有制企业走出去，我国中央政府和沿海沿边省份陆续颁布了一系列金融扶持政策，如针对广西和云南两省的“沿边金融改革试验区”政策，还建立了诸如“财政引导基金”、“境外转贷基金”、“产能合作直投基金”等政策性资金池，值得央企、民企和A股上市公司仔细研究、积极申请，降低自有资金投资风险。而且，很多A股上市企业都在沿线省份内有相当的影响力，如果能主动与省政府合作，发起PPP（混合所有制）产能合作基金，对公司增厚利润将贡献巨大。对于地方政府而言，混合所有制的跨境产能合作项目的现金流预期如果被资本市场认可，可以通过境内或境外定向增发、借壳上市等资本运作，实现未来现金流贴现，最终实现资金“腾笼换鸟”，最大化资本杠杆效能。

PPP产能合作基金也是未来30年中国经济“存量资产证券化”的必然路径。随着中国经济直接融资比例的提高，金融机构必须对金融资产主动定价，对项目的未来现金流有准确的匡算能力，这也是PPP项目融资的核心金融技术。随着财政部“43号文”（专栏6）规范地方政府融资平台盲目举债行为，各级地方政府投融资体系改革破题，必须能跟金融体系的升级结合起来，将传统的中央转移支付从各级政府的财政职能中剥离出来，通过科学论证的“可行性财政缺口”补贴，形成市场化的资金流金融机制（图2：金融创新手段促进PPP项目落地），将极大地促进各级政府主导的投资进程。通过财政牵头、搭建多方参与、市场化运作的混合所有制基金管理平台公司，将过去分散使用的财政资金归敛为一只只的PPP项目基金，并与地方政府和承做企业分别签订资金划拨合同，依法办事、将补贴资金划拨职能明确由法律监督，减少转移支付的“跑冒滴漏”，是现阶段地方政府投融资体制改革的可行实践之路。

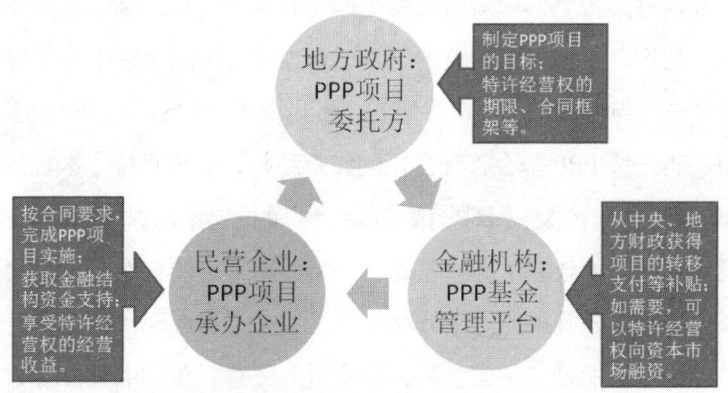

图 2　金融创新手段促进 PPP 项目落地

专栏 6　　针对地方政府融资乱局的国务院“43 号文”

2014 年 9 月 23 日，国务院办公厅发布了 2014 年第 43 号文，即《地方政府性存量债务清理处置办法》。其指导思想是建立“借、用、还”相统一的地方政府性债务管理机制，有效发挥地方政府规范举债的积极作用，切实防范化解财政金融风险，促进国民经济持续健康发展。

“43 号文”最核心的内容，是建立规范的债务管理机制，发挥积极作用、防范化解风险和促进健康发展则是其目的所在。要达到上述目的，需要坚持的基本原则是“疏堵结合、分清责任、规范管理、防范风险、稳步推进”二十字方针。另一方面，“43 号文”还对于如何加强地方政府性债务的管理，给出了一整套的解决方案，分别是加快建立规范的地方政府举债融资机制、对地方政府债务实行规模控制和预算管理、控制和化解地方政府性债务风险和完善配套制度等四个方面。

经过一年多的执行，“43 号文”事实上全国范围内关闭了地方财政原有所谓“第二财政”之称的建设资金来源，各级政府城投融资平台纷纷寻求转变。原来庞大的建设资金来源被切断，变成了更加透明的自发自还，而且地方债自发自还也受到限额管理。伴随着“43 号文”的实施，地方自发自还的债券、PPP 模式、债权基金、股权基金、债权投资计划等成为地方政府主要的融资模式。

典型的“一带一路”产能合作PPP基金管理平台，应以沿线省、市一级的政府投融资平台为依托，通过境外及境内融资渠道，发行人民币或外币货币债券、股权投资基金以募集资金，积极引入央企作为战略性股东，辅以境内外民营经济背景的股东，利用以中国香港、英国伦敦、新加坡等国际金融中心实现“双管理总部”的基金设立与投资，引入世界级的金融投资人才和基金管理机制。

具体讲，省一级PPP基金管理公司的股东结构，应该坚持“本省背景的股东控股、国资背景的股东控股、相对分散持股结构”的原则，以保证企业治理规范化、市场化、现代化。因为政府主导设立的“一带一路”产能合作基金公司，必须贯彻执行国家市场化对外开放的意图战略。但是，为了形成现代企业制度的制衡机制，股份结构绝对不能是“一言堂”，必须引入民营股东和中央公有制的股东，以制衡地方政府的过度“关怀”。

因此，股东结构设计过程中，核心央企的金融资本引入，由于其具有公有制和市场化运作双重属性，对地方PPP基金管理公司设立往往事半功倍。毕竟地方PPP基金管理公司只要公有制股东超过51%、代表地方利益的股东超过51%，就可以保证公司运作符合“一带一路”战略意图。进而，地方政府金控平台、央企资本运营平台、国内外私有企业，就形成了一个三角形的法律所有权框架体系，授权董事会和经营层，围绕股权或债权的跨境投资开展工作。

在具体投资方向上，“一带一路”产能合作PPP基金要用母基金、子基金框架，不仅要支持跨境产能合作，还应立足沿海沿边省份的基础设施、工业产业升级、综合工业园建设、现代旅游业、现代农业、大健康产业等比较优势领域（图3：“一带一路”投资基金细分架构，见下页），真正让市场成为国际视野配置要素的决定性因素。通过对外产能合作，实现中国东西部经济发展差距的缩小，也是“一带一路”可预期的改革红利。

总之，“一带一路”建设作为我国新时期的国家战略，建议遵循“智库先行、央企先行、上市公司优先、跨境投融资PPP金融创新”路径，搭建我国与沿线国家经济建设和项目开发的多边合作平台，通过有效的地方政府、央企和民企股东融合共进退的现代企业治理，引入国际化资金的战略投资者，最终形成全球资本共同参与“一带一路”建设的资本可循环闭环，实现“一带一路”战略的持续推进！

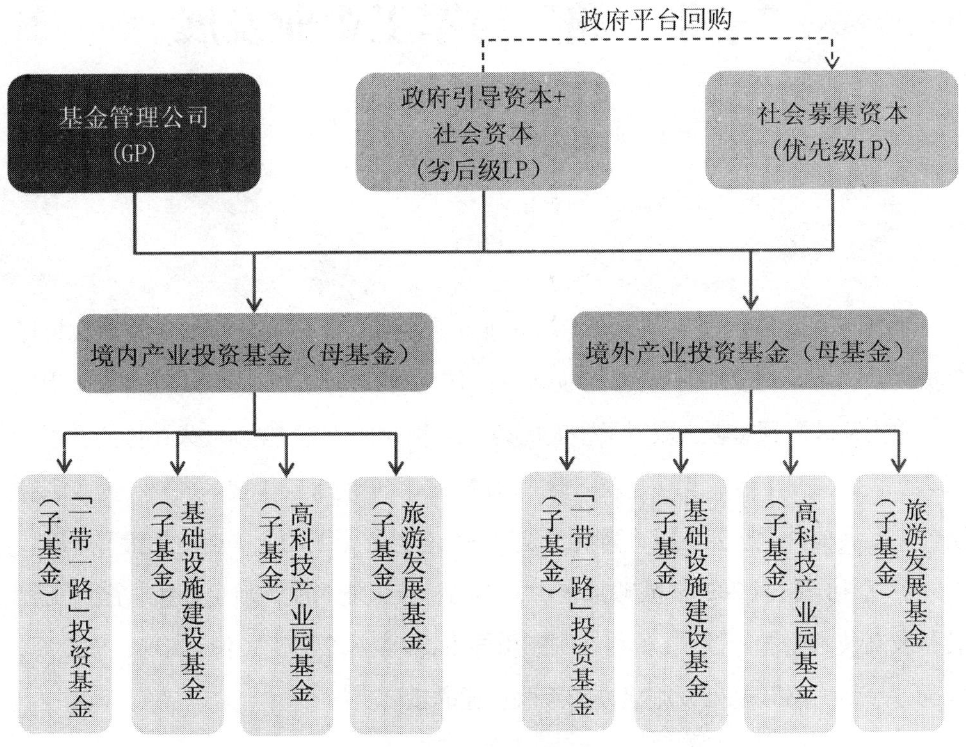

图 3　“一带一路”投资基金细分架构

许维鸿　中航证券首席经济学家，“‘一带一路’百人论坛”专家委员会委员，安邦智库全球研究合伙人（GRP），盘古智库首席金融市场研究员，中央电视台、凤凰卫视、中国国际广播电台等媒体特约财经评论员，《中国证券报》、《财经》杂志、《环球时报》等媒体专栏财经作家；新疆、宁夏、四川、贵州等地方政府以及国资委、航天科技集团等战略与投资顾问。主要研究国际宏观经济、“一带一路”与陆权金融、地方政府混合所有制（PPP）改革、伊斯兰金融等。

“一带一路”与军工企业发展

栾大龙

我国国民经济的发展与国防科技工业息息相关，国防科技领域的技术成果日益成为我国重要的技术创新资源。近年来，国防科技工业以国防关键技术攻关为抓手，着力突破瓶颈短板，取得了一大批具有自主知识产权的创新成果：核能利用、载人航天、探月工程、北斗导航、载人深潜、航空母舰等工程技术成果，为我国经济社会发展提供了坚强支撑，为我国成为一个有世界影响的大国奠定了重要基础。

在《中国制造2025》战略部署中，国防科技工业的航天航空装备、海洋工程装备及高技术船舶等领域，都将在国家引导下，集聚社会各类资源，实现突破发展，成为“一带一路”基础设施建设和互联互通的重要支撑。

一、架设“天基丝路”网络，畅联“一带一路”

航天领域是“一带一路”沿线国家开展科技合作的重要战略契合点。正在进行顶层设计方案研讨中的“‘一带一路’空间信息走廊建设与应用工程”，是国家各部门、各地区实施“一带一路”战略进行服务的综合性工程。该工程在“互联网＋空间信息”思维下，以实现空间信息综合集成应用服务为目的，以建设卫星通信、导航、遥感和天基设施为主体，以实现地面网络的互联互通为重点，发挥航天技术的牵引作用，促进天地一体、合作共赢、安全可靠的信息通道建立，推动我国空间战略布局。这一工程的实施，将有力支持“一带一路”沿线国家和地区环境减灾、资源能源开发、地面基础设施建设以及应急安全等重点领域的空间信息综合应用。

构建开放、合作、共享的“天基丝绸之路”，可以发挥大国引领作用，服务我国企业走出去，大力提升我国航天高技术装备的全球化服务能力。目前中国共有120多颗卫星在轨运行，其中通信卫星已经可以覆盖全球98%的有人居住区域；

遥感卫星也可以实现全球覆盖；气象卫星也走在世界前列，能为全世界提供服务；最新发射的新一代北斗导航卫星使我国的北斗卫星数量达到 19 颗，北斗系统到 2020 年将实现全球覆盖，不仅在主要性能上比肩国际先进水准，在区域增强服务、位置报告和短报文方面也具有明显优势。

无论陆路的丝绸之路经济带，还是海路的 21 世纪海上丝绸之路，对于在轨卫星的地球应用都是无遮挡的，无论发生自然灾害还是其他特殊情况，都不会影响对地球的观测。“一带一路”包括大量基础设施建设项目，有些项目周期是较长，在陆路方面，有些项目条件还比较艰苦，存在着通讯、交通不畅等不利因素。建立“天基丝路”，先利用天基的卫星架设起一条信息高速路，可以为中国企业与人员走出去以及相关国家之间的互联互通提供信息保障。

“天基丝路”的建设具有广阔的发展空间，正以重点项目为抓手加以推动。目前，在新疆、宁夏、海南、福建等丝路重点地区，已建立了多个先行试验示范项目。宁夏作为丝绸之路经济带战略支点，在银川经济技术开发区启动建设“新丝绸之路卫星服务产业示范园”，并依托国家“中阿技术转移中心”，面向阿拉伯国家和地区的卫星服务国际节点，为区域目标客户提供卫星通信、导航、遥感应用服务。海南省作为 21 世纪海上丝绸之路的重要战略支点，为加强天然橡胶这一国家的重要战略物资的建设，通过利用遥感卫星管护好百万亩核心胶园。“天基丝路”建设可以在未来进行全球选点建站，沿陆路向西发展，跨越中亚、西亚进入欧洲；沿海路向南海发展，跨越太平洋、印度洋直至非洲和拉美，在重点地区建立 15 至 20 座地面设施。

二、做强海洋工程装备，畅通“一带一路”

中国国防工业的船舶企业受惠于“一带一路”建设带来的直接利好。“丝绸之路经济带”为船舶企业的多元化发展创造了新的空间，建设丝绸之路经济带将带动包括公路、铁路、航空、港口等在内的交通基础设施建设，为开展相关装备制造业务的船舶企业创造了市场机遇。21 世纪海上丝绸之路则为船舶企业带来了更加直接的利好，保证海上通道畅通，海洋工程装备是基本需求，也就是由海运贸易和海洋资源开发带来的海洋工程装备需求。

近年来，我国海洋工程装备制造业得到了突飞猛进的发展，短短几年时间产值发展成为世界第一。高技术、高附加值船舶不断取得突破，海洋工程装备发展明显提速，深海装备的设计建造不断取得突破。以“海洋石油981”号3000米深水半潜式钻井平台、大型液化天然气船等为代表的重大项目，以及在大型散货船、超大型矿砂船、超大型油船等领域形成了一批经济、先进的节能环保船舶，受到了国际市场青睐。未来10—20年我国船舶工业将进入全面做强的新阶段，加快提高海洋工程装备及高技术船舶国际竞争力，全面推进结构调整转型升级，逐步引领未来国际船舶和海洋工程装备市场，实现我国船舶工业技术水平、科技创新能力和综合实力的整体跃升。

由于欧美国家的技术垄断和封锁，我国海洋工程装备制造一直处在“低端”水平，高端装备制造面临缺设计、弱研发、核心部件和技术不掌握等“短板”。“海洋强国”“一带一路”“中国制造2025”国家战略的实施，对我国高端海洋装备的发展提出了更高的要求。迫切需要我们既要自主创新，研发攻克核心设计技术，也要通过合作吸收欧美国家的先进技术，逐步掌握核心设计、建造及配套关键技术。发展国内的设计研发能力和总装制造能力，在高端船舶与海洋工程装备领域，形成若干自主知识产权的国际知名品牌，在总装造船数字化、智能化及绿色化方面达到世界前列，为“一带一路”战略的落地实施提供支撑。

随着世界范围的海洋经济大发展，全球经济结构、造船市场供需结构和竞争格局也在不断深刻调整。以中船重工集团为例，2015年造船完工量、新接订单量继续保持增长，手持订单保持稳定。在2015《财富》世界500强企业的最新排名中，中船重工以327.326亿美元的营业收入位列第371位，较2014年提升32位，连续5次跻身世界500强。中船重工集团自主研发的25万吨级运沙船进入最后的性能测试阶段，将出口到新加坡。这是世界范围内最节能环保的船舶，用它运输矿砂，运费至少降低10%。截至今年6月底，中船重工从来自“一带一路”沿线国家就拿到了12艘船舶订单，给企业带来了可观收益。

三、航空先行创新互通，畅飞“一带一路”

航空产业在“一带一路”实现互通中，具有得天独厚的优势。“一带一路”沿线，有 10 多个国家与我国接壤，还有 50 多个国家与我国不直接相邻，航空出行是这些国家人员长距离往来的首选交通工具。“一带一路”沿线大多为发展中国家和新兴经济体，航空产业链条长、拉动作用强，发展航空产业可促进这些国家参与全球高端产业链分工，增强区域市场凝聚力，促进经济增长。据统计，“一带一路”沿线国家和地区的经济总量约 21 万亿美元，约占全球总额的 29%。去年我国与沿线国家的货物贸易额达 1.12 万亿美元，占我国国际贸易总额的四分之一。预计未来 10 年，我国与沿线国家贸易额将翻番，人员和货物流通需求规模也将空前增长，将为沿线国家和地区经济乃至世界航空产业带来巨大的发展机遇。

经过几十年的努力，我国已建立起较为完整的航空技术体系、产品谱系和产业体系，航空制造业步入发展的快车道。从世界航空产业全局来看，我国的航空产品研发能力、系统综合集成能力和数字化生产能力得到了提升，先进航空装备自主保障能力不断提高，具有一定国际竞争力的航空产品和企业正在逐步形成，产业规模实现了快速扩张。随着大型客机研发和运营的逐步成熟，航空产品在国际市场的份额也将逐步提升。这些都将推动中国“一带一路”战略的实施，尤其为在互通领域的国际合作奠定基础。

以“空中丝绸之路经济带东西路线、空中丝绸之路长江经济带路线、21 世纪海天丝绸之路”为布局主线，是中航工业公司发展通用航空的新设想。伴随着国家低空空域的进一步开放，借助“一带一路”国家战略推进，围绕通航产业可形成通航服务、交通与物流、文化旅游、通航作业和通航制造五大产业链，建设覆盖全国 80% 以上人口的通航网络，我国通用航空产业正迎来大发展的机会。民航总局也正积极推动各地加快相关的基础设施建设工作，并制定和完善相应的政策法规，明确促进通用航空发展的具体措施，包括补贴和建设方面的优惠、地方法规等方面的支持。

“一带一路”沿线国家航空产业市场潜力巨大。中航工业公司积极开拓民机外贸市场，“新舟 60”涡桨支线飞机累计订单达 212 架、在全球拥有 27 家客户，已交付近百架飞机运营在非洲、拉美、东南亚以及南太平洋等区域的 260 多条航线上。加大民用航空产品的研制力度，用于“新舟 700”新型飞机生产能力建设和研制的 30 亿元人民币增资活动，已在资本市场启动。由中航工业入股，下属公司承担大量制造任务的 ARJ-700 客机订单目前超过 300 架，C919 客机订单数量已经超过了500架，C919飞机计划今年完成总装，实现总装下线，明年实现首飞，2018年前后取得中国民航的适航证。

中航工业公司致力探索“一带一路”沿线的产业发展创新实践。中航工业公司在柬埔寨成立巴戎航空公司，这是我国首家在海外投资设立、以运营中国飞机为主的航空公司，首架“新舟”60飞机已经交付，5年内“新舟”60支线飞机将引进达20架。巴戎航空构建了规划+销售+服务的航空运营模式，规划了三层航线网络结构：第一层为柬埔寨国内航线网络；第二层为东盟地区航线网络；第三层为中日韩等其他国家国际航线网络。巴戎航空公司把金边建设成为柬埔寨和东盟地区的航空枢纽，推动了柬埔寨交通和旅游业的发展，为当地创造了更多的就业机会和税收。通过创新模式，中航工业将会以更多的高新技术和产品服务于柬方，帮助柬方培养更多的航空技术人才，推进柬埔寨航空产业的发展。

“一带一路”宛如大鹏的两只翅膀，推动中国的更大开放与合作，这正是中国军工行业借助“一带一路”大发展的新契机。

栾大龙 博士，军事科学院研究员，大校，防务产业投融资专业委员会副理事长，“‘一带一路’百人论坛”专家委员会委员。曾在世界500强企业，长期从事国家航空、科学卫星重点型号的研发和技术项目管理工作，曾担任5颗卫星项目集的总质量师，并获得中国质量评价协会——卓越领导奖。目前致力于项目管理和军工经济研究。

文化与人文

「一带一路」：文化输出的途径探究

「一带一路」旅游开放方向与合作领域

「一带一路」需要文化包容及推动文化产业走出去

提升企业公共外交能力，化解非市场风险

「一带一路」与城市公共外交——以扬州城市公共外交为例

“一带一路”：文化输出的途径探究

Hard power is push; Soft power is pull.

陈　平

2015 年 6 月 3 日，英国 BBC World Service 公布了最新的全球国家形象受欢迎程度结果，该调查对来自世界各国的 24000 名受访者进行了电话随机采访，结果表明，中国在世界上的综合形象和受欢迎程度仅仅排在第 30 位。①

2015 年 7 月 14 日，总部位于英国的国际咨询公司 Portland Communications，发布了反映文化等非军事国力的“软实力”全球排行榜前 30 名。英国以 75.61 分荣登榜首，德国和美国分列第 2、3 位。亚洲获得最高分的是日本，以 66.86 分排名第 8。中国仅得 40.85 分敬陪末座，位居第 30 位。②

两个调查结果，有必要让我们对自己的国际形象和这些年来对外输出的文化以及推广方式进行一番深度的反思：在经济全球化，文化多样化，高科技互联网高度发达的信息时代，我们应该如何塑造中国的国家形象？如何展示中国文化中积极而富有正能量的一面？如何展示中华文明的魅力？如何展示中国的软实力？如何让世界真正地了解中国？

为什么这么多年来，尽管国家用了很大的力度做海外宣传工作，举办各种国际展览，举办旅游招商旅游推荐活动，可是大部分国家的民众对于中国的形象还是如此陌生？

为什么我们到处开办孔子学院，宣传中国的传统文化，却没有起到应有的作用反而让人怀疑我们的企图和动机？

为什么逢年过节国家都要花巨资组织文艺团队到海外去慰问华侨，派出各种团队去代表国家访问演出，而我们的国际形象还是没有达到想象中应有的效果，

① http://downloads.bbc.co.uk/mediacentre/country-rating-poll.pdf.

② http://softpower30.portland-communications.com/ranking. See more at: http://www.epochtimes.com/gb/15/7/15/n4481013.htm#sthash.SKI4TIPm.dpuf.

甚至收效甚微?

为什么中国的民众富有了，有钱走出国门了，却因为举止行为不端，招致了各国对中国游客的微词甚至反感?

为什么中国的留学生们在异乡他邦求学屡屡犯下不该有的错误，却不知何为过失?

是世界对我们的偏见误解，还是我们与世界有距离?

一个有着五千年文明的东方大国，国家整体形象甚至排在波兰、墨西哥、土耳其等国家的后面?

在已经开启的通向“一带一路”的宏伟之旅上，我们必须负责任地探究一下自己的问题所在。

文化、价值观、意识形态等构成了一个国家的软实力，并且直接体现着一个国家的整体素质和向心力。在和平年代，一个国家软实力的影响力远远超过其军事以及经济能力所能带来的影响力。

软实力的输出和展示需要正确的方法与途径，就像包装明星一样，一个国家的文化也需要包装，既不能一味投其所好，取悦西方世界，让外国人看外国人喜欢的东西，而忽略了中国文化自身的特点与意义，也不能抱着单方面说话、自以为是、自娱自乐的态度走出去。假如我们过于主观，过于自以为是，过于政治化、口号化和任务化，也会造成世界的不认同。

文化本身就是用来交流、用来欣赏、用来展示和分享的，一定不能强势推广。好的内容不用推广人们也自然会喜欢，不好的内容强势推广也没用。

文化走出去，要有重点，也需要途径。所谓知己知彼，审时度势，善于抓住时机，运用智慧与技巧，是国际交往的重要策略和基础。

一、打造拥有世界影响力的文艺作品

人们对于一个国家、一个地区的认识，往往是从一些文艺作品，如一部电影、一部小说、一段音乐，甚至一幅画、一个故事开始的。

对那些对于社会缺乏更多认知与分辨能力的青少年而言，艺术作品对他们的影响力更是强大。当他们看到来自好莱坞的《蜘蛛侠》、《蝙蝠侠》、《美国队长》

等作品的时候，立刻对美国产生了崇拜和向往，这种向往经常会是从具体的电影形象开始的。自从迪士尼动画片诞生起，就有无数孩子看着这些作品成长。好莱坞的电影像是强大的迷幻剂，征服了几乎全世界的观众，美国文化的主流强势无人能够阻拦。更别提美国的麦当劳、肯德基、星巴克这样的快餐文化对世界的影响，甚至影响和改变了人们的生活方式。直接带来的就是人们对于美国的向往，到美国留学、移民美国的人，多数都是受了强大的美国梦的吸引。

很多年轻人对于日本的了解，是从动画片开始的。问起20世纪80年代出生的中国人，没有不知道《聪明的一休》，再往后的青年人，没有人不知道《千与千寻》、《火影忍者》等。从宫崎骏到今天的各种动漫衍生品，通过这些作品在世界各地的潜移默化，日本文化行销到了全世界。目前，世界上至少有68个国家和地区播放日本电视动画、40个国家和地区上映其动画电影。这些动漫带给日本的利益和好处不仅仅是提高了国家的知名度，换回了大量外汇，还带动了整个日本文化产业的发展。作为世界最大的动漫输出国，日本的动漫占全球的60%。年销售收入大约2000亿日元。

同样，喜爱文学的读者是通过大仲马、巴尔扎克、雨果、莫泊桑、福楼拜等大作家的作品了解法国的。而一些崇拜法国的青年人尽管不去读文学名著，也能被法国的香水、时装、电影、旅游，甚至普罗旺斯的浪漫所吸引，成为法国文化的粉丝。德国为世界贡献了无数哲学家、科学家，诺贝尔奖的获得者一半来自德国。对于喜爱德国哲学与历史的人而言，歌德、尼采、叔本华、黑格尔、康德是他们崇拜的对象；对于喜爱汽车与高精尖科技的人而言，德国的汽车、机械工业、精密仪器制造、发达的医学是他们的向往；而对于球迷来说，德国的足球也有着不可替代的吸引力。不可不说其软实力与硬实力一样强大。

综上所述，在和平年代，除了经济强大之外，一个国家的国际形象要靠文化的输出与打造，才能吸引世界的更多注意力。在和平崛起的过程中，中国不仅需要更多的具有世界价值的文学文艺作品的出现，需要以艺术的形象来吸引世界对于中国的瞩目，而且要尽快全力打造一些具有国际号召力、影响力、世界权威并富有专业性的高端艺术节以及具有行业凝聚力的艺术节活动，通过数年的全力经营与精心打造，真正成为引领世界行业潮流的品牌节庆。

比如美国圣塔菲手工艺集市、意大利威尼斯双年展、苏格兰爱丁堡艺术节、法国戛纳电影节、德国法兰克福国际书展、芬兰西贝柳斯音乐节、波兰华沙钢琴大赛等，这些著名的艺术活动与节日，成就了一个国家或者一座城市在行业界的领袖地位。以中国历史的悠久与漫长，以中国之地大物博、民族文化之丰富，以中国手工艺、民间艺术之繁荣与多样化，完全应该有无数个举世瞩目的、与大国相匹配的引领世界潮流的大活动。

一部《消失的地平线》（英国作家詹姆斯·希尔顿，James Hilton），使原本寂寂无声的香格里拉声名大噪。一组《浔阳旧梦》（画家陈逸飞）使得周庄成为著名旅游景点。一个"平遥国际影展"让古城平遥成为与世界大摄影家近距离接触的支点。一部《少林寺》使千年古刹成为世人皆知的名胜古迹，甚至带动了经济效益，无数武术学校应运而生。所以，当今中国的文化界应该继续集中精力，好好打造一些具有号召力的国际活动、节庆与活动，拍摄一些令世界动容而富有影响力的电影，创造一些让人难以忘怀的文学作品，着力打造一些名人与偶像。

二、塑造具有号召力的国际偶像

无论在什么年代，在哪个国家，都需要偶像，而偶像的作用也是巨大的。

偶像的行为影响着社会的行为，偶像的消费带动着时代的消费。偶像的行业不同，作用力也不同。足球界如果没有了马拉多纳、梅西、贝克汉姆、穆勒等，会失去很多足球的粉丝。音乐界当年的披头士、滚石，几乎改变了战后欧美青年的生活方式。英国前王妃戴安娜带动了英国的时尚与服饰新风尚。中国的雷锋是新中国人民生活中的重要榜样。

李小龙的出现，不仅结束了过去欧美银幕上中国人东亚病夫、挨打受气的情形，还塑造了中国人健康、正面、积极、向上、非凡英雄的荧幕形象。由于他的存在，很多欧美青年人纷纷慕名来到中国学习功夫武术，开始接触中国文化，认识和了解中国人。以至于今天有很多人认为中国人个个都会功夫，人人都能练几招。而"Kungfu"这个词也成了世人皆知的新词。李小龙逝后多年，其形象仍被作为英雄不断在日本的各类电子游戏中出现。

《时代周刊》在一篇"文化偶像"的文章里提到：由于死于事业的巅峰期，李小龙超越了一个男人的定义，而成为一种现象。之后，许多演员和电影公司纷纷“山寨”他的作品，推出“布鲁斯 Le”或者“布鲁斯 Li”等伪明星，试图复制李小龙的成功。然而这些人从未得逞，只能对布鲁斯·李望尘莫及。[①]

成龙电影通过诙谐自嘲的小人物，勇敢又见义勇为的形象，给世界留下了积极健康的中国文化形象，也引起了不少西方观众对中国电影的兴趣。

中国的篮球明星姚明、网球明星李娜、钢琴家郎朗，都收到了很好的偶像效应。气质高贵端庄、外形美丽温婉的彭丽媛女士的着装与举止行为，也为中国的整体外交形象赚到了足够的分数，不仅令中国女性引以为荣，还带动了人们对中国传统服装的喜爱，引领了时尚的潮流。

所以，国家应该鼓励并扶持这些成功的偶像形象，他们不一定代表国家，但他们一定能让中国的形象深入人心。有人说，一百个孔夫子比不上一个姚明。虽然这话听上去略显极端，但事实的确如此。人们会为了看世界杯，而千里之遥跑到巴西，并非热爱巴西，而是因为他们的偶像。他们喜欢的巴乔、梅西。

其实，世界就是一个消费市场，而每一个国家就是一个大的生产商，你的产品是不是受欢迎，就看你生产的东西的质量如何，广告推销做得如何。各国的民众就是消费者，大多数人都很势利也非常实际，人们只选择对自己有用的信息和内容来接受，选择自己喜欢的有吸引力的东西来消费。对于消费者而言，他们并不在乎东西从哪里来，而在意东西的质量怎么样。

文化软实力的作用可以是四两拨千斤。我们应该顺应世界的游戏规则，鼓励更多的李小龙、成龙、姚明走出去，他们不仅是属于中国的，也是属于世界的，当他们的粉丝由于对他们的喜爱而爱屋及乌的时候，中国的文化就慢慢传递开来。

三、文艺作品的共同价值与文化认同

当年李安的《卧虎藏龙》夺得了几乎所有电影节的奖项，而张艺谋的《十面埋伏》和《英雄》却屡屡败北。内容同样是英雄、功夫与儿女情长。李安用西方

---

① Times, Cultural Icon 文化偶像，By dying at the height of his career, Lee became more than a man — he became a phenomenon. After his death, numerous actors and film studios tried to capitalize on his success by producing knockoff films starring “Bruce Le” or “Bruce Li”. None, however, could ever come close to the Bruce Lee. http://content.time.com/time/photogallery/0,29307,2033157_2213331,00.html.

的价值观、世界容易接受的语言来解释中国的哲学思想，展示东方的美学，英雄也有儿女情长与天下情怀；而张艺谋的电影却停留在追逐画面与阵容的强大，追求内容深邃、剧情复杂上，导致许多西方观众无法理解与认同。因此，文艺作品的价值观与人文精神应该符合当代的世界审美与价值取舍。

前一段上海电影译制厂请我去做顾问，我谈了一些自己的想法：向国外输出电影，尽可能不要挑选有着过于复杂的历史背景的长篇大论，除了史学家和汉学家，一般西方观众看不明白。一则语言难以表达，二则历史背景与民族习俗、方言俚语，再加上宗族背景复杂，容易导致理解上面的误区，观众也会感到乏味。同时尽可能少推介政治气息浓厚、有时代局限的影片，由于时代背景以及政治纠纷不容易交代清楚，所以无法让西方观众完全理解，反而造成误会。

其实任何一个国家的主流媒体都有主旋律的说法，好莱坞的电影也都是英雄救世、小人物帮大忙、正义战胜邪恶，任何一个国家的文艺作品都不会把谩骂政府、诋毁民族的内容作为主流来对待。所以我们在选择输出去的文学作品、文艺作品的时候，还是要有向心力和底线的。家庭琐事、凡人情感、天下父母、孩子与动物、母亲与英雄等话题无论何时何地，都是人类共同的话题，也是最容易沟通和理解的内容。

纽约是一个并不完美的城市，但是好莱坞的电影并没有没完没了地对着纽约地铁里的肮脏与丑陋去大肆宣传，他们照样拍摄蝙蝠侠、蜘蛛侠等英雄救美，爱情加奇迹的影片。人类需要光明，一个国家形象更是需要美好。这与粉饰太平是两回事。

人们都希望看到光明积极的内容，一些诋毁国家形象，揭露社会阴暗丑陋、晦涩消极的内容也应该避免。本来外国人对中国就有很多偏见，认为中国落后，中国无知，再加上这些阴暗的内容更容易引起误解。作为在海外的华人，极其不愿意看到有些导演的电影中的中国——城市肮脏，人物丑陋，情节龌龊，命运惨淡。事实上，这些并不具备典型性。所以在选择走出去的文学艺术作品的内容上，要有包容性、多元性，让世界看到中国的人的哲学、道德、思想、情感。走出去的内容不是要迎合世界，也不能当成一个任务来完成。这是让世界了解中国人的精神世界的通道之一，选择的内容和主题需要慎重，而艺术质量要精致。

四、发挥民间外交的作用，重视民间外交手段

从20世纪70年代，中美关系由于“乒乓外交”而破冰开始，到大陆与台湾之间的汪辜会谈等各种外交事件，无不凝聚着民间外交的智慧与力量。在当今世界国家间关系错综复杂，洲际间和平与安全经常受到威胁，在无数人类应该共同应对的问题面前，除了政府与国家间应该保持正确的外交关系之外，民间的外交工作也是十分重要的。

近几十年来，中国的侨民已经遍及世界各国各地，海外华人大约有近六千万人。很多侨民通过多年来的打拼与努力，在侨居国已经拥有了自己的人脉、生意、资源与资产，第二代、第三代也已经基本上生根落户，深知侨居国的文化与习俗，大部分人受到良好的教育，这些力量都可以成为中国文化慢慢推广的基础人群。海外华侨大部分都心系祖国，眷恋故土，希望为自己的国家奉献一臂之力，侨民是今后“一带一路”走出去的重要的可以依靠的力量。大使馆领事馆不仅要为华侨撑腰，还要相信华侨，积极联络华侨，让海外华人心有所依、有所靠，做中国文化的传播者，国内外交流的纽带与桥梁。鼓励更多的陈香梅出现。

同时，要借助国际间的各种积极的民间力量，举行旅游、文化交流、教育交流等活动，让更多的文艺团队参加各国的民间艺术节，寄宿、借宿当地普通百姓家中，交朋友，近距离观察与体验，做普通的使者，可以拉近民众的距离。

我所供职的国际民间艺术组织（IOV）在全球大概成立了一百多个艺术节，大部分节日都是当地社团、民众自发组织的，有的已经有30多年的历史，组织者是业余的，参加者也是业余的。比如法国的加纳艺术节，一座城市只有不到两万居民，艺术节期间，有5000多志愿者，每年邀请8个国家，至今邀请了几乎全世界的各种民间文艺团队来参加。演出团队只需要自己支付机票，艺术节期间的住宿和饮食都由当地提供。有的团队住在当地居民家中，有的住在寄宿中学里，尽管语言不通，生活习俗不同，但是从来没有过任何纠纷与矛盾，大家友好相处，尽情欢声起舞。艺术节期间的门票收入用来维持组织者的办公开支，捐赠者常年支持捐赠，如此30多年。市长亲自担任主持人，换了届，来了新市长，继续担任艺术节主持人。如今，加纳艺术节成了法国的一个著名艺术节，艺术节期间游客大增，收入大增。

2012年，我带领来自山西柳林的歌舞团参加了该艺术节，演员们带着剪纸、

腰鼓、毛笔，在艺术节期间，教当地法国孩子跳秧歌、学书法、打腰鼓，还教当地人剪纸、包饺子，其乐融融，效果极好。

2009年，我带领内蒙古乌审旗乌兰牧骑代表团赴波黑参加艺术节，住在临时搭建的模板房里，白天参加演出、郊游、联欢，晚上世界各国的年轻人开篝火晚会、唱歌跳舞，乌审旗的一个小伙子不识水性，却跑去游泳，最后被俄罗斯小伙子救了，乌审旗的姑娘们用酒精给俄罗斯小伙子擦背，场面十分感人。艺术节结束后，俄罗斯和西班牙的姑娘们追着内蒙古的小伙子不肯放，非要跟着到中国来。我们的汽车开走的时候，俄罗斯姑娘一路小跑追着走，情景感人。

外交事务无大小，但是民间外交也可以帮到大事。安抚联络人心，传递美好，因友谊而生信任，因了解而消除隔阂与误解。润物细无声。

五、旅游：“走出去”与“请进来”

尽管一些西欧人对于意大利旅游的评价并不很高，认为那里治安混乱，卫生条件不好，公共设施比起德国、瑞士，相对老化。但是年年度假，选择去意大利的西欧人却大有人在。

提起意大利，人们都非常向往。那里不仅有足球、美丽的意大利女郎、古罗马文化遗产、文物遗址、达·芬奇、帕瓦罗蒂、西西里的传说，还有美酒、美食、时尚华服。

仅世界遗产意大利就拥有44处，也是世界上拥有最多世界遗产的国家之一。意大利全国有博物馆、宫殿、建筑物、雕像、教堂、艺术画廊、别墅、喷泉、历史建筑与考古遗迹等100000多座。这些遗产每年为意大利的旅游带来了大约4270亿欧元的收入，游客有将近4370万。意大利的旅游访客量位居世界第5位，旅游收入排名世界第4位。据意大利旅游局统计，仅罗马竞技场每年就吸引将近400万人次参观，位居世界第39位，而庞贝遗址每年吸引250万人次造访，位居世界第48位。

意大利的旅游业是成长最快而且最具有经济利益的产业，旅游收入是弥补国家收支逆差的第二大来源。所以利用祖先遗留下来的遗产，为后人造福，用历史遗迹和文物，为现有的民众和国家带来收益，是一项利国利民还能惠及全球民众的商业经济。

中国的世界遗产目前排名世界第一，世界遗产众多，旅游景点众多。但是这些遗产与庞贝城和罗马竞技场相比较，知名度和国际形象还是略显逊色。中国幅员辽阔，景点众多，各省各地都有可以参观游览的风景和文物，游客无法在短期内游遍所有的旅游景点。最重要的一点是，我们的包装和推广还不够，对于外国人而言，故宫和长城、兵马俑是耳熟能详的景点，但是其余世界遗产的知名度就不能相提并论。我们的旅游设施、整体旅游形象包装还是缺乏鲜明的特色。游客去了意大利，可以完整地体验一座城市的风土人情和建筑风貌、历史遗迹，从人们的生活方式到文化的存在和保留，还有独特的民风与建筑，都是吸引游客的因素。

而我们的旅游景点大多数都已经成了孤立的一个景点，很多古城已经不存在了，原有的生活形式也被旅游开发商人为地破坏掉了，甚至千城一面、千镇一面，建筑雷同而缺乏特色，几乎所有景点都兜售贩卖一模一样的工艺品。卫生设施不够理想，游客来了以后没有能够深入体验的地方和内容。有的景区原住民的生活方式一再被改变，但是质量没有得到提高，因此他们对于接待游客的积极性没有被激发出来，没有主人翁的心态，不认为旅游做好了接待，装修好了自家的庭院，能够为自己带来好的经济收入，而是被动地争利益，造成恶性竞争，也破坏了遗产、风景以及民众与游客的关系。中国台湾的民宿旅游之所以搞得好，是因为百姓能够直接得到利益，是自发自愿地参与旅游业的开发，主动去做接待服务。

所以，我们必须提高景区的服务能力，调动民众的参与积极性，加强卫生以及现代化的设施建设。尤其是不能出现为外国游客要钱照相，强迫别人购物的现象。这也是大国国民素质的一个体现。只有做到宾至如归，世界各国的人们才会愉快地来参观，来游览。而我们的百姓也能够不卑不亢，开开心心地挣钱生活。

六、打造中餐的国际形象

打造新的中餐形象刻不容缓。

中国人向来强调“民以食为天”，也自认为中国是美食大国。中餐讲究色香味美，煎炸蒸煮技术门类五花八门，讲究食材，讲究火候，还讲究搭配与刀工。但是在世界上，中餐以及中餐馆的形象却并非如此，甚至可以说是糟践了中餐的博大精深。

尽管纽约、巴黎也有一些高档的中餐馆，但事实上，世界各地的中餐馆良莠不齐，甚至很多中餐馆是越南人、泰国人挂羊头卖狗肉，根本不是中国人开设的。加上在欧美国家一些人眼里中国人吃狗肉、吃猴脑、吃熊掌、吃老虎、吃蛇吃猫，仿佛中国人是怪兽一般，无所不吃，无所不入口。

很多餐馆里站着不大会说当地语言的服务员，这些服务员很可能根本就不是中国人。菜单都以简单的序号来代替，顾客来了点19号菜，服务员立刻知道是“宫保鸡丁”。

一百年前漂洋过海当苦工、贩猪仔的华人为了解馋，为了填饱肚子，开设了中餐馆。目前，美国很多的中餐馆就是在此基础上发展而来的。20世纪80年代，台湾人开始到欧美开餐馆，20世纪90年代大陆人也开始出国开餐馆，但仍没有标准化、高端化、高雅化。所以，中餐馆的形象与法国餐馆，甚至西班牙餐馆比较起来要差得多。

2015年3月，我参与了中国烹饪协会在巴黎联合国教科文总部举行的中餐招待各国驻联合国教科文大使的活动。席间，不少大使没有到过中国，他们对一道道精心制作的中国菜赞不绝口，而且非常惊讶，仿佛第一次吃到真正的中餐，因为他们说跟中餐馆里的口味和形式完全不同。巴基斯坦驻联合国教科文大使后来写邮件对我说，这才是中餐的作用，味道绕梁三日。

全球的中餐馆形象带给了世界多大误解！这与中国当今的形象是多么不匹配，与中国餐饮文化所传递的哲学思想又是多么不符合，更是无法与国内讲究而精致的传统烹饪技巧相提并论，也与中餐的色香味美、营养构成完全不符。

目前，中烹协正在积极准备为中餐申遗，但是在这样多的误会之下，难度是可想而知的。

这些年，我去过无数国家的中餐馆，印象大致如下：

装饰简陋——无外乎大红灯笼高高挂，有钱一点的，在门外竖立两只石狮子，进门处供着关公，播放着老掉牙的音乐，甚至有养着金鱼的中餐馆都是受黑社会保护的传说。

食材廉价——餐谱简陋，上面永远是酸辣汤、糖醋里脊、宫保鸡丁，而快餐店永远是炒面、炒饭、炒米粉。仿佛这就是中餐和中国人的餐饮文化。

不讲究情调，没有高雅的装饰与装修——在好莱坞的电影中，无外乎就是警察办案时，手里拿着快餐面和笨手笨脚地使用筷子的噱头，或者是唐人街黑社会自相残杀，火拼与毒品交易的藏匿点。中餐馆神秘、低端、简陋而又缺乏文化。

厨艺粗糙——黑乎乎的酱油，半生不熟的蔬菜，谈不到营养搭配与传统的中餐营养学。

中餐馆的形象直接代表了中国文化的形象、中国人的形象与气质。如何让这些餐馆正规化、时尚化、高端化，是中国烹饪协会和商务部应该考虑的一个大问题。

同样是亚洲国家，日本料理、韩国泡菜、泰国美食的形象远远好于中餐。有一次与财经专家梁海明先生交谈时，我们就如何设立中餐标准化，占领中餐话语权，如何建立一套世界中餐标准体系做了深度探讨，梁先生提议可以“仿照泰国政府的世界厨房中心（CTKW）推出的‘泰精选’认证制度，在海外经营的中餐馆须符合一定标准，才能被认证为正宗的中餐馆”，进行人才培训，考虑在协调厨师人才培训、饮食原材料出口，以至低息贷款予业界人士到海外开设新餐馆等措施，予以扶持，待中国菜式征服世界各地的味蕾之后，再考虑进一步建立一套媲美“米其林美食指南”的中国餐饮标准。[①] 而国家发改委国际合作司的陈喆先生干脆提出了“美食外交”的说法。最近几次习近平主席出访欧美，各国领导人之间宴会吃什么、喝什么引起了人们的关注，无疑美食此时也成了外交的一种重要手段。

“一带一路”走出去，美食就是软实力，餐桌就是交易桌、谈判席，就是一个国家文化的体现、教养的体现、品质的体现，所以中餐的国际形象亟待提高，也必须改变。

七、传统文化的复兴与遗产的创新

2000 多年前，当年张骞出使西域的时候，带走的是丝绸、茶叶和陶瓷，还有当时中国的先进文明与技术。当年一些国家无不以拥有来自中国的丝绸为华服而炫耀，以拥有精美的中国瓷器而感到高贵与时尚，而喝中国的茶只能是英国贵族

① 梁海明《“一带一路”需要孔子食堂》，http://mp.weixin.qq.com/s?__biz=MzA5MjEwNzE5Ng==&mid=212465014&idx=3&sn=460b44ff043f35b04026c4d807c923b8&scene=5#rd。

的习俗。在这条长达7000公里的路上，中国以精湛的手工艺技艺和智慧赢得了世界对我们的尊重和敬仰。

中国是文化遗产大国，也是拥有非物质文化遗产最多的国家。这些遗产是人类千百年来与大自然相处、经过千锤百炼总结出来的智慧与经验，是我们人类的灵魂所在，是未来的发展基础与根脉。但是诸多的手工艺品由于工艺和设计理念老化，内容陈旧，缺乏当今人们消费理念中拥有的元素，所以没有达到原有的使用价值。我们应该像英国那样，培养大量的创意人才，从祖先的技术里获取现代时尚的灵感，提取当代气息所需要的内容，把它们融入到现代人的生活中去。大量吸收意大利、西班牙、日本等国家对于传统技艺的保存与革新方式，大量开发与利用传统元素，打造拥有中国传统特色的服装、家居用品，甚至校服、传统节庆服装，通过设计大赛、创意大赛，征集生活最需要的产品设计，推动人们的参与。

让遗产活在当下，让传统文化融入现代人的生活，让品茶、赏茶，茶艺、茶道成为青年人的日常生活内容，作为修养与教养来普及；让读诗、赏画、书法重新回到人们的日常生活内容里，回到学校的书桌上，让国学走进平常百姓尤其是孩子们的书包里、口袋里；让传统德育美育教育进入幼儿园、小学，让大学生掌握自己民族的语言、历史、民俗；让那些古代高贵而优雅的生活方式重新回到当下这个浮躁而拜金的社会中来。

应该规范地开办传统礼仪学校、文化书院，开办手工艺技艺培训技校，开办女子手工坊，恢复手工制作，将礼仪、品德修养、尊师爱道、重新放到学生的操行鉴定之中去；出国的留学生需要提前培训，思想培训、行为准则培训、生活技能培训、责任与道义的培训，对于留学国度的风俗与风土人情都要提前了解与认识，避免出国后由于无知、缺乏经验而触犯法律酿成后果，培养即将留学的学生如何彰显中国青年人的教养与学识，爱护自己的民族，培养民族自尊心与自信心。

对出国旅游的民众也要进行培训，包括礼仪，自尊自爱的意识，入乡随俗的积极心态，有教养的举止行为，为国家的整体形象而顾及言行。如果整体民族的素质提高了，那么整个国家的形象就会提升。

对外交人员进行国际化视野的培训，包括工作态度，文化自信与修养，接人待物的素质与外交意识。外语人才不等于外交人才，要懂得国际对话的语境与方式，知己知彼，才能无往而不胜。

中国地大物博，文化呈多样化，民族呈多元化，面对这样丰富的文化与文明基础，我们应该提炼五千年文明中那些令人难忘的、具有普世价值的内容，为全球的现代人所接受，为当代的整个社会所关注。无关乎是否能成为主流，而在于能否成为一种力量、一种吸引力、一种真正的强大。

正如德国哲学家黑格尔所说的那样：历史就像一堆灰烬，虽然已经熄灭，但是余温尚存，我们把手伸到灰烬中，不是要尝试把火焰重新点燃，而是要感受历史的余温。面对这些遗产，我们需要的是更多的思考与保护。即使有的遗产已经无法再现，但是我们仍然能够感受祖先的伟大与勤劳，仍然能够触摸人类在历史长河中的每一次进步与成长。从中感受力量，感受温暖，吸取教训，获得新知与启迪。

“一带一路”是一个具有前瞻性的，富有跨世纪思考、高瞻远瞩的宏伟大略，它的提出与实施，可以说是中国给了世界一个机会，也是世界共享共荣的一个机遇。作为中国人，要掌握这个绝佳的时机，在世界上寻找自己的位置，与国家共繁荣，与国家共命运，不卑不亢，从容不迫，再回大唐时的雍容与华美，再现中华民族的高贵与达观。

毫无疑问，21 世纪的曙光将投向中国。

而中国正在和平中崛起，这是谁也无法回避和无法不承认的事实。我们无须向世界证明什么，我们只需要努力地做我们应该做的事，做一个敢于承担的大国，一个勇敢的大国，一个独立无畏的大国，一个包容豁达、从不主动挑衅的大国，一个富有责任感、善于海纳百川的大国。

这个国家屹立在世界的东方，五千年文明从未间断过，从来没有永远也不会衰落。

陈　平　联合国教科文非物质文化遗产保护政府间委员会咨询机构咨询专家，国际民间艺术组织 IOV 全球副主席、中国区主席，国际古迹遗址委员会 ICOMOS 咨询专家，中国城市发展研究院专家，“‘一带一路’百人论坛”文化委员会委员。上海大学美术学院客座教授、博士研究生导师，贵州大学国际民间艺术研究院院长。研究方向为文化遗产保护以及“一带一路”文化输出。

“一带一路”旅游开放方向与合作领域

邹统钎

“一带一路”倡议涉及65个国家、44亿人口，跨越了东西方四大文明，跨越了世界四大宗教发源地，“一带一路”是世界规模最大的文化遗产，“一带一路”地区涵盖了全世界74%的自然保护区与近50%的文化遗产。“一带一路”跨越了世界两大主要旅游客源地和旅游目的地。该区域国际旅游总量占据了全球的70%以上。“一带一路”倡议的实施将促进旅游开放新格局。

一、“一带一路”倡议促进沿线国家旅游业大发展

“一带一路”倡议的实施将建设世界旅游新高地。以往世界旅游高地主要集中在亚太与欧洲，丝绸之路地带是传统的世界旅游洼地。随着“一带一路”倡议的实施，世界旅游组织丝路项目负责人 Alla Peressolova 指出：“丝绸之路：长安—天山廊道的路网”项目成功申遗后，沿线的国家都是受益者。同时，随着“丝绸之路：长安—天山廊道的路网”入选世界遗产，为丝绸之路旅游业发展创造了巨大的机会。“丝绸之路”将成为世界新的热点旅游目的地，特别是对中亚东欧旅游业的发展将起到重要推动作用，文化旅游也将成为游客需求的新趋势。

“一带一路”也将促进中国旅游业大发展。2014年，中国公民出境旅游目的地国家和地区达151个，中国内地公民出境旅游花费约1400亿美元，同比增长18%。中国内地公民出境旅游人数自有统计数据的1998年的843万人次，到2014年达到1.09亿人次，增长10.8倍。中国内地公民主要出境旅游目的地亚洲占89.5%，超过百万人次的“一带一路”沿线目的地（港澳台以外）国家有韩国、泰国、日本、越南和新加坡5国。国家旅游局李金早局长在西安召开的丝绸之路旅游部长大会上指出：2014年，中国与丝路沿线国家双向旅游交流已超过2500万人次。未来5年，“一带一路”沿线国家将迎来1.5亿人次中国游客，旅游消

费超过2000亿美元。我们有信心吸引8500万人次沿线国家游客来华，带动旅游消费1100亿美元。

“一带一路”倡议的实施还将大大促进中国旅游企业伴随中国的“一带一路”基础设施建设企业走出去，顺着“一带一路”丝绸之路遗产廊道走出去，跟随“一带一路”的中国出境旅游者走出去。

二、“一带一路”将促进旅游市场开放

市场开放是“一带一路”建设的必由之路。中国多部门联手不断简化公民出境手续，出境游目的地目前增至155个，已经正式可以组团走的国家和地区达到了117个，基本上涵盖了世界上所有地区的重要国家。旅游签证便利化、航权开放与旅游金融市场开放是旅游市场开放的重点。

1.“一带一路”沿线国家签证便利化

“一带一路”建设的目标是高标准自由贸易区网络，旅游签证将会简化其他自由贸易区繁复的国际旅游通关程序，人为的非物理国界壁垒却还是制约丝路旅游发展的主要因素之一。通关速度慢、效率低等不仅给入境、过境游客带来不便，更是严重阻碍了国际丝绸之路旅游的发展。世界旅游旅行理事会把推动自由旅游作为自己的三项使命之一。自由意味着确保旅游者有权安全快速地通过国际边境，意味着更智慧的签证过程，更多的免签协议与更可靠的旅游项目。“一带一路”倡议将促进签证便利化，尽量使用免签、落地签或者电子签证，减免签证费用，延长签证有效期限。

近年来，世界旅游组织（UNWTO）携手世界旅游业理事会（WTTC）、国际航空运输协会（IATA）为促进各成员国签证事务而努力，期望能促进各丝绸之路成员国签证开放与办理手续现代化，实现丝绸之路统一签证。在联合国开发计划署日前启动的“丝绸之路区域合作项目”中所提出的“丝绸之路多次出入境签证”制度（即今后赴哈萨克斯坦、吉尔吉斯斯坦、塔吉克斯坦、乌兹别克斯坦四个中亚国家旅游只需单一签证即可多次往返）将大大促进该地区的旅游产业繁荣，并为丝绸之路旅游签证便利化的发展奠定了基础。哈萨克斯坦最新对10个

国家实行免签，日本、俄罗斯对彼得堡邮船客人实行72小时免签，格鲁吉亚对超过100多个国家不需要签证，埃及实行了对几乎所有国家的抵达签证措施，而土耳其与阿塞拜疆实施就地电子签证政策。印度尼西亚政府对包括中国、日本、韩国、俄罗斯、意大利、西班牙6个丝绸之路国家在内的45个国家实施免签政策。迪拜机场，在实施96小时外籍人士过境免签后，2010年国际中转量比2009年增加了192万人次。东盟国家由于签证便利化将使其国际旅游收入在2016年增至120亿美元。实现丝绸之路交通一体化与签证便利化将是未来各成员国共同的发展目标。

2. 促进航权开放

“一带一路”沿线国家可以借鉴美国在国际社会推行“开放天空”模式，即在尊重各国主权的前提下，各国之间相互给予自由进入对方航空运输市场的权利，政府取消对航空运输在经济上的管制，根据市场经济自由竞争的原理对运价、航线、市场准入等项目实行自由化，使其完全由市场机制来调节。2007年美国与欧共体27个成员国签订的《开放天空协议》对全球民航运输市场的格局产生重大影响。[①] 根据情况选择性地依次放开放松航空管制：逐步放松领空飞越权、技术经停权、目的地下客和货权、目的地上客和货权与经停第三国境内某点上下旅客或货物权。如果“一带一路”沿线国家逐步实现开放三、四、五航权，意味着取消了长期以来国与国“航空对等”的限制，各国航空公司可以根据市场需求，确定是否开辟通往某国某机场的航线，而且承运人的数量、交通量、班次、运营规则和机型均不受限制。为避免政策热市场冷的局面，作为“一带一路”旅游客源国的龙头，我国可以依次进一步开放与东盟、中东、中亚、西亚航权。

3. 旅游金融市场将进一步开放

亚投行（AIIB）的创立本身就是金融市场开放的标志，“一带一路”沿线国家安全与金融风险比较高，EIU把新加坡安全风险等级评为8，巴基斯坦为

---

① 董箫《航权交换研究》，知识产权出版社，2010年。

82，斯里兰卡为35，埃及为56。“一带一路”平均信贷风险达46，伊朗、伊拉克达66，埃及达60，基础设施风险缅甸达91。[①]“一带一路”倡议将致力降低金融风险，推进货币国际化与货币自由兑换，通过与全球300多家机构合作，目前银联境外受理网络已延伸到150个国家和地区，40个国家和地区发行了银联卡。“一带一路”沿线有近50个国家和地区可受理银联卡。巴基斯坦七成ATM和近九成POS机可用银联卡，当地已发行多款银联卡；阿联酋实现商户受理银联卡全覆盖，2014年年内ATM覆盖率也将提升到100%；蒙古国几乎所有POS机和ATM都受理银联卡。俄罗斯、土耳其、阿塞拜疆等国家的银联卡受理面也在不断扩大。

另外旅游股权投资、贷款、担保等金融业务将不断增加，促进“一带一路”旅游基础设施建设、旅游资源开发与旅游上层设施建设。

三、“一带一路”倡议促进区域旅游合作

“一带一路”倡议具有强大的风口效应，倡议从合作领域上将促进申遗、目的地基础设施建设与管理、国际营销上的合作。从空间次序上可先开展（大湄公河、锡尔河、里海、黑海、咸海等河湖）次区域合作，中巴经济走廊、孟中印缅经济走廊、中俄蒙经济走廊、新欧亚大陆桥等相临相亲国家合作，最终实现“一带一路”旅游一体化。

1. 联合申遗，合作共建丝绸之路遗产廊道

继续推动“丝绸之路”申遗后续工作，吸纳更多“一带”沿线国家的遗产成为丝绸之路世界遗产，增补“一路”沿线遗产成为世界遗产。首先可以增补塔吉克斯坦、乌兹别克斯坦、土库曼斯坦的遗产进入丝绸之路世界遗产名录。开拓海上丝绸之路申遗，构建完整的丝绸之路遗产廊道。以海上丝绸之路的起点泉州为依托，将广州、福州、厦门、东盟、印度洋、中东等海上丝绸之路港口城市遗产陆续增补成为丝绸之路世界遗产上来，最后构建围绕“一带一路”的完整丝绸之

① EIU. Prospects and challenges on China’s “one belt, one road”: a risk assessment report. 2015.

路遗产廊道。丝绸之路遗产廊道的完善为遗产旅游奠定坚实的基础，同时也是对丝绸之路旅游最好的营销。

细分丝绸之路主题，打造草原丝绸之路、佛教丝绸之路、沙漠丝绸之路、香料之路、茶马古道、琥珀之路等。加强丝绸之路故事演绎：特别是世界公认的人物，包括帝王将相类（成吉思汗、张骞、班超），宗教类（法显、玄奘、戴维神父），商贸科教类（马可波罗、庄士敦、李约瑟）。做好“起点”—“节点”—“终点”文化标志建设有助于“一带一路”沿线国家人民的文化认同。尤其是西安、洛阳要强化丝绸之路起点建设，要建立起点标志物、标志性人物（张骞、玄奘、马可波罗等）。做好海上丝绸之路的标志物建设，包括港口城市、船（帆船）、货物（丝绸、香料、陶瓷）、航海记录、宗教、文化等。强化海上丝绸之路起点泉州的标志物（灯塔、刺桐）、标志性人物（郑和）。建立丝绸之路东西端点标志，西安与罗马建立姐妹城市，树立丝绸之路东端与西端标志城市品牌。促进丝绸之路遗产廊道建设，为丝绸之路旅游奠定资源依托。

2. 目的地基础设施建设与管理合作

旅游基础设施建设合作：基础设施互联互通是“一带一路”建设的优先领域。依托亚洲基础设施投资银行，促进陆上丝绸之路高铁建设，解决传统丝绸之路与现代铁路网络不重叠的问题。完善第二欧亚大陆桥，未来要重点建设欧亚大陆桥南线——土库曼斯坦阿什哈巴德向南入伊朗，至马什哈德折向西，经德黑兰、大不里士入土耳其，过博斯普鲁斯海峡，经保加利亚通往中欧、西欧及南欧诸国。

旅游目的地建设与管理合作：构建丝绸之路枢纽城市体系——西安、兰州、乌鲁木齐、阿拉木图、塔什干、比什凯克、阿什哈巴德、杜尚别等，构建机场 + 高铁 + 高速公路 + 自驾车网络体系。联合国开发计划署发起的执行期限为2008—2014年的“丝绸之路复兴计划”，已陆续投入了数百亿美元，持续改善了欧亚大陆通道的公路、铁路、港口、通关等软硬件。丝绸之路经济带的旅游合作必将在空间上以基础设施与旅游节点城市为依托，成为亚欧大陆民众相互往来的纽带，进而夯实经济交流的民间基础，促进民众之间的相互理解和地区稳定。整合区域旅游资源，构建涵盖飞机、高铁、自行车、旅游租车、公共车辆、步行道的交通网络，实现丝绸之路沿线交通无缝对接是构建区域一体化、便利化，促进区域旅游发展的新要求。世界上超过半数的国际旅游者乘坐飞机出行到达目的地，为促进边境旅游的发展，应加强成员国之间多方合作，借助跨国航线和高铁的构建搭建丝绸之路跨国旅行平台，完善旅游公共服务，实现无障碍旅游。

旅游安全合作：划分区域旅游安全等级，世界旅游组织同国际刑警组织、沿线国家合作，督促沿线国家建立反恐怖应急协调机制，加强对国家内部重点目标，如人流集中的旅游景区点、机场车站码头以及交通工具等重要地点和设施的保障防范，制定应急处置恐怖袭击的各种预案，明确负责部门的各种职责以及保障国际旅游者安全的有效措施。建立沿线国家旅游安全保险合作机制。推动相关国家间展开情报信息的交流，案件的协查、取证，游客救助、保护等合作，创建一个安全、良好的丝绸之路旅游环境。

3. 联合促销

“一带一路”沿线国家联合促销丝绸之路大品牌，在世界旅游组织（UNWTO）的推动下，丝绸之路成员国积极开展全方位的市场营销与合作，努力打造国际通用的丝绸之路品牌、标志与形象。世界旅游组织就开展了一系列联合促销活动，如：通过旅游目的地网站、搜索引擎和组织渠道（Twitter，Facebook，Flickr，Vimeo 等）的优化增加丝绸之路旅游线上推广；增加丝绸之路成员国之间的合作；与周边国家紧密合作，维持改善签证政策的跨区域航空合作的承诺；更紧密地促进丝绸之路旅游贸易与产品发展；采取合作的方式在各大旅游交易会促进丝绸之路旅游营销；发展丝绸之路品牌故事；与教育机构联合，促进丝绸之路的知识丰富和拓展；开发主题产品促进丝绸之路旅游（食品、遗产、文化等）；探讨举办一个“丝绸之路旅游节”或设立丝绸之路首都城市等。还在“Globe Trekker”上做丝绸之路旅游专栏，举办 UNWTO 丝绸之路会议、研讨会和媒体推介会，举办 ITB 峰会，开展丝绸之路节事活动。

除了常规的联合营销，如节事、博览会、网络营销外，中国将有意识地采取出境旅游导向战略，引导中国公民出境客流向“一带一路”汇聚，制造“一带一路”旅游风口效应。重点促销出境旅游强劲复兴国家：除中国外，促销活动应该重点针对近年出境旅游增长很快的国家与地区——印度、中国台湾、沙特、阿联酋、韩国、瑞典、法国、西班牙、意大利、挪威、比利时等，特别是“一带一路”沿线国家。

邹统钎 博士，教授，博士研究生导师。北京第二外国语学院校长助理，中国“一带一路”战略研究院执行副院长，世界旅游城市联合会专家委员会副主任，亚太旅游协会人力资源开发委员会委员，中国旅游协会旅游教育分会副会长，国家社科基金委员会管理科学规划专家，全国MTA教育指导委员会委员，国家教育部旅游管理类专业教育指导委员会委员，“‘一带一路’百人论坛”专家委员会委员。

“一带一路”需要文化包容及推动文化产业走出去

梁海明

一、“一带一路”需要文化包容

自从2015年3月“一带一路”愿景与行动的文件发布后，有关该倡议的信息时时见诸中外媒体，成为世界各国热议的话题。毋庸置疑，该倡议可助推中国与沿线国家加强经贸合作、促进人文交流，建立“命运共同体”，携手发展共进。

不过，我们也必须清醒看到，由于“一带一路”沿线国家上有四种文明、上百种语言并存，文化巨大差异下往往容易产生误解和摩擦。近期已有不少国家公开质疑中国此举是“朝贡制度”的翻版，是建立新的霸权主义，甚至是“围堵”他国。

因此，中国的国民、企业走出去过程中，必须特别注意自己的举措和言论，以避免沿线国家对中国产生疑惑，否则容易为中国企业走出去增加障碍，影响“一带一路”的战略部署。对此，中国民众应该在以下三个方面，注重提升自身大国国民的风范，进一步向沿线国家释放善意、消除误解，展现中国人谋求和平发展的诚意，从而扩大中国与各国之间人文交流的深度、广度。

首先，中国国民应避免表现出文化、经济上的优越感，以防上演“一带一路”版的香港自由行风波。

近年来，随着中国国力的大幅提升，部分国人信心也开始膨胀，对于前往港澳地区旅游、购物这种互利互惠的举措，他们也出现了“恩人”心态。这不仅引发茶杯里的风波，并遭到国际媒体大幅渲染，对国人形象更有所损害。

其实，无论是国与国之间，还是一国内部，炫耀优越感大都有害无益。以美国为例，美国常以经济上的、文化上的优越感，从高高在上的角度对众多国家的制度、经济和文化等领域指手画脚，常遭他国民众的诟病、反感和抵制。

再以德国为例，当年柏林围墙倒下后，原西德大举经济援助东德，西德的民众、媒体因此产生强烈的优越感，不但以"恩主"的心态与原东德民众交往，更对前往柏林旅游的原东德游客，打出"柏林不爱你"标语及出言侮辱甚至是投掷物品攻击游客，当时引发了不小的风波，不少东德民众至今心灵伤痕仍未抚平。

当今"一带一路"沿线国家，其中不少国家在科技、文化和经济等领域较中国落后，且部分国家还需要中国经济援助。对此中国国民、媒体须以中国香港、美国和德国的教训为鉴，收起优越感，摒弃高高在上的心态，应以平等的、友善的、互助的、合作的姿态与沿线各国民众交往、交流，以及对沿线国家抱持"文化包容"（Cultural Tolerance），展现容忍、谅解的气度。这不但可对外展现中国的大国国民风范，更可为中国企业、国民走出去，营建一个更加和睦共处的营商环境。

其次，中国国民要有胸怀天下的使命感，才能真正获得"一带一路"沿线国家的真正支持与合作。

不少国人认为，作为"一带一路"倡议的发起国，中国理应通过这一倡议获取他国资源、能源，为中国的利益服务。这种想法和做法，曾经的世界第一大国西班牙、英国都曾有之，美国现有之。如果中国的国民继续模仿之，不但不能扬长避短，走出一条有别于西方霸主的和平发展、携手共进之路，也会令原本对中国有期望、渴求改变当前国际秩序的国家失望，更容易令沿线国家对该战略的动机产生质疑。

在"一带一路"的合作议题上，如果国人表现短视，言必谈中国自身的利益，言必争中国所能获取的利益，而对他国的利益、他国的关切冷漠置之、兴趣缺缺或者没有实际贡献，久而久之，沿线国家会视中国这种举措为狭隘、自私的行为，它们对未来与中国的合作也会逐渐丧失耐心、信心，"一带一路"这个"合唱团"，不免会沦为中国的独角戏。

"一带一路"的理念和定位，不但是探索国与国合作的新模式，也是探索全球治理、塑造另一国际秩序的新模式。因此，中国国民更须有心怀天下、同舟共济的胸襟，在寻求国家利益的同时，兼顾沿线国家共同利益，以"是中国人，也是地球人"的气度和包容，更多参与全球性的议题，并为此做出应有的、力所能及的贡献。国人更应照顾和重视各国合理的、正当的、实际的需求和利益，只有如此才能"达则兼济天下"，最终和各国实现共赢，也为中国未来成为国际社会的领导者拿到一张令别国心悦诚服的“入门票”。

最后，国人要以身作则，发挥“规范性力量”（Normative Power），传播中国的道德规范和价值准则，以此进一步赢取沿线国家的认同、信任和尊重。

英国、美国的崛起，分别以“自由贸易”、“民主人权”作为价值体现，中国的“一带一路”战略，将会带给世界什么价值规范？不少国人认为，和平发展、互利共赢、开放包容、互学互鉴是中国带给世界和平与发展的核心价值观。

那么，该如何把中国的价值规范完整呈现在世界各国民众面前？对此，欧盟的经验可资借鉴。

欧盟的核心价值规范可归纳为：和平、自由、民主、法治和尊重人权，欧盟各成员国通过各自官方机构的对外活动，运用“五扩散”（无意识扩散、信息扩散、程序扩散、转移扩散和公开扩散）的方式，有意识地积极在国际舞台上推行自己的价值观和展示自己的规范力量，此举不但获得了世界范围内的广泛认同，令世界各国看到不同于美国的另一种价值取向，也为欧盟在国际事务中发挥更大的影响力奠定了基础。

因此，要向世界展现“一带一路”的价值规范，除了国人须进一步在人类和平与安全、国与国之间平等与团结、经贸上的自由与公平以及人类权益的捍卫等方面，展现出胸怀天下的雅量、气度和以身作则之外，中国的媒体、智库和大学研究机构，也应在对外交流、合作中，通过“五扩散”发挥“规范性力量”，以此推广该战略的核心价值观。

二、“一带一路”需要孔子食堂

“一带一路”除了需要文化包容之外，若要能够真正把中华文化推广开去，达到“一带一路”倡议中提出的“民心相通”的目的，笔者建议第一步可考虑推动中华美食文化走出去，在世界各地除了现有的孔子学院之外，再开设孔子食堂，把美食作为中国文化传播的重要载体。“一带一路”沿线国家的民众喜欢乃至无法抗拒中国美食的诱惑，才是真正润物细无声的文化传播，可以为“一带一路”倡议的顺利实施提供更大助力。

这一建议源于笔者一次到澳大利亚公干的启发。期间笔者受到当地友人热情的招待，临回国前准备在当地餐馆回请友人以表谢意，但友人建议说：久闻你厨艺不错，不知能否有幸让你烹调一顿正宗的中国菜作为晚餐？

盛情难却，笔者只好到唐人街买了食材，在外国友人的开放式厨房里用平底锅做了西红柿炒蛋、葱爆羊肉、辣椒炒牛肉和蒜茸炒菜心几样家常菜。在餐桌上，盘中的食物很快就被一扫而空，我和友人推杯换盏之余，更借着对于饮食的言语分享来交换对两国文化的见解。双方除了增进了解之外，感情也近了不少。

笔者不清楚这种邀请到家下厨做饭的方式在澳大利亚是否流行，但在欧洲一些国家则是比较普遍的。例如瑞典，超过 20% 是外来移民或移民二代，瑞典人喜欢通过邀请外来移民到家一起下厨共进晚餐，分享双方的美食的方式，让本地人接纳、欣赏外来文化，同时也帮助移民们更快融入瑞典社会。此类活动更被当地人称为“晚餐外交”。

除了民间的“晚餐外交”之外，美食更成为了各国政府外交的润滑剂。“餐桌上，看得到政治的精髓”，美国华盛顿大学就曾推出“美食外交”课程，从烹饪角度让学生更好地学习国际关系。美国前国务卿希拉里也深谙“美食外交”的重要性，不但在宴客时摈弃传统的法国名菜，改用外国领导人的家乡菜来招待特殊要客，更成立美国首支“美国厨师军团”（American Chef Corps），团队中的 80 多名顶尖名厨协助美国政府推展外交。

这深刻体现了美食大国法国人的名言：“敌人，并不存在，他们只是些还未与我们共进午餐的人。”

作为中国而言，“一带一路”倡议提出的“五通”中，包括了“民心相通”。但无论是现阶段提出的以基础设施建设项目作为“一带一路”的主要抓手，还是过去在西方媒体投放的中国形象宣传片，以及孔子学院的推广活动，其传达出的关键信息（key message）是否真能促进中国与沿线国家的“民心相通”，令人有些怀疑。

以孔子学院为例，虽然中央政府将其作为一项文化输出和展现国家软实力的工程，然而，这个由美国发展出来的“软实力”概念，无论有多“软”，仍是要展现实力，仍带有霸权主义的色彩。笔者认为，这种“软实力”概念，实际上与中国的“文化内缉，武功外悠”传统理念相近，引发不少国家的警惕，因此，希望通过孔子学院传播中华文化，以拉近中国民众与外国民众的距离及增加交流，目前来看并不太有效。

而“美食外交”看似无关宏旨，却能无声润物，营造很大的后续效应，影响力不但可直接到达民间，获取各国民众的好感，还能带来更多的互访交流和商业机会。有外国的公共外交类学术期刊更曾登载研究报告，指出如果一个国家的饮食文化丰富多彩，那么外国民众更可能对这个国家有比较积极的印象。

因此，笔者建议，在“一带一路”倡议背景之下，除了孔子学院，还应该有孔子食堂，以美食作为媒介，通过美食这种“人畜无害”且充满诱惑的宁静之力（puissancetranquille）、柔弱之力（power of weakness），来增加中国与外国民众的沟通、了解和互信，达到民心相通的目的。

当然，笔者也必须指出，要推动孔子食堂，推动中国美食作为产业走出去说易行难，以目前中国饮食在国际上的影响来看，或许至少要在以下三个方面做出改进。

其一，要改变中国美食目前的国际形象。虽然国人自诩中国饮食风俗千差万别，饮食文化源远流长，在世界民族之林中实属罕见，但在大多数外国民众，尤其欧美民众的眼中，相比法国美食大餐、地中海饮食、土耳其传统美食、传统墨西哥饮食、日本和食等，中餐相对比较低端、廉价、烹调油腻和食材血腥更是不少外国人对中餐的印象。

要改变中国饮食当前低端的国际形象，除了可采取“本地国际化”、“国际本地化”的美食走出去策略以提高形象之外，还可参考日本的“酷日本”（COOL JAPAN）计划模式，通过打造“一带一路”智慧园区的美食产业专属区，鼓励创投基金投资与美食文化相关的产业、产品，不但可活络美食产业在国内的发展筋脉，更能推动美食产业走向拓展国际之路。

其二，建立中餐认证标准。法国有“米其林美食指南”，英国有“餐厅”美食杂志，以此建立美食世界的国际话语权，中国饮食界要建立一套与“米其林美食指南”相似的中国餐饮标准虽需时日，但中国餐饮界可考虑先舍难取易，仿照泰国政府的世界厨房中心（CTKW）推出的“泰精选”认证制度，在海外经营的中餐馆须符合一定标准，才能被认证为正宗的中餐馆。

对于此类获认证的中餐馆，中央政府有关部门可考虑在协调厨师人才培训、饮食原材料出口，以至低息贷款予业界人士到海外开设新餐馆等措施，予以扶持，待中国菜式征服世界各地的味蕾之后，再考虑进一步建立一套媲美“米其林美食指南”的中国餐饮标准。

其三，加强中餐的海外传播力度。要将中国美食全面推介给“一带一路”沿线国家，在海外传播领域需要加强 show & tell（展示与叙述）的能力。

作为亚洲国家，日本和韩国在美食的 show & tell 海外传播方面做得非常出色，无论是日本的《蒲公英》、《多谢款待》，还是韩国的《大长今》，此类以本国饮食作为主题的电影、电视剧，极大地吸收、借鉴了西方文化以人为中心的表现手法，一方面以 show 美食的传播方式，让各国观众虽然看到的是荧幕上的景象，却像是吃了一顿色香味声俱全的飨宴。另一方面则以 tell 的传播方式，集中体现日韩两国各自浓郁的人文色彩，向海外观众展现了一个个勤劳、朴实无华、敬业爱家和充满智慧的日本人、韩国人的形象。日韩两国此类的海外传播，既推广了两国的美食，又对日韩两国文化的介绍和推广大有裨益，值得中国借鉴。

闻香下马，知味停车。笔者认为，在博大精深的中国文化体系中，美食一定算得上是每个中国人最有信心和自豪感的部分之一。如果“一带一路”沿线国家的民众也能喜爱中华美食，并且因此更有兴趣了解美食中所蕴含的东方美学、中华哲学与诸多相关的历史文化，那么设想中的“孔子食堂”，就能够真正把中华文化推广开去，达到“民心相通”的目的应该并不是奢望。

当然，要推动中华美食文化走出去，首先需要“粮草先行”。政府应考虑推出相关扶持政策，更加重视推动美食文化及与其相关的影视、中医药、现代农业和日用品等“轻”产业共同走出去。

三、“一带一路”应轻装上阵

大家知道，所谓“一带一路”的概念，取自中国古代最著名的跨境商贸拓展——“丝绸之路”。然而，古代丝路上中国对外输出的产品很“轻”，主要是丝绸、茶叶和陶瓷等，如今在中国政府的“一带一路”倡议下，率先走出去的产业却都很“重”，如高铁、核电、航天科技和港口等。

从全球跨国企业的历史经验来看，这类“重”的项目要取得突破乃至落地生根，殊为不易。企业除了需要具备区位优势，可以因所在的国家和区域发展迅速而茁壮成长之外，还必须具备成熟的全球网络，也就是体系优势。这对于中国目前大多数较为年轻和海外经验不足的企业来说，它们可谓较难承受之“重”。

而且，即使能够成功推动中国这些“重”企业大量走出去，政府也应考虑会否引发香港式的产业空壳化的问题。

笔者这一两年来在各地调研中发现，无论是地方政府还是企业，谈起“一带一路”战略时，都比较着重“眼睛朝外”，探讨的都是如何做好规划更好地走出去。

在“一带一路”的背景下，笔者非常同意外面的世界很精彩，地方政府和企业应当更多地面朝远方，多往“一带一路”沿线国家开疆辟地。

但是，笔者同时也认为，除了远方，我们还有家乡和故人，应当多回头看看，思考一下走出去对内地各地经济、产业和就业有何影响，有了全盘思路才开始走向丝路。

第一个应当思考的影响是走出去会否造成地方的产业出现“空壳”，导致地方原有的产业结构出现转变?

不能否认，走出去的必要性有许多经济学理论的支撑。例如法国经济学家 Perroux Francois、瑞典经济学家 Gunnar Myrdal，分别提出的增长极理论和扩散理论，他们都认为当一个地区经济、产业发展到一定程度后，虽然会逐渐形成一个增长极或经济中心，但由于生产要素的边际回报（marginal return）会随之出现递减的现象，导致整体成本上升。该增长极或经济中心如希望进一步扩充生产规模，则会出现“规模不经济”的问题，这种情况下，如果产业及生产要素向周边相对落后地区流动，便有可能产生扩散、辐射效应。一方面，可拉动周边落后地区的经济发展；另一方面，这些周边地区的经济增长，又能反过来进一步促进该增长极或经济中心的经济发展，逐步形成一个上升的循环累积过程。

这套经济学理论，用中国人都懂的话来描述，那就是可通过先富起来的地区，带动后富起来的地区发展，最终达到共同富裕。

笔者必须强调的是，理论并没有错。只是，笔者在此想列举一个中国香港的例子来说明，理论层面的东西，如果放在现实中去考虑，可能会出现偏差的结果。

自 20 世纪 80 年代初，香港制造业开始北上，将劳动密集型的产品或生产工序向生产成本较低的中国内地转移之后，留在香港的企业总部，更多扮演推广、统筹、融资和管理等的角色，也就是所谓“前店后厂”的模式。这种模式，导致留在香港的工厂，成为了一个不再生产产品、没有生产工序的"空壳"工厂，令"Made in Hong Kong"的产品不断萎缩，"Made by Hong Kong"大幅增加。

从产业结构来看，香港的制造业实际上已经"空壳化"，竞争力剧降。所幸香港"船小好调头"，凭借其独特的区位优势，并在大量国际化专业人才的努力下成功向高端服务业转型升级。纵使如此，制造业的消失，仍然成为了香港近年经济的一大困局。

因此，地方政府应当思考，如果推动产业大量迁移、大量走出去，万一导致本地的制造业出现"空壳化"现象，有多少个地方能够仿照香港快速升级转型，发展高端服务业或高端制造业？何况，与只有700万人口的香港不同，拥有超过13亿人口的中国内地，不能都转型发展高端服务业和高端制造业，还必须有大量的制造业存在。我们从外部经验来看，作为世界第一大强国的美国，制造业一直都在支撑美国的发展。数据会说话，美国在2009年之前是世界第一制造大国，如今美国是世界第二大制造业强国。一个最直观的体现是，在世界500强中，美国企业占超过40%。如可口可乐、通用等传统制造业仍占主导地位。美国拥有世界第一的第一产业和第三产业，拥有世界第二的第二产业，由于美国产业结构很均衡和合理，才导致外界忽略了美国强大的制造业。

对此，地方政府未来应当更加注意权衡推动产业走出去的利弊，以及塑造均衡的产业结构，避免出现制造业空壳化的现象。

第二个应当思考的影响是走出去会否造成地方的就业结构出现改变，导致中低层就业职位大量流失。

首先，具备走出去实力的中国企业，通过向较为落后的"一带一路"沿线国家转移生产工序和劳动密集型的产品之后，中低层的就业职位将逐步遭沿线国家的工人蚕食，原本属于中国工人的就业职位就会大量流失，带来失业问题。

其次，走出去的中国企业如在"一带一路"沿线国家获得更低的生产成本，本土不具备的竞争优势和更大的市场之后，无疑将越做越强，形成强者愈强、弱者愈弱的"马太效应"，这将容易压缩没有走出去的企业，尤其是中小企业的生存空间。

由于中小企业不但提供了全国50%以上的税收，创造了60%以上的GDP，还提供了80%以上的城镇就业职位，因此，中小企业往往是一个国家就业的主体和经济活力的源泉，一旦中小企业遭受冲击，不但影响解决就业问题的载体，也会削减整体社会竞争力，可能会导致实体经济基础流失，影响整体经济的竞争力。

“既然选择了远方，便只顾风雨兼程”，这只能是诗歌中的意境，在实际的工作中，地方政府和企业更需要的是瞻前顾后，未雨绸缪。“一带一路”将是未来一个长期的政策，地方在围绕其做规划时，绝不能只看眼前，要多想想未来是平坦还是泥泞，综合考虑各种因素，包括如何减轻产业、企业走出去对本地产业结构、就业结构的冲击，这样才能少走弯路，更好地推动“一带一路”政策的顺利实施。

何况，政府更多侧重高铁、核电、航天科技和港口等“重”产业走出去，对更多期望在“一带一路”下寻找机遇的中小企业而言，这样的侧重更是“重”不可攀，有些企业甚至产生“一带一路”倡议与己无关的想法，对其渐失兴趣。

因此，政府在推动“重”项目走出去的同时，也应该多考虑“轻”项目，更积极推动诸如影视、美食文化、中医药、现代农业和日用品等相对比较“轻”的产业走出去。

由于这些“轻”项目负担不重，门槛较低，能吸引更多中小企业的参与，而且相对船小好调头，企业要在海外取得成功，只要做好地理区隔（以文化与语言、国家与区域、城市与农村做区分）、人口区隔（以年龄、职业和教育程度等来区分市场）、心理区隔（以生活形态、价值观和宗教做区分）、行为区隔（以消费者的品牌忠诚度、产品使用率做区分）这四个区隔中的一个或者两个，便能成功打开国际市场。当今无论是欧洲的名牌服装、手表，还是日韩的电子产品，均是成功地做好当中一至两个区隔，产品已遍销全球，在各国市场成功落地。

中国要借鉴欧洲、日韩的经验，推“轻”项目走出去，可从推美食文化产业、影视产业率先走出去，再带动其他的“轻”项目共同走出去。国与国之间如果缺乏文化的连接和交融，即使是双边的交流曾在特定政治、安全或经济需求的驱动下取得发展，这种关系也十分脆弱，容易破裂。

“一带一路”倡议中，“民心相通”是其五大合作重点之一，更是建设“一带一路”的社会根基。美食、影视作品都可作为一种文化纽带，“轻轻地”把双边的关系更为紧密地连接在一起，达到“一带一路”倡议中提出的“民心相通”的目的。

例如在推动影视产业走出去方面，从早期的好莱坞电影到当代的日韩电视都是成功范例。所谓银幕无国界（Screens Without Frontiers），这些影视产品的高妙之处，很大一部分在于其生命周期极长，常常可以重新“打包整理”后推向新的市场环境。例如好莱坞电影就在世界各地购买大量的制片厂，采用从美国移进的模式、形态，然后以当地的演员、当地的语言制作节目，大量制作美国“骨”而本地“皮”的节目，令所在国更易以接受美国文化、美国价值观。

这些成果的范例都有一个特点，就是“先抓人心，再卖产品”。好莱坞电影号称“在世界任何一角落卖出一尺美国电影片，就能同时卖出一美元的制造业产品”。爱看电影的朋友都知道，好莱坞电影中看到一景一幕几乎都可作商品广告，引人入胜的电影产品则往往能在潜移默化中让观众接受其中的商品，如“007”扮演者佩戴的手表、变形金刚的“原型”汽车。好莱坞更以“3K”（look、hook、book），也就是让观众看了、上钩了、买了，来形容其推广商品的效果。

另一个方向就是笔者数次强调的推动中国美食文化走出去。除了孔子学院之外，还应该有“孔子食堂”，在“一带一路”沿线国家广设有中国特色的高端餐厅，学习法国餐厅的做法，可让正宗中国餐馆授予认证，协助将中国源远流长的美食文化推广出去。

虽然中国政府将孔子作为一项文化输出和展现国家软实力的工程，该工程实施至今取得了一定效果，但要进一步拉近中国民众与外国民众的距离及增加交流，目前阶段有很大的改善空间。美食文化看似很“轻”，但唯美食、美酒不能辜负。中国通过这种“美食文化外交”，不但更能润物细无声，营造很大的后续效应，影响力不但可直接到达民间，获取各国民众的好感，还能带来更多的互访、旅游交流和商业等这些双边交流的“接触区”（The Contact Zone）和“隐性接触区”（Invisible Contact Zone）的机会，促进双边的民心沟通、旅游和商业合作，可谓一举多得。

当然，这里也必须指出，要将影视产业、美食文化产业有效推向海外，除了需要企业自身找出更好的营销策略，以及产业间的交叉合作外，更需要政府、学界、媒体等多方面的合作推动。赵磊教授近期在“‘一带一路’百人论坛”中就倡议由“四大主体”（政府、专家、企业和媒体）共同推进这些文化产业项目，通过设立“‘一带一路’智能园区”，将四大主体的资源整合，并引进国内外创投基金投资与影视、美食相关的产业、产品，进一步活络两大产业在国内的发展经脉，更推动这两大产业走向拓展全球之路，进一步以此拉动中国其他“轻”产业走向国际市场。

此外，“一带一路”要多考虑在产业方面“轻装上阵”的同时，也要更重视女性的力量。美国生物学家、未来学家韩德在著作《女人、权力与和平生物学》（*Women, Power, and the Biology of Peace*）中指出，“女人偏爱稳定的社会……女人必须在决策过程中扮演更吃重的角色”。我在“一带一路”的研究过程中，无论是接触的政府官员、专家学者，还是企业负责人，超过 95% 均以男性居多，充满阳刚之气，但女性的力量却能为“一带一路”的建设提供更广的角度、更多的视野。尤其在“一带一路”“轻装上阵”的这一面，影视文化、美食类产业与女性浪漫、感性的特质尤为吻合。女性工作者的宁静之力、柔弱之力也更有利于与沿线国家的政府、专家学者和企业进一步加强交流、沟通。所以说，除了“轻重并举”，或许我们还要更讲究“男女搭配”，这样才能更好地在“一带一路”倡议下，帮助更多的中国产业走出去。

梁海明 香港经济学者，盘古智库学术委员，基金合伙人、香港区主管，中央电视台财经评论员，“‘一带一路’百人论坛”专家委员会委员，英国《金融时报》中文网财经专栏作家、新浪网财经专栏作家。主要研究领域为“一带一路”、自贸区、粤港澳合作、宏观经济和跨文化海外传播。

提升企业公共外交能力，化解非市场风险

柯银斌

中国企业走出去从事跨国经营，必须全面、深入了解东道国的非市场环境，并制订针对各个东道国非市场环境的非市场战略。企业软实力是适应非市场环境、执行非市场战略的能力体系，企业外交能力是企业软实力的核心内容，其主要作用是防范跨国经营的非市场风险。依交往对象划分，企业外交能力有四种类型：国际组织介入能力、政治组织交往能力、非政府组织合作与冲突化解能力和媒体组织合作与冲突化解能力。企业外交能力的形成和提升，主要有四条途径：学习、对话、合作与创新。

一、企业成功的基本逻辑

我们多年的案例研究表明，企业成功的基本逻辑只有两条：一是战略适合环境，二是有能力执行战略。也就是说，企业失败不外乎两种情形：一是战略不适应环境，二是执行战略的能力不足。因此，企业环境、战略与能力三者之间的相互适应、相互匹配，是企业成功的基本条件。

在工商管理传统教科书中，企业环境主要分为三个层次：宏观环境、行业环境和营运环境。根据这三个层次的环境分析，企业制订的战略在母国国内经营是合适的。但企业从事跨国经营时，这种方法就会“失灵”。为什么呢？客观上看，母国与东道国的环境之间差别甚大，但这种三层次分析方法并未重视到其中的差别。20 世纪 90 年代，美国学者开始把企业环境分为市场环境与非市场环境。市场环境是指宏观环境中的经济、技术环境，以及产业环境和运营环境，非市场环境专指宏观环境中的政治、社会、文化、生态环境。

表 1　企业的市场环境与非市场环境

环境类型	市场环境	非市场环境
主要因素	经济、行业、技术因素	政治、社会、文化因素
利益相关者界定	影响企业的产业链、价值链	影响企业组织合法性评价
利益相关者	股东、雇员、竞争者、债权人、供应商、销售商、消费者等	国家机关、地方社区、社会公众、非政府组织、大众传媒等
竞争焦点	业务竞争，追求效率	组织竞争，追求合法性
相互关系	业务竞争引发非市场环境中对企业组织合法性评价的变化	组织竞争影响市场环境中业务竞争的效率

（蔡曙涛《企业的非市场环境与非市场战略》，2013 年。作者整理）

目前，中国企业走出去遇到的诸多困难和问题，究其深层原因，主要在于：

第一，没有意识到母国环境与东道国环境的不同，或者虽然意识到不同，但并没有转变企业的思维和行为，延续着在国内经营的思维和行为惯性。也就是，把国内经营有效的战略照搬到外国，而这种战略并不适合东道国的环境。

第二，没有意识到东道国非市场环境与母国之间的差异，远远大于市场环境之间的差异。因此，没有形成专门针对东道国非市场环境（风险）的战略与行为。

因此，中国企业走出去第一步就是要全面、深入、透彻地了解东道国的非市场环境，并制订针对各个东道国非市场环境的非市场战略。

二、非市场战略的一般内容

根据北京大学蔡曙涛教授的研究，非市场战略主要有两种类型：

第一，企业应对利益相关者影响（如何满足利益相关者的利益诉求）的战略。

在预测企业面临的非市场问题不具备演化为公共问题的可能性时，企业应对利益相关者影响的非市场战略相对简单——基于企业的发展战略定位及资源与能力约束确定如何满足利益相关者的利益诉求，包括前瞻性战略、服从战略、防御战略、反抗战略等。

第二，企业影响利益相关者的战略。

当预测企业面临的非市场问题有可能或已经演变为社会热点问题或公共问题之后，事态的复杂性使企业更应当关注制订与实施影响利益相关者的非市场战略——改变利益相关者对企业利益诉求的冲突性及理解企业利益诉求的合理性/合法性，包括利益联盟战略、政治战略、诉讼战略、媒体战略、公共战略等。

三、公共外交能力：企业软实力的关键

无论是工商管理传统教科书，还是中外学者新近的研究著作，都忽视了一个企业实践中非常重要的问题，即企业执行战略的能力问题。任何一项战略，都存在对企业能力的内在要求，这种客观存在的能力要求并未在战略制订文本中突现出来。企业在任何时空中，都拥有自身的能力状态。战略的能力要求与自身的能力状态之关系有三种形态：

一是能力要求与能力状态无差距或差距甚小。企业战略将得以成功执行，战略目标将得以实现。但是，这种情形并未发挥出企业的潜力，业绩提升只能处在行业平均水平。

二是能力要求远大于能力状态，在某个战略周期内，企业能力状态无法达到战略的能力要求。这时，即使战略适应环境，但由于企业能力所限，战略也就无法实现。

三是能力要求与能力状态有一定差距，且在某个战略周期内，企业能力状态能够达到战略的能力要求。这时，企业潜力得以发挥，战略得以成功实现，业绩提升将在行业平均水平之上。

为了实现第三种状态，我们有必要把企业能力进一步细分为硬实力和软实力。与国内外众多学者的定义不同，我们从环境—战略—能力相互匹配的逻辑框架，把企业硬实力界定为企业适应市场环境、执行市场战略所需的企业能力，把企业软实力界定为企业适应非市场环境、执行非市场战略所需的企业能力。

表2　企业硬实力与软实力

环境	市场环境	非市场环境
战略	市场战略	非市场战略
能力	硬实力	软实力
关键能力	核心能力	公共外交能力
主要作用	扩大市场收益	防范非市场风险

我们认为，公共外交能力（简称企业外交能力）是企业软实力体系中的关键能力，其主要作用是防范非市场风险。企业外交能力是指跨国企业在东道国及国际社会中，与各类非商业组织交往交流、合作及冲突化解的能力。依照其交往对象，企业外交能力可分为四种类型：

一是国际组织介入能力。这里讲的国际组织主要是指国际标准化组织、国际行业性组织和会议性组织、国际专利技术组织等。这类组织的共同特征是掌握行业规则和技术标准的制定权。中国企业走出去必须包括进入这类组织。根据各个组织的规则与程序，中国企业可采取先易后难的顺序介入。介入方式应渐进，从会员开始，到理事/常务理事，再到副主席/主席。对设有专业委员会的组织，中国企业应选择进入最为密切的专业委员会。介入这类组织的最高目标是掌握规则制定权。不仅介入现有的国际组织，少数有能力的中国企业还可以创设新的国际组织，吸引外国企业加入，一步掌握规则制定权。这是企业软实力的最高层次。

二是政治组织交往能力。政治组织主要是指东道国的政党、议会、政府、司法等组织。中国企业与执政党、现任政府的交往能力较强，但与在野党、议会、司法机关的交往能力还有待提升。

三是非政府组织合作与冲突化解能力。这是中国企业软实力中的“短板”。非市场风险往往起源于某个非市场问题，如环境保护、文化冲突、社区矛盾，这个非市场问题一旦被非政府组织抓住不放，就会演变为公共事件。从企业实践来看，环保组织、宗教组织、工会组织最为重要。但中国企业明显缺乏这方面的冲突化解能力，更缺乏合作能力。原因很简单，在国内应对这些组织，中国企业无须专门的能力，但在外国却大不相同。

在东道国的非政府组织主要有三类：东道国社会中的非政府组织；国际性非政府组织在东道国的分支机构或项目团队；中国非政府组织在东道国的分支机构或项目团队。遗憾的是，中国非政府组织在东道国的组织力量太弱或者不存在。

四是媒体组织合作与冲突化解能力。这也是中国企业软实力中的“短板”。中国企业在国内拥有一定的媒体公关能力，但在东道国则不一定有效。原因在于，中国媒体与东道国媒体在角色、作用及合作方式上存在较大的差异。要形成和提升媒体组织合作与冲突化解能力，首先要了解东道国媒体的三种类型（当地媒体、国际性媒体与中国驻当地媒体）及其影响力。然后，分析不同媒体的属性结构：

政治性、专业性和商业。既要保持长期交流合作关系，又要有突发事件公关能力。

四、外交能力的形成：学习、对话、合作、创新

以上企业公共外交能力如何形成和提升呢？据我们初步的实践归纳，主要有以下四种途径。

1. 学习

包括理论学习和案例借鉴。中国企业应把外交与国际关系学作为继经济学、工商管理学之后的第三波理论学习内容。

表 3　中国企业理论学习的三波浪潮

主要任务	市场化	工业化	全球化
学习重点	经济学	管理学	外交与国际关系学
主要作用	寻找机会	提升能力	降低风险
发生时间	20 世纪 80—90 年代中	20 世纪 90 年代中至 21 世纪头 10 年	21 世纪第二个 10 年

第一波欧美跨国公司、第二波日韩跨国公司的企业公共外交能力成功案例，也是第三波中国跨国公司的重要学习内容。

2. 对话

与各类组织的对话交流兼有学习与实践两重属性，并且有明确的目的。为了对话成功，中国企业需要跨文化交流沟通能力，需要有平等待人的心态，需要具备对话对象和内容的全面知识，当然也需要对话谈判的策略和技巧。

3. 合作

首先是与中国政府、非政府组织和媒体的合作，其次是与东道国政府、非政府组织和媒体的合作，最后是与国际组织、非政府组织和媒体的合作。针对以上三类合作对象，应有不同的合作策略与方式。

4. 创新

从企业外事部门的改革开始，把传统的企业外事工作转变为现代的企业公共外交工作，这些部门的工作人员要有全球视野和公共外交意识，成为首批“企业外交官”。然后，再在四类组织的交往方式方面寻找创新。

中国企业是善于学习的！中国经济数量上的崛起，是中国企业30多年来学习的结果。我们完全有理由相信，再有30年，中国企业必将在质量上实现崛起。

柯银斌 察哈尔学会秘书长、高级研究员，《公共外交季刊》编辑部主任。兼任中国公共外交协会常务理事、中国国际关系学会理事、中国国际交流协会理事、全国高校国际政治研究会常务理事、“一带一路”智库合作联盟理事会理事、中国国际民间组织合作促进会理事，“‘一带一路’百人论坛”专家委员会委员。2010年之前从事企业战略与跨国公司研究与实践，2010年至今从事公共外交研究与推广工作。

“一带一路”与城市公共外交
——以扬州城市公共外交为例

邓　清

“一带一路”重大倡议，不仅引起国际社会高度关注，也得到了国内城市的热烈响应和积极参与。扬州早在1200年前，就依托其优越的地理位置和在大唐经济版图中所占的地位，成为海上丝路的重要起点城市和东方著名港口，是著名陆上丝绸之路和海上丝绸之路的连接点。随着“一带一路”重大战略的推进，扬州也迎来了与世界各国开展经贸合作和人文交流的新一轮合作共赢的历史机遇。

一、“一带一路”战略下开展城市公共外交的现实意义

1. 城市公共外交是中央总体外交的重要组成部分

赵启正先生有这样的阐述：国家形象如果是一本相册，那么各地区的形象就是相册的各页。地区对于国家整体形象传播有着不可替代的作用。城市形象与国家形象存在密切的关系，全球化时代中，城市作为国家形象塑造的主体，正一步步走向世界舞台的中央。当前，“一带一路”战略已成为中国对外开放的顶层战略，城市作为中国对外交往的重要基石和闪亮名片，通过政府间和民间交往层面发挥互联互通的作用，向沿线和周边国家传递“亲、诚、惠、容”的外交理念，筑牢“经济共同体”和“命运共同体”的价值观，推动“地方梦”和“中国梦”的整体实现。

2. 城市公共外交为政府参与“一带一路”拓展空间

地方政府通过积极开展城市公共外交，统一整合与筹划政府和民间的所有资源，大力实施“走出去”战略，抢抓“一带一路”战略机遇，加快城市结构调整，推进“中国制造”向“中国智造”的转型升级步伐，开拓城市国际化发展的新途径。扬州作为“一带一路”发展战略交汇点中重要的组成部分，既是参与者，也是受

益者。目前，扬州已有30多家世界500强企业及93个国家和地区的1600多家外资企业落户，透过全方位城市公共外交和经济基础，积极与“一带一路”沿线国家建立友好往来关系，搭建信息、人才、技术、资金、文化、体育等交流渠道，创造“一带一路”带来的更多发展机遇。

二、扬州融入“一带一路”开展城市公共外交的优势

1. 海上丝绸之路为源起的对外交往

扬州滨江临海，水运发达，曾为南北交通枢纽，对外交往已有1500余年历史。1000多年前的隋唐时期，大运河全线凿通，扬州成了大运河与海上丝绸之路的交汇点；唐代扬州漕运、盐运繁盛，是海上丝绸之路对外开放的国际港口，先后与大食、波斯、天竺、日本、新罗、高丽和埃及等70多个国家通使友好，进行政治、经济、宗教、文化等交往。其中侨居扬州最多的为波斯人和阿拉伯人，达7000之众，而其时扬州总人口仅46万。两宋时期，尽管战火使扬州赖以繁荣的国际运输、手工业和金融市场衰落，但仍有许多朝鲜人、日本人和阿拉伯人途经扬州，沿运河北上。元代，伴随海上丝绸之路，西方诸国传教士纷纷来华，扬州是他们北上或南下的必经港口。明清时期，扬州天宁寺高僧道彝受朝廷遣使派往日本，汪舟次遣派至琉球国，成为扬州历史上著名的外交使节。

2. 历史人文是扬州开展城市公共外交的纽带

扬州对外交往源远流长，历史名人众多，他们既是对外交流使者，也是对外交往的见证，更是当今扬州开展城市外交的基奠。唐代鉴真东渡日本，讲授佛学理论，传播博大精深的中国文化，被日本人尊称为“律宗始祖”、“文化恩人”。为此，扬州先后建成鉴真纪念馆、鉴真图书馆、鉴真佛学院、鉴真书画院、鉴真樱花大道等，并连续举办十届鉴真国际半程马拉松赛。唐代新罗人崔致远曾在扬州为官多年，被誉为“东国儒宗”、“新罗文化圣人”。从2001年始，每年10月15日，韩国崔氏宗亲会组织百人团来扬参加“扬州—韩国友好交流日暨崔致远告由祭”活动，为与韩国龙仁、庆州、丽水、釜山、济州等城市开展形式多样、内容丰富的友好交流合作奠定了基础。普哈丁作为伊斯兰教创始人穆罕默德第十六世裔孙，

于宋朝来扬州并生活了10年，兴建仙鹤寺，致力传播伊斯兰教。普哈丁归真后安葬于扬州古运河东岸土冈上，即现在的全国重点文物保护单位普哈丁园。扬州利用其影响力，于2010年成功举办“中国扬州—海湾阿拉伯国家石油化工产业合作论坛”。空军指挥学院连续4年组织数十个国家高级军官团访问扬州高邮菱塘回族乡。中联部原副部长李进军称，扬州找准了一条通往海湾国家的特殊联系纽带。元朝时，意大利人马可·波罗曾在扬州任职3年，把“令人神往的中国文明”传播至欧洲，激起了欧洲人对东方的热烈向往。而借助全国唯一的马可·波罗纪念馆的影响，扬州先后与意大利里米尼、德国奥芬巴赫、比利时布瑞、法国奥尔良、英国科切斯特、克罗地亚科尔丘拉等欧洲20多座城市建立了友好城市或友好交往城市关系。2013年4月，意大利里米尼市长与扬州市委书记谢正义共同参加央视“城市1对1”节目，宣传扬州和里米尼的旅游环境，向国内外展示了扬州城市的良好形象。

3. 生态旅游是扬州开展城市公共外交的独特资源

扬州绿杨城郭、园林胜迹、运河风光、古街小巷、非物质文化遗产中的传统工艺等既是历史赠予今人的财富，也是扬州开展城市公共外交的重要依托。随着扬州城市功能日臻完善，城市品质不断提升，政府精心建构“人文、生态、精致、宜居”城市的作为，已凸现绿色特色。扬州是联合国人居奖城市，森林—湿地覆盖率占全市6634平方千米的1/2以上。在中国社会科学院发布的“2014城市竞争力蓝皮书”中，扬州生态城市竞争力在全国287个地级市中名列第6，在江苏省名列首位。“全国文明城市”、“国家森林城市”、“全国水生态文明试点城市”等荣誉，标志着扬州人文交流和生态特色为抓手和切入点的理念已彰显成具有中国的特色、民族的特点、江苏的典范，成为扬州融入“一带一路”战略的厚积薄发的新优势。

三、扬州依托“一带一路”开展城市公共外交的实践

1. 以友城为桥梁开展互惠互利的城市公共外交

自1982年与日本唐津市结为首对友城以来，扬州已与15个国家20个城市结为友好城市关系，与22个国家和地区33个城市建立友好交往城市关系，对外交往覆盖全球五大洲。每年，扬州通过有选择地在友城举办“扬州日”的联谊、

引资、引智活动，推介扬州，增进友谊。一是不断丰富人文交流，扬州与德国奥芬巴赫市乒乓球友谊赛已开展三年，与美国肯特市“青少年友好使者”交流项目已连续开展21年，日本厚木GP少年足球访华团已连续29次访问扬州，日本唐津、韩国丽水与扬州“三国三市”中日韩友好城市围棋邀请赛已连续举办18届。二是以美食为载体连续两年在北京举办“扬州美食节”，2015年9月中国东盟（烹饪）培训基地在扬州大学旅游烹饪学院正式挂牌，扬州美食文化的国际传播进一步吸引大批外国游客前来旅游、留学、经商，推动中国开放包容、底蕴深厚的国家形象的对外传播，促进扬州城市经济的发展。三是着力推动经贸往来，通过友城交往，与世界180多个国家和地区进行经贸合作交流，先后组织企业家代表团赴世界一流企业学习品质管理和经营战略，组织个体私营经济协会企业家代表团赴境外考察访问，寻求合作项目。组织境外招商推介会、恳谈会，为西门子、高露洁、大众等多家世界500强企业和大型跨国企业落户扬州发挥了积极作用。全方位推进丝路节点城市扬州与“一带一路”沿线国家的经贸、人文交流合作。7月，在哈萨克斯坦阿拉木图举行“中国扬州—哈萨克斯坦产业合作推介会”，阿拉木图政府和企业界近80人出席，双方就经贸、文化、旅游等领域合作开展了深入交流。2014年，扬州建筑业在“一带一路”沿线18个省份完成产值937亿元，境外完成产值5亿多美元。8月，扬州市市委书记专程考察我市在蒙古国的建筑企业，强调把建筑业作为扬州实施“一带一路”战略最好的切入点，以“一带一路”沿线国家为主攻市场，深耕蒙古国，努力做地方企业蒙古国合作的典范和样板，为开拓我市与其他沿线国家经济合作探路子、放样子。

2. 以世界遗产大运河为渠道开展沟通对话的城市公共外交

公元前486年，吴王夫差开邗沟、筑邗城，开启了中国大运河开凿和扬州城市发展的历史篇章。数千年来，扬州与古老运河同生共长，不断放大运河世界文化遗产效应，构筑起融入“一带一路”战略的独特优势。为推动运河文化的传承和运河城市的健康繁荣可持续发展及依恋和保护运河的世界各国运河城市人民共同情感和追求，已连续8年举办世界运河名城博览会和第25届世界运河大会，以运河为媒，先后邀请巴拿马运河、埃及苏伊士运河、加拿大里多运河、法国米迪运河、美国圣安东尼奥运河、日本小樽运河等20多条国际知名运河和60多座国外运河城市的数百名政界、商界和各类知名专家学者参加"运博会"。2009年运博会期间，成立"世界运河历史文化城市合作组织"。国务委员杨洁篪在视察运博会永久性会址"京杭之心"后题词："办好世界运河博览会，推进名城扬州国际化。"8年来，"运博会"已成为中外运河城市深化经济合作与文化交流的平台，成为2014年6月在卡塔尔首都多哈召开的第38届世界遗产大会上，中国大运河成功列入世界遗产名录的重要支撑。今年6月，为配合国家"感知中国"外宣战略活动，在外交部支持推动下，大型歌剧《运之河》走进联合国和欧盟，在日内瓦、布鲁塞尔等地引发轰动。9月是"江苏大运河城市旅游推广月"，扬州成功举办"世界运河名城旅游论坛"，来自国内外近50家运河城市和国际组织的代表围绕在大运河成功申遗后，如何保护和利用运河这一活态文化线路遗产，合理开发运河旅游产品这一主题展开交流发言，为世界运河城市保护和传承运河遗产提供了新的思路和很好的经验。

3. 以国际会议为平台开展合作共赢的城市公共外交

近年来，扬州从历史禀赋、现实条件、未来发展出发，坚持招会引赛与招商引资、招才引智并重，打造出开展城市外交和名城建设的国际会议城市。连续多年举办"烟花三月"国际经贸旅游节和"世界运河名城博览会"，先后承办世界运河大会、东北亚名人会、世界盆景大会、亚欧未来发展方向研讨会、联合国"可持续性城市"高级研讨会、亚信高官会、APEC电信工作会、世界历史城市联盟大会等。这些会议为扬州通过城市外交融入世界提供平台的同时，在国内外亦产生了广泛的影响。如今，扬州不仅成功加入世界历史城市联盟，成为ICCA第189个成员，中国区第33个会员单位，而且与伦敦、雅典等8个海外著名旅游城市同期成为世界旅游城市联合会（WTCF）的城市会员。

4. 以古城节庆为契机开展开放包容的城市公共外交

2015年是扬州建城2500周年，扬州以城庆为契机，向世界推介扬州，展示扬州魅力。3月，组织来自21个国家的国际传媒研修班46名学员，开展"走进扬州"采风活动。4月，举办"侨界人才聚扬州——创业·创新·创富"论坛，100多位回国创业高层次人才齐聚扬州，交流创业创新实践和心得。5月，出版中英文对照的《世界发现扬州》一书，介绍扬州1500年的对外交往史，推介扬州历史文化和城市旅游特色。7 月，举办“海外杰出青年扬州行”活动，9 月出版第一本用英文撰写的城市宣传图书 *Finding China in Yangzhou*，举办海外乡贤恳亲座谈会。10 月举办国际友城乒乓球赛、中日水墨画交流、世界厨师联合会亚洲和太平洋区主席峰会、百家华文媒体来扬采风、2015 华侨慈善基金会年会等系列活动。

5. 以“一带一路”为机遇开展特色鲜明的城市公共外交

为延续历史上扬州在“一带一路”中的联结作用，增强“一带一路”战略建设的国际价值，5 月在北京钓鱼台国宾馆举行“中外丝路城市美食文化交流——扬州活动周”新闻发布会，38 位丝路城市国家驻华使节，60 多位境内外媒体记者参加了 8 大活动及 18 项子活动，扩大了城市国际影响力。9 月 11 日—14 日，美食活动周如期在扬州举行，吸引了 225 家中外企业参展，其中境外展商 96 家，3 天共吸引近 7 万人参加，创造扬州国展中心平均日流量新纪录。“活动周”还收获了一系列丰硕成果，中意（扬州）食品产业园正式签约揭牌，现场签约 8 个食品产业项目，举办食品商 B2B 洽谈活动，荣获“国际美食之都”称号，中国东盟（烹饪）培训基地落户扬州。“活动周”期间，外交部原新闻发言人、中国原常驻联合国大使、中国公共外交协会常务理事沈国放登临《扬州讲坛》，作《中国文化与“一带一路”》专题演讲报告，阐述文化引领“一带一路”、理性定位好中国地位作用、以软实力树立国家形象、注重适当方式传播国家形象等理论与经验，对扬州在“一带一路”建设中如何发挥作用，提出了科学建议。察哈尔公共外交学会《舌尖上的公共外交——扬州美食文化的国际传播》研究报告，概括了扬州美食文化国际传播经验模式，进一步把扬州美食推向了全世界。

四、“一带一路”背景下城市公共外交展望

1. 服从服务于国家外交总体战略，形成城市公共外交与国家总体外交的叠加效应

地方开展公共外交是以城市为主题的对外交往，是国家总体外交的一部分，任何城市的对外交往活动的成效都取决于国家整体实力和国家形象的不断提升，因此，开展城市外交必须服从和服务于国家总体外交，为国家竞争力的提升不断

注入正能量。这也就是说地方开展公共外交需在国家有关部门指导下，树立世界眼光和战略思维，找准定位，既用生动的事实宣传中国、宣传地方，又在一些涉及重大问题、重要舆情、敏感事件等公众关注的问题上旗帜鲜明，向世界传播真实的中国及城市形象。

2. 利用历史、文化、名人、经贸等城市元素，形成城市公共外交的品牌效应

每一个城市都有她特有的文化，城市文化是增进相互理解、促进心灵沟通的纽带。为此，应立足丰厚的自然遗产、人文遗产和非物质文化遗产，通过彰显城市的历史特色，架好经贸合作的桥梁，鼓励以企引企、以外引外、以商引商，吸引更多的世界名企落户，促进更多的国际化人才集聚，推动更多的地方名企、名人、名品走出去，加快城市在产业发展、城市品质、市场体系、社会管理等方面的水准，以树立起高度开放的城市形象，形成城市对外交往的特色品牌。

3. 整合非政府组织和公众对外交往资源，形成地方政府和民间开展城市公共外交的联动效应

建立健全地方涉外系统和经贸、教育、文化、旅游等部门共同参与的工作机制，通过政府云平台，随时通报工作，协商有关活动，以加强对民间交往的组织、引导和协调，探索更有效的沟通表达方式，提高公众对外交往的能力与水平，提升公众对外交往的文明形象。同时，还要进一步加强与国际友好城市、各国相关机构、友好组织、民间团体和重要智库、主流媒体、知名人士的交流合作，充分利用各种平台、各种资源，推进城市与世界沟通交流，在"中国梦"的宏伟蓝图中描绘出独具特色的城市篇章。

五、投入"一带一路"建设，实现"中国梦·扬州篇章"

1. 以充分尊重、保护和传承历史文化理念，书写独特的"扬州篇章"

文化是一座城市的根、城市的魂。扬州的延续和发展，无法与历史割断，也无法与文化分离。近年来，在积极开展城市公共外交时，始终抱着对历史、对先人的敬畏之心，审慎对待每一个文物、每一处遗存、每一点历史痕迹，即使修复

也严格要求“修旧如旧”，“原汁原味”，也正是这一点，让扬州与世界上众多历史文化城市、运河城市管理者、专家学者产生共鸣，赢得了他们的信任、支持与大力合作。

2. 以充分开放、包容和开拓精神传递“中国声音”，讲述独特的“扬州故事”

古代文化与现代文明相结合的扬州，以深厚的文化底蕴和特有的地方生活，以开放包容的心态和开拓创新的思维，以“一带一路”战略和长江三角带的特殊地位，加快与世界接轨的步伐，赢得了很多国家、地区及国际友人的认可。巴拿马前驻华首席代表莫夫杰先后两次来扬访问，回去后，将在扬州拍摄的照片制成精美画册，并在画册扉页上写下“在扬州发现中国”（Find China in Yangzhou）。英国前首相布莱尔新闻官大卫来扬州，引动心灵共鸣，潜心观察后深情地说，回国后要告诉所有朋友：“Go to Yangzhou ,taste real China.”

3. 以发动、开展市民能动参与公共外交活动，编织美丽的“扬州梦想”

城以人为本、人以城为荣，这是城市发展与人之间的客观辩证关系。一座让人有归属感、认同感的城市，才能挖掘出人的潜力；一座让人有价值感、自豪感的城市，才能激发出人的激情。基于此，组织、发动和开展市民参与公共外交，这是真实决定一座城市价值的重要细节之一，让市民参与其中，乐在其中，主动成为城市对外交往的一个个亮丽的形象大使，公共外交宣传名片的光彩也就更加夺目，扬州梦也就更加圆满，为此，扬州“柳丝艺术团”应运而生，一群热爱公共外交的民间人士自愿组织而成，他们为美好的生活、为“走出去”和“请进来”歌舞欢唱。

“一带一路”不仅是实现中华民族振兴的战略构想，也是扬州谋求城市国际化发展，加速融入全球经济一体化的重大战略机遇，参与“一带一路”的建设不仅有利于“中国梦”的实现，也有利于“扬州梦”的实现。扬州以城市公共外交为推手，传播中国形象和扬州风貌，将地缘毗邻、经济互补的优势转化为产能合作，转型升级的务实合作，将参与“一带一路”建设转化为城市文化、旅游、贸易、金融、交通、基建等行业快速发展，打造城市国际形象，提升城市软实力，开启城市国际化的美好未来。

邓　清　现任扬州市人民政府外事办公室党组书记、主任，扬州公共外交协会副会长、秘书长。“‘一带一路’百人论坛”文化委员会委员。长期从事地方外事工作，积累了较为丰富的对外交往经验。于2012年率先在地方开展城市公共外交的探索与实践，扬州公共外交协会成立以来，先后与中国公共外交协会、察哈尔学会等机构合作，进行了一系列地方开展城市公共外交的有益尝试。扬州开展城市公共外交的经验也被众多研究公共外交的学者誉为“扬州模式”。

媒体与传播

「一带一路」公共外交：问题与前景——以对欧丝路公共外交为例

为全球共同发展提供中国机遇——国际舆论热议「一带一路」

发挥电视媒体优势，服务「一带一路」国家战略

「一带一路」政策传播需围绕「共」字做文章

“一带一路”公共外交：问题与前景
——以对欧丝路公共外交为例

王义桅

引言：“一带一路”的十大认识风险

习近平主席2013年9、10月在哈萨克斯坦、印度尼西亚提出丝绸之路经济带、21世纪海上丝绸之路（简称“一带一路”）伟大倡议以来，“一带一路”引发国内外激烈反响与解读，也带来种种认识风险，概括起来有：

“一带一路”是战略。一些人有意无意地将“一带一路”解读为应对美国重返亚太的“西进战略”，因此要极力推。这引起了其他国家的警惕，以为中国借此在推行地缘政治扩张。其实要慎谈战略，多讲文明；尤其要避免使用“大战略”概念，因为“大战略”通常指霸权国家的全球战略。

“一带一路”是中国的。将“一带一路”视为“战略”的应有之义，就是“一带一路”是中国的，也就是“我的”，而非“我们的”，这样中国就要扮演“一带一路”的发改委、财政部甚至丝路解放军的角色，为此提供规划、资金与安全支撑，甚至兜底。其实，“一带一路”是中国提出的伟大合作倡议，不属于中国，而属于沿线所有国家，并给世界带来巨大发展机遇。

“一带一路”重“路”轻“带”。有说法称“一带一路”是海上佯攻，意在陆上，显然又是战略术语。“一带一路”不存在孰轻孰重、孰先孰后的问题，而是欧亚大陆的互联互通，并延伸到非洲、南太地区，只有这样才能发挥系统效应。

“一带一路”是借复兴来复古。一些国家担心中国说复兴，其实在复古，就是恢复朝贡体系。这反映出他们担心经济依附于中国。其实，“一带一路”是文明的复兴，不只是中华文明复兴，更是欧亚文明复兴为世界文明中心地位。

“一带一路”是输出过剩产能。所谓“一带一路”是中国版“马歇尔计划”的提法，就是受到输出过剩产能的说法误导，同时杜撰中国借此确立地区霸权。

显然，"过剩产能"是国内的说法，对"一带一路"沿线国家而言，这些却应该是优质富裕产能，否则也难体现出"将中国机遇变成世界机遇"的理念。

"一带一路"是中国版经济帝国主义，或全球化 4.0 版——中国版全球化。所谓中国资本扩张的说法，是地缘政治思维流行，助长出的一种不切实际且十分有害的说法。"一带一路"是中国提供给国际社会的公共产品，秉承"共商、共建、共享"原则，强调开放包容。"打倒中华帝国主义"只是一些别有用心的日本人的别有用心的口号。

"一带一路"是中国中心主义的复活。"一带一路"强调与沿线国家进行政策、技术、标准的对接，可是也有可能给人造成"让人家对接我，而我不愿对接人家"的印象。比如，与印度"季节计划"对接，是真心欢迎该计划呢，还是将其纳入"一带一路"轨道？认识、说法的模糊会造成如此认知风险。其实，对接的目标是互联互通。既然互联互通，不存在只是跟谁通的问题。

"一带一路"是中国周边外交。其实，"周边"的概念仍然是中国中心的，应该用"睦邻"取代"周边"概念。"一带一路"强调地区治理，包括安全治理，而非简单的中国周边外交或多边外交。

"一带一路"是一个封闭的环。市面流行的地图多将"一带一路"画成一个封闭的环。其实，"一带一路"并非封闭的环，而是开放带，是集经济走廊、经济带于一身的基建、投资、贸易、信息网络。

"一带一路"是中国以经济合作掩护军事扩张。"桥头堡"、"节点"等提法带有非常浓的军事色彩，容易产生这样的联想，须慎用。"一带一路"强调开创 21 世纪地区与国际合作理念，不会也不应该重复西方扩张老路。

种种认知风险表明，名不正则言不顺，言不顺则心不齐。"一带一路"必须正视已有或将来会冒出来的稀奇古怪的认知风险。种种认知风险，在对欧工作中得到鲜明体现。

一、欧洲人如何认识"一带一路"？

至少有两大原因，使欧洲人对"一带一路"充满兴趣：一是"丝绸之路"是德国人李希霍芬 1877 年命名的，而迄今国际上对"一带一路"研究最深入的就是德国智库，如席勒研究所。可以说，欧洲人拥有“丝绸之路”的知识产权。“一带一路”的“五通”也学习了欧洲一体化“四通”——商品、资本、劳务、人员自由流通——的经验。二是欧洲人对TTIP怀疑和不满加剧，对中国“一带一路”倡议就越感兴趣，希望在大西洋关系之外有新的选择。笔者日前参加保加利亚斯拉夫基金会举办的“欧洲向东看”国际研讨会，对此印象深刻。中国与中东欧国家“16+1”合作机制集中纳入“一带一路”合作框架下，更是互联互通引领中欧合作务实推进的鲜明写照。

总的感觉，大凡对中国友好的，便积极评价“一带一路”；大凡对中国不那么友好的，便多怀疑之。大凡期待从中国崛起获益的国家，多看重“一带一路”可能带来的好处；大凡保守、害怕变化的国家，多质疑“一带一路”动机与后果。总的看，欧洲人对“一带一路”有两大期待：一符合“我”利益——帮助欧洲企业公平竞争进入中国市场和“一带一路”项目；二符合“我”价值观——人权、民主、法治。于是，欧洲人多借助“一带一路”提自己要求。

“欧洲人老是自视为西方，其实自古是与东方紧密相连的，丝绸之路就是重要媒介。如今中国要复兴古丝绸之路了。这样，中国与欧洲，不再是东西方关系，而是共同回归人类文明中心地带——欧亚大陆。”笔者2015年4月28日在欧盟重要智库——马达里亚加—欧洲学院基金会举办的“丝绸之路复兴背后的涵义”午餐研讨会上的观点，引发80余名与会欧盟官员、学者、记者的激烈讨论。研讨会通过Twitter现场发布，受到广泛关注。①

马达里亚加—欧洲学院基金会执行总裁德福安教授主持研讨会开幕致辞时感慨：“欧洲善于维持现状，而中国正高效地改变世界。”这一开场白激发了欧洲人的三大疑问：

其一，“一带一路”是什么？研讨会另一位发言者——法国国际关系研究所（IFRI）中国中心主任范文丽称，“一带一路”更多还是愿景，看不到具体行动。

其二，“一带一路”想干什么？“‘一带一路’除了中国国内的经济动因外，还有能源获取和安全战略的考量，并且服务于中国追求世界领导权。”范文丽判断。

其三，“一带一路”能否建成？“亚历山大远征、罗马帝国扩张都未曾完成

① http://www.madariaga.org/publications/event-reports/1037-reviving-the-silk-road-what-is-behind-it.

如此辉煌的业绩啊。中国如今要改写世界地缘政治版图。"这是主持人德福安的感慨。与会欧洲人接茬儿发问，中心思想就是——我们欧洲人当年做不到，你中国人今天就能搞定阿富汗、伊斯兰国等众多威胁？！中国人民解放军将来要去沿线保护那些基础设施？！

为这三大问题困扰，与会欧洲人还未及考虑"一带一路"建设及建成之后对欧洲意味着什么，对"一带一路"还有几大担心：其一，影响欧债危机后续治理措施。南欧、中东欧地区正受到中国投资诱惑，可能妨碍欧债危机后治理措施、效果。其二，分而治之。欧洲各国对中国"一带一路"的欢迎程度不一，对中国投资态度不一，可能因此分散欧盟国家注意力，导致中国通过"一带一路"对欧的分而治之。其三，标准、规范。中国的"一带一路"是否符合欧盟推崇的环保、劳工标准？是否符合欧盟强调的全球治理、地区治理观？其四，侵蚀睦邻。欧盟的南方、东部睦邻政策，涉及对西亚北非、高加索等地的援助、治理，如今可能受到中国"一带一路"的侵蚀。其五，另建体系。"一带一路"在建设中国的全球化体系，一可能惹恼美国，逼迫欧洲在中美间选边站，二是带来不稳定，影响国际秩序走向。

为此，笔者一一耐心做了解释，概括起来就是："一带一路"不只是合作倡议，更有大量合作计划做支撑，之所以未一下子公布清单，是因为需要与沿线国家、地区协商，不能硬塞给对方；"一带一路"的合法性在于世界日益增长的对合作公共产品需求与落后供给能力之间的矛盾。中国并非追求什么世界领导权，而是联合沿线国家发掘洲际、区域合作潜力，服务于地区繁荣与长治久安；"一带一路"既带来巨大合作机遇，当然也面临众多风险，需要包括欧洲在内的各国合作应对，尤其是南海主权纠纷，需要以双轨思路妥善处理。退一步说，古人云"取法乎上，得乎其中"，即便"一带一路"设想未能完全实现，也比眼光短浅、沾沾自喜强。听到笔者这种说法，与会者无一不折服于中国传统智慧。

当笔者引用布隆伯格分析数据——到2050年，"一带一路"将为世界新增30亿中产阶级，说明"一带一路"将给欧洲带来八大机遇时，欧盟官员表示可考虑将欧盟新提出的欧洲投资计划——"容克计划"与"一带一路"对接，实现欧亚互联互通，推动世界经济发展与全球治理。当然，操作起来还需要欧方像"一带一路”那样开放、包容。[①]

经过耐心解释和对话，欧洲与会者渐渐舒展了面容，怀疑“一带一路”意图以及能否建成的比例大幅下降。笔者乘势请与会者举手表态，发现多数欧洲人对“一带一路”有了信心。笔者询问未举手的缘由，没有不希望建成的，只是有前提——“一带一路”建设要按照市场化和国际规则进行，解决欧方对治理、劳工标准、环境标准及可持续发展等的关切，希望将其与联合国后发展议程对接。再问“一带一路”对欧洲是祸是福时，没有一个认为是祸。

“欧洲人应该感到骄傲，在中国历史书上是找不到‘丝绸之路’一词的，那是德国人李希霍芬1877年提出的概念。因此，欧洲拥有‘丝绸之路’的知识产权。”当听到这儿，欧洲人的精神劲儿一下子提起来了。笔者表示，感谢欧洲朋友对建设“一带一路”风险的提醒，其实这些笔者新作《一带一路：机遇与挑战》中均已分析，[②]中国的信心来自“共商、共建、共享”的理念，简单说来是44亿人一起想、一起建，正如亚投行一样，完全按照市场原则和国际规范办事，建设绿色、环保和可持续的“一带一路”，域外国家包括美国也会参与进来。如此，欧洲人心宽多了，十分期待早日读到拙著的外文版。有欧洲友人私下对笔者表示，欧洲人不习惯中国式“自上而下”思维方式，疑问重重，切莫见怪。

当然，布鲁塞尔只是欧洲缩影而绝非全部。笔者此前在波兰卡托维茨举办的欧洲经济大会“中欧经济论坛”上，也讲述了“一带一路”带给中东欧国家的机遇，与会者表现就积极得多，渴望吸引中国投资、参与“一带一路”建设。

二、对欧丝路公共外交要注意“十少十多”

笔者多次赴欧巡讲“一带一路”，总体观察，欧洲人总体对“一带一路”评价积极，愿意从中寻找合作机遇，但有以下担心：

一是担心中国战略扩张。“一带一路”过于宏大，中国可能在搞新的投资大

① Wang Yiwei, “One Belt One Road: Opportunities for Europe-China Cooperation”, Europe’s World, May 13, 2015. http://europesworld.org/2015/05/13/one-belt-one-road-opportunities-europe-china-cooperation/#.VYXhNNJAUzA.

② 王义桅《一带一路：机遇与挑战》，人民出版社，2015年。

跃进。

二是担心地缘政治冲突。“一带一路”涉及诸多冲突地区，会卷入地缘政治冲突，引发新的地缘政治变动。

三是担心无法应对安全风险。中国无力应对“一带一路”沿线国家的安全治理能力。

四是担心影响欧洲的治理标准。“一带一路”采取的标准、规范可能有悖于欧洲标准、规范，尤其是中国与中东欧国家及欧洲周边国家合作，妨碍欧洲推行的治理。

五是担心俄罗斯的反弹。“一带一路”经过俄罗斯及俄罗斯势力范围，可能引发俄罗斯猜疑，导致俄罗斯反制。

六是担心引发国际格局变动。“一带一路”形成“参与者—追随者”（taker-follower）分化，影响国际格局、国际秩序变动。

七是担心流于宽泛，不了了之。“一带一路”没有示范项目（pilot project），可能流于形式，不知如何参与。

八是担心影响欧亚一体化。“一带一路”雄心勃勃，将欧亚大市场乃至一体化作为奋斗目标，不切实际。欧洲推行一体化不容易，何谈欧亚大陆？

九是担心引发债务危机。中国投资扩张及“一带一路”沿线投资热，可能引发债务危机，牵连欧洲，影响世界金融局势。

十是担心缺乏制度性安排。中国人不注重制度性安排，“一带一路”沿线国家法律制度不完善，使得“一带一路”建设可能不稳定、不可预期，影响国际制度建设。

针对欧洲人对“一带一路”的十大担心，对欧洲人宣介“一带一路”，要切实注意“十少十多”原则：

1. 少讲文明历史，多讲现实合作。丝绸之路是东西方文明交流之路，我们也提出与欧盟致力于建立文明等四大伙伴关系，因此对欧洲人讲“一带一路”，我们也自然把“文明”、“历史”挂在嘴边。但是，“欧洲人听到‘文明’一词，首先想到昨日辉煌，与帝国兴衰相连，因而不舒服”。欧盟智库“欧洲之友”（Friends of Europe）中国问题专家莎达（Shada Islam）对来访的中联部当代世界研究中心代表团坦言。看来，要多讲“一带一路”给欧洲人就业、经济增长、再工业化等带来什么现实利益，才是根本。

2. **少讲欧亚，多讲东西方**。欧亚成为俄罗斯代名词。在乌克兰危机后，欧洲人可谓“谈熊色变”，对普京力推的欧亚经济联盟十分感冒。因此，“一带一路”对欧公共外交，要多讲东西方合作，少讲欧亚大市场。对俄罗斯、马其顿、土耳其、伊朗、蒙古国这些曾为横跨欧亚大陆帝国的国家，可以多讲欧亚。此外，《马可·波罗游记》曾流行于欧洲，激发欧洲人担心中国会否入侵欧洲的联想。如今，除了对意大利人以外，“一带一路”也要慎提马可·波罗。

3. **少讲战略，多讲计划**。“一带一路”如何定位？现在存在“对内讲战略，对外讲倡议”的现象。这当然考虑到内外有别，避免外界对中国战略企图的担忧，且战略是单方面的。但是，全球化时代很难做到内外有别，欧洲也有许多战略如里斯本战略的提法，对倡议则觉得空洞，不如计划具体，便于参与。欧洲人对“马歇尔计划”就较亲近。因此，对欧洲人要多讲计划，不必急于将“一带一路”与中国版“马歇尔计划”撇清。欧洲人民党智库马腾斯中心（Martens Centre）日前在接待中联部当代世界研究中心“一带一路”调研组时，还提出中国“一带一路”要学习“马歇尔计划”，比如在私有化、市场化方面的经验。

4. **少讲宏观，多讲微观**。中国人善宏大叙事，往往上下五千年、纵横千万里，但欧洲无此雄心，多关心具体项目。依笔者多次在欧洲宣介“一带一路”的经验，欧洲人对“一带一路”的误解正如油画理解中国山水画：无法企及大写意之境界！笃信“魔鬼在细节里”，欧洲人对抽象的不那么感兴趣，在乎细节和具体，关心自己是否涵盖在“一带一路”沿线国家之列。这里就存在一个问题，抽象讲“一带一路”，欧洲人不好懂；具体拿所谓新华“一带一路”地图讲，不在沿线的欧洲国家又抱怨，甚至对你补充说明“一带一路”坚持“开放、包容”的原则也充耳不闻。结合这两方面情形，对欧洲人讲“一带一路”，总体上要多写实，少写意，对非沿线国家要多写意，沿线欧洲国家多写实。

5. **少讲结果，多讲过程**。随比利时国王访问武汉的欧洲友人告诉笔者，“武汉每天不一样”宣传口号，欧洲人见了就害怕。欧洲人心态不像中国人那么年轻，担心变化，害怕不确定性。要多对欧洲人讲，变的是形式，不变的是实质。同时，欧洲国家多党制居多，很羡慕中国共产党长期执政，说中国是“低头想五年、抬头想十年，心中想五十年”。因此，对中国人大谈“两个一百年”、“五星出东方利中国”时，可谓羡慕加嫉妒。欧亚中心（EU-Asia Centre）主任卡梅隆（Fraser Cameron）告诉笔者，中国想得大而长远（China thinks big and long），让欧洲人担心会上“一带一路”圈套。这样，我们就不能对欧洲人讲“一带一路”将来给世界带来什么结果，而照顾欧洲人对程序、规则、法治的钟情，多讲过程：“一带一路”是绿色、环保、可持续的，基于21世纪的全球化与地区合作理念。

6. *少讲顶层设计，多讲基层参与*。欧洲社会党智库——欧洲进步研究基金会（Foundation For European Progressive Studies）提醒来访的中联部当代世界研究中心“一带一路”调研组，一定要汲取TTIP教训——欧盟领导人靠顶层设计，走上层路线与美国谈判，惹急欧洲人，引发欧洲议会反弹，给欧委会下达谈判建议，与美国谈判的每条内容都要欧洲议会逐一审议表决，进展缓慢。“一带一路”不能搞中国人习惯的自上而下（Top-down）那套，要入乡随俗，对欧洲人强调自下而上（Bottom-up），强调基层、地区、行业全程参与，有利于争取民众支持和议会批准合作项目，这也是中欧人心相通的重要内涵。

7. *少讲推进，多讲分工*。推进“一带一路”战略，建设“一带一路”，已成为我们的口头禅，一些人还对“西进战略”念兹在兹，不仅让人担心，还误导我们自己。其实，以国内搞经济建设那套搞“一带一路”是不行的。对国际社会讲，应突出分工、分责。一味推进是军事扩张行为，强调地缘政治效应，什么改变世界经济地理和地缘政治格局之类的话，会吓坏欧洲人。对欧洲人就应多讲经济合作，将安全问题包含在地区治理环节，突出市场分工。对于自己分工参与的项目，欧洲人才放心，才有积极性、责任心。

8. *少讲机遇，多讲风险*。笔者在米兰、布鲁塞尔、布拉迪斯拉发、索非亚等地讲“一带一路”给欧洲带来八大机遇时，欧洲人的普遍反映是——作为过来人，深知扩张之风险，我们过去都未做到，中国今天能做到？因此，对欧洲人讲“一带一路”恐怕还得多讲风险，少讲机遇——讲机遇也多讲共同机遇，讲风险应对之策，讲共担风险之道。强调“一带一路”之“共商、共建、共享”原则外，还要强调“共担”。只有战略才是自己担风险的，“一带一路”是地区合作倡议与发展计划，强调“共担风险”不仅符合市场化原则和国际规范，还能让人放心，增强合作的成就感。

9. *少讲国别，多讲欧洲*。笔者常拿重庆—杜伊斯堡的渝新欧铁路，讲“一带一路”给欧洲带来的便利。布鲁塞尔的朋友就提醒说，不能突出国别，尤其是德国，因为其他欧洲国家担心中国就盯着德国等发达经济体，嫌弃欧洲穷国，如保加利亚、罗马尼亚等发展中国家，对此十分敏感。何况希腊债务危机把德国放在火上烤，“笨猪国家”对德国都有情绪呢。甚至像中国—中东欧国家合作机制（16+1），可以放在“一带一路”框架下讲，但要强调互联互通是地区融合之道，尊重欧盟整体治理、法律体系，支持欧洲一体化，避免给人留下中国借助“一带一路”引诱、分化欧洲的错觉。

10. **少讲中国，多讲国际**。中国的“一带一路”战略，深深烙在不少人脑海，甚至将“一带一路”当作西部大开发的延伸或中国的对外援助与经济扩张。欧洲重要智库欧洲对外关系委员会（ECFR）就曾发表“一带一路”是中国新的“大跃进”的报告，[①] 正是受到这些舆论的影响。一些人更是对中国主导、争夺规则制定权十分上心，甚至把亚投行说成是中国的，服务于“一带一路”的，不仅让欧洲人担忧，也有违常识。“一带一路”是中国的国际、地区合作倡议，并非中国战略。

这“十少十多”，归结为一句话，就是尊重欧洲人的心态和关切，不能以己度人、一厢情愿。不同于中国强政府弱社会模式，欧洲是多层治理产物。向欧洲人宣介“一带一路”，主张对接“一带一路”与“容克计划”时，要多层沟通，既要跟欧盟机构接触，也要跟欧盟国家接触；既要跟中央政府接触，也要跟地方政府接触；既要跟精英接触，也要跟民间接触；既要跟企业接触，也要跟行业接触，重视行会、商会作用。只有让欧洲彻底失望于美国，彻底信赖中国，才能赢得欧洲，而得欧洲者得天下。不妨借鉴历史上的“老子化胡说”以接纳佛教，我们也应强调“一带一路”对古丝绸之路的继承与发展，是欧洲价值观的折射，是欧洲重新塑造世界的机遇。

这说明，“一带一路”不能强“推”，还要对方“接”。欧洲是真正治理过世界的。“一带一路”沿线65个国家许多是欧洲的前殖民地。必须借助欧洲经验，争取欧洲支持，携手建设“一带一路”。

当然，欧洲发展也不平衡，对华态度不一。欧洲人心态老而保守，对欧洲人，

---

① François Godement, Agatha Kratz (eds) ,“One Belt, One Road”: China’s great leap outward, ECFR report 10th June, 2015. http://www.ecfr.eu/page/-/China_analysis_belt_road.pdf.

要像对待老人和孩子，多哄着点儿：不听老人言，吃亏在眼前；老人和孩子相似之处，就是心态较脆弱，一定要注意方式方法。

为此，必须加强对欧洲自下而上的沟通。侧重影响欧洲社会、企业层面。加强商会对话，可考虑成立丝路商会。加强地方间合作，强化城市外交。中国地方省份与欧洲国家大区合作，城市、地区结对子。加强对欧洲议会和各国议会工作。加强全国人大与欧洲议会对话，加强地方人大与欧洲国家、地方议会接触。加强智库沟通。成立中欧智库联盟，就“一带一路”举行定期专题对话会。强调“一带一路”建设要按照市场化和国际规则进行，解决欧方对治理、劳工标准、环境标准及可持续发展等的关切，希将其与联合国后发展议程对接。加强中欧战略磋商，加强中国与欧盟成员国的战略磋商，抓住“一带一路”地区支点国家，形成合理分工体系。

三、结论与启示：如何讲好“一带一路”故事

大国崛起须站在巨人肩膀上。欧洲不仅是古丝绸之路终点站，更治理过世界，拥有政策、贸易、设施、资金、人心等“五通”国际话语权，是“一带一路”建设不二合作伙伴。“一带一路”沿线国家与欧洲有着千丝万缕的联系，争取欧洲的支持还具有全球意义。欧洲的例子说明，必须有针对性克服“一带一路”认识风险，切实有效回答其关切。

推而广之，如何克服认知风险？必须确立这样的认识，即丝路是欧亚国家的共同记忆，“一带一路”也是沿线国家的共同事业，始终坚持“共商、共建、共享”原则，通过共商共建丝路，达到共担风险、共襄盛举的目标，为此要更有效地传播丝路文化、讲好丝路故事、阐明丝路精神。

古人云，“国之交在于民相亲、民相亲在于心相通”。丝路外交，作为中国外交的大局，需要长期经营、精心策划、妥善运筹，其中“民心相通”尤为关键。公共外交要解决建设两条丝绸之路的“五通”中的民心相通。古老的丝绸之路将沿途各国变成了好邻居、好朋友、好伙伴。“亲望亲好、邻望邻好”，中国坚持与邻为善、以邻为伴，坚持睦邻、安邻、富邻，积极践行“亲、诚、惠、容”理念，丝路公共外交就是要努力把中国的发展与沿途各国的发展对接起来，把“中国梦”与沿途各国人民过上美好生活的梦想对接起来，让周边国家从中国的发展中获得

裨益和助力，也使中国从周边国家的共同发展中获益。

“一带一路”伟大倡议是中国外交新政，不仅有利于化解中国的产能过剩，立足中国全面开放战略，而且以中国在全球分工体系中新的比较优势开创欧亚大陆一体化，这是首先要向国际社会阐明的。其次，丝路沿途国家及域外国家对“一带一路”怎么看，也是丝路公共外交重点工作对象。

如此说来，丝路公共外交的三大对象：

其一，针对丝绸之路本身的公共外交：文明共同体。2014 年 6 月笔者在乌鲁木齐参加国新办举办的“共建、共享、共赢、共荣丝绸之路经济带”会议。与会国际嘉宾对中方的丝路战略说，连连发问：何谓丝绸之路经济带？包含哪些国家？中国想干吗？给我带来什么好处和风险？如何与已有的地区架构兼容？其结果，欧美冷眼旁观，俄罗斯冷嘲热讽，中亚满腹狐疑，南亚一头雾水……这是会议开幕第一天的普遍反应。经过一天中国官员、学者连番解释，第二天气氛总算和谐许多。这提醒我们，“一带一路”不宜称为“战略”，更好的说法是“倡议”。要慎谈战略，多讲文明及包容性发展，核心是丝路复兴，要旨在于开创全球化时代的文明共同体。

其二，针对域外国家的公共外交：利益共同体。“一带一路”是需要几代人持续不断地艰苦努力才能建成的伟大事业，如何处理好与美国主导的现行国际体系及全球化关系？换言之，“一带一路”如何与地区已有合作架构及国际体系实现共融、共通，实现域外国家与域内国家的共享、共赢？这是丝路公共外交必须回答好的大问题，也就是丝路精神的开放、包容原则如何打造域内、域外利益共同体的问题。

其三，针对域内国家的公共外交：命运共同体。丝绸之路是和平、贸易、文化交流之路。发展“一带一路”面临海上安全风险、国家猜忌，以及宗教三股势力的挑战，如何确保安全的发展与发展的安全？这就要将中国的和平发展理念外延。“一带一路”也是切实回答中国崛起后给世界带来什么——发展的机遇与安全的责任。中国是世界贸易大国中仅有的非美国盟国，长期坚持独立自主的和平外交政策，没有海外盟友与军事基地，只能通过租赁、特许经营权、合建港口等方式解决海上通道安全及未来航母补给站等问题。这就是中国和平发展、可持续安全观的极好展示。同时，基础设施投资都是战略性、长期性的，有赖于沿途国家的政局稳定、对华关系稳定。要防止可能的颜色革命干扰和对华挑拨。因此，丝路相关国家，包括沿途及利益攸关方，在实现各自国内良治、善治基础上，共同提供安全公共产品，确保丝路的和平稳定，必须以同甘共苦精神，塑造命运共同体意识。

传播丝路文化、讲好丝路故事、阐明丝路精神，是丝路公共外交的三大内涵。

传播丝路文化，关键挑战是将对传统丝路文化的兴趣与热爱转化为对当代丝路文化的兴趣与热爱，将对当代丝路文化的兴趣与热爱转化为对现实"一带一路"的兴趣与热爱。正如习近平总书记指出的："要使中华民族最基本的文化基因与当代文化相适应、与现代社会相协调，以人们喜闻乐见、具有广泛参与性的方式推广开来，把跨越时空、超越国度、富有永恒魅力、具有当代价值的文化精神弘扬起来，把继承传统优秀文化又弘扬时代精神、立足本国又面向世界的当代中国文化创新成果传播出去。要系统梳理传统文化资源，让收藏在禁宫里的文物、陈列在广阔大地上的遗产、书写在古籍里的文字都活起来。要以理服人，以文服人，以德服人，提高对外文化交流水平，完善人文交流机制，创新人文交流方式，综合运用大众传播、群体传播、人际传播等多种方式展示中华文化魅力。"[①] 习近平总书记关于中华文化的论述完全适用于丝路文化。尤其是，针对域外国家对"一带一路"的猜忌、疑惑，要以丝路文化的魅力实现有效化解，将丝路文化与其他文化的共通性挖掘出来，通过丝路文化的复兴而推动其他文化的复兴和人类文化的繁荣。

讲好丝路故事，已经成为丝路公共外交的重点努力方向。需要丝路国家的历史学家、文学家、艺术家们，借鉴人类丝路文明研究成果，讲清楚丝路故事背后的制度根源与文化基因，将其转化为"一带一路"所开创的新型治理体系与发展模式，开创更具包容性全球化，实现丝路安全、发展、治理的三位一体。用好大数据，以宏大叙事讲清楚丝路所推动的文明转型——5000 年来首次实现从内陆文明向海洋文明、从农耕文明向工业（信息）文明、从地区性文明向全球性文明转型，以及这三种转型对人类文明转型的伟大贡献。与国际主流媒体、出版社合作提供影视、文学作品，将这种宏大叙事变成诺贝尔文学奖、世界电影大奖，网络游戏等产品。

俗话说"功夫在诗外"。讲好中国故事，要超越"中国"，超越"故事"，

---

① 习近平在中共中央政治局第十二次集体学习时强调，"建设社会主义文化强国，着力提高国家文化软实力"。新华社北京 2013 年 12 月 31 日电。

超越“讲”，关注他人，关注时代，关注世界。**首先是超越“讲”**。讲好“一带一路”故事，首先就是要听——听听沿线国家的需要、期待，然后说——探讨如何满足这些需要、期待，表明“一带一路”是时代发展的必然，是世界所期待，改变全球化更多有利于海洋国家、沿海地区的局面，倡导包容性全球化；同时，强调“一带一路”作为合作倡议与国际公共产品对世界的贡献——世界上有9亿人没有用上电，光印度就有3亿，而“一带一路”推动电网的互联互通，帮助他们脱贫致富。这比急于去辩驳“一带一路”不是中国的“马歇尔计划”，效果要好得多。**其次要超越“中国”**。“一带一路”故事，就少强调中国——“丝绸之路”概念就是德国人提出来的。少强调张骞、郑和，要强调古丝绸之路是各国共同打通、维护的，“一带一路”的魅力就在于激发了文明古国的往日辉煌，共商、共建、共享21世纪丝绸之路，达到共同发展、共襄盛举的目标。**再次要超越“故事”**。“一带一路”故事可以放在国际层面讲，体现对联合国后发展议程的贡献，体现联合国教科文组织、联合国计划开发计划署等的前期贡献，表明“一带一路”激发了欧亚大陆互联互通的百年梦想，推动梦想成真。这样，“一带一路”的合法性要多从国际公共产品、全球治理角度阐释，体现其帮助实现联合国千年发展目标及后发展议程的贡献。比如，世界9亿人没有电，印度3亿。国家电网长距离、特高压输电网，实现成本最小化，推动人类共同现代化。再比如，北斗导航系统2020年实现全球覆盖，不像GPS依赖网络，更有利于发展中国家远程教育，扫除文盲，脱贫致富。换句话说，讲好“一带一路”故事，要多强调“和平合作、开放包容、互学互鉴、互利共赢”的“丝路精神”，尤其是命运共同体理念，以此引领21世纪国际社会价值。正如亚投行创立之初强调“Green, Lean, Clean”原则，“一带一路”要强调绿色丝绸之路，尊重国际规范，体现21世纪价值观。一句话，从“我的”转化为“我们的”，才是“一带一路”传播之道。

阐明丝路故事背后的丝路精神，是丝路公共外交新的努力方向。必须讲清楚丝路成功故事背后的价值根源及其普适性，向国际社会广为传播丝绸之路承载的“和平合作、开放包容、互学互鉴、互利共赢”精神。和平合作，就是通过坦诚对话、深入沟通进行平等交流，不断深化不同国家和地区之间的交流合作，形成命运共同体、责任共同体，将政治关系优势、地缘毗邻优势、经济互补优势转化为务实合作优势、持续增长优势。开放包容，就是以世界眼光和战略思维兼收并蓄、博采众长。这是丝绸之路精神最显著的特征。在深化丝绸之路沿线国家间的交流合作中，应坚持相互包容、求同存异，充分尊重各国自主选择社会制度和发展道路的权利。互学互鉴，就是在尊重文明多样性、道路多样化和发展水平不平衡等差异的基础上相互学习、相互借鉴，取长补短、共同提高。互利共赢，就是不同种族、不同信仰、不同文化背景的国家和地区通过互惠合作，共同应对威胁和挑战，共同谋划利益和福祉，进而实现互惠互利的共赢发展。丝路精神中，和平合作是前提，开放包容是根本，互学互鉴是手段，互利共赢是目的。丝路精神是人类精神的宝贵财富，并且与时俱进地推动全球化新时代人类共同精神的形成。

丝路公共外交的精髓在于发掘、传播、阐释好21世纪的丝路文明，把握好复兴、包容、创新三部曲。

第一步是复兴：亚欧大陆被地缘政治学家麦金德誉为"世界岛"。"一带一路"的伟大倡议及建设，正在塑造"欧亚人"共同身份，让欧亚大陆重回人类文明中心。亚欧大陆本是世界文明中心，至少在埃及文明衰落之后如此。东西方两大文明经过历史上的丝绸之路联系在一起，直至奥斯曼土耳其帝国崛起切断丝绸之路（史称"奥斯曼之墙"），欧洲才被迫走向海洋，而欧洲走向海洋也得益于中国的指南针、火药等四大发明经过阿拉伯传到欧洲。欧洲走向海洋，以殖民化方式开启全球化，丝绸之路衰落，东方文明走向封闭保守，进入所谓的近代西方中心世界。直至美国崛起，西方中心从欧洲转到美国，欧洲衰落，历经欧洲一体化而无法根本上挽回颓势。如今，欧洲迎来了重返世界中心地位的历史性机遇，这就是欧亚大陆的复兴。欧盟的互联互通与中国的"一带一路"对接，以政策、贸易、交通、货币、民心这"五通"对接和平、增长、改革、文明这中欧"四大伙伴"关系，让欧亚大陆回归人类文明中心，并辐射至非洲大陆，推动实现人类持久和平、共同繁荣。

第二步是包容："一带一路"成功的关键在于实现相关国家发展、安全与治理的三位一体——在国内实现有效治理基础上实现丝路的可持续发展、可持续安全，实现中华文明、阿拉伯文明、穆斯林文明、波斯文明、印度文明、基督教文明等丝路沿途文明的复兴、转型与创新，共塑新丝路文明。传统全球化由海而起，由海而生，沿海地区、海洋国家先发展起来，陆上国家、内地则较落后，形成贫富差距。"一带一路"倡议鼓励向西开放，带动西部开发以及中亚、蒙古等内陆国家的开发，在国际社会推行全球化的包容性发展理念，开启全球化新时代文明包容互鉴的新篇章。

第三步是创新："丝绸之路"不仅是欧亚大陆贸易通道，也是欧亚文明交流的纽带。丝绸之路经济带不仅在全球化时代继承了古老贸易与文明通道，更在开启陆上全球化以对冲海上全球化风险，开启文明交流互鉴以实现欧亚大陆的和平与繁荣，并开启人类可持续发展新文明。21 世纪海上丝绸之路则开创了有别于西方列强走向海洋的扩张、冲突、殖民的旧模式，有效规避了传统全球化的风险，开创人海合一、和谐共生、可持续发展的新型海洋文明。

正如"一带一路"白皮书所言，"'一带一路'是一条互尊互信之路，一条合作共赢之路，一条文明互鉴之路"。"共建'一带一路'符合国际社会的根本利益，彰显人类社会共同理想和美好追求，是国际合作以及全球治理新模式的积极探索，将为世界和平发展增添新的正能量"。[①] "一带一路"既有实现中国梦的路径选择，又有大国崛起话语权和比较优势的战略规划，还肩负中国让世界更美好的人类担当。世界日益增长的需要与落后的全球化供给之间的矛盾，就是中国发展和"一带一路"建设的动力。"一带一路"是新的长征，是中国在沿途国家的宣言书、宣传队、播种机，将中国与有关国家的合作与友谊拓展与深化，极大提升中国制造、中国营造、中国规划的能力与信誉，提升中国威望。"一带一路"承载着中华民族复兴的梦想，也肩负着开创共同现代化与包容性全球化的世界使命。丝路公共外交的要旨就在于融通"中国梦"与沿线"各国梦"，共铸"世界梦"。

王义桅 中国人民大学国际关系学院教授，博士研究生导师，国际事务研究所所长，欧盟研究中心主任，重阳金融研究院高级研究员，国家发展与战略研究院高级研究员，兼任中联部当代世界研究中心特约研究员，察哈尔学会、春秋发展与战略研究院高级研究员，新疆师范大学及塔里木大学客座教授，"'一带一路'百人论坛"专家委员会委员。著有《一带一路：机遇与挑战》、《海殇？——欧洲文明启示录》等 8 部。

---

① 国家发展改革委、外交部、商务部《推动共建丝绸之路经济带和21世纪海上丝绸之路的愿景与行动》，2015 年 3 月 28 日。

为全球共同发展提供中国机遇
——国际舆论热议“一带一路”

于运全

“一带一路”倡议顺应了和平发展、合作共赢的时代潮流，引起国际社会的持续关注和热烈反响，被誉为是“几十年来一个国家发起的最广泛、最全面的国际性经济合作倡议”，是中国的“招牌政策”和“流行词”。目前，已经有60多个沿线国家和国际组织对参与“一带一路”建设表达了合作意愿，国际上的一些知名智库、专家学者和媒体也表现出较高的关注热情。

总体来看，国际舆论对“一带一路”倡议反响十分热烈，国际媒体今年以来每月都有数百篇的报道文章，权威智库和研究机构纷纷推出专题报告，国际研讨会不时举办，专著陆续出版发行。国际舆论的评价整体较为客观积极，特别是随着亚投行迈出实质性步伐和丝路基金顺利启动，以及一批基础设施互联互通项目的稳步推进，沿线重点国家误解和疑虑有所降低，参与热情逐步提高。外界除继续关注宏观话题外，一些重大项目的实施情况成为关注重点。

正如美国有线电视新闻网记者苏姆尼玛·乌达斯的报道所称，“在我沿着现代丝绸之路开始历时9个月的旅程之时，我发现，中国恢复古代丝绸之路的努力可谓雄心勃勃，而且中国老百姓对此似乎无人不知。我们遇到的每一个人都在自豪地谈论着这个话题。如果中国获得成功，新的丝绸之路可能会再次对该地区的贸易和文化产生持久的影响，而且会影响几代人”。

国际社会的积极反响和热情点赞，彰显了“一带一路”的生机与活力。

一、“一带一路”是历史传承与现实需求、未来愿景的有机结合

2000多年前，勤劳智慧的亚欧人民就已开拓了旨在加强贸易往来和增进文化交流的古丝绸之路。今天，中国举起传承了千百年的丝绸之路精神火炬，提出“一

带一路”合作倡议，希望它能照亮亚欧大陆合作的今天和明天。

“一带一路”承接古今。正如黑山共和国副总理兼外交部部长伊戈尔·卢克西奇所说，“回望历史，古丝绸之路曾扮演了重要的经济、社会、技术发展的角色。沿线各国通过丝绸之路进行交流、对话，增进了友谊，带来了财富。在新世纪重建丝绸之路经济带的设想，让西巴尔干地区国家重新觅得与其他遥远国度紧密联系的机会”。第六十七届联合国大会主席、塞尔维亚共和国前外交部部长武克·耶雷米奇也指出，“中国的古丝绸之路促进了不同文明的对话与交融，新时期的‘一带一路’构想具有更加丰富的内涵，体现了中国全球战略的创新”。

“一带一路”联通各方。正所谓“志合者，不以山海为远”。“一带一路”倡议一经提出，便点燃了相关国家的共同记忆与合作激情。印度尼西亚政治分析专家李卓辉说，“中国推动建设21世纪海上丝绸之路战略构想体现了中国领导人和平合作发展海洋的意愿，与600年前郑和传递的和平信息一脉相承”。菲律宾世黄总商会秘书长黄栋星进一步认为，这一倡议“不仅有深厚的历史渊源，也具有坚实的现实基础，对促进中国的改革开放以及相关各国的经济发展、文化交流和政治稳定，有着非常重要的意义和作用”。澳大利亚威尔顿有限公司总裁哈里德·威尔顿也表示，“海上丝绸之路上各国交往的动人故事是强大的纽带，是不同国家共享的历史记忆”。

二、“一带一路”是中国开放与区域合作、全球发展的有机结合

当今世界正在经历深刻复杂的变化，国际金融危机深层次影响继续显现，世界经济缓慢复苏、发展分化，各国面临的发展问题依然严峻。在此背景下，“一带一路”秉持开放的合作精神，致力于维护全球自由贸易体系和开放型世界经济，有利于推动沿线各国实现经济政策协调，在全球开展更大范围、更高水平、更深层次的合作。

“一带一路”秉承开放包容的理念，不以意识形态画线，不搞封闭排他的“小圈子”，坚持共商共建、共享共赢，被外界视为“重大战略构想”和“区域合作典范”。克罗地亚地缘政治学家亚斯娜·普雷夫尼克博士评论说，“这个构想符合当今世界的时代精神，既是快速发展的中国经济全球化的重要一步，也是中国对21世

纪经济全球化的积极响应"。马来西亚前总理巴达维认为，"它（21世纪海上丝绸之路）将推动区域内国家乃至世界在多领域的合作，不仅仅联系了中国和东盟，还将带动整个世界的参与和合作，在经济、旅游等各个方面加强联系"。韩国《中央日报》中国研究所所长韩友德撰文指出，"帮助周边国家成长、实现共同发展的中国式'合作共荣'逻辑目前正在被全世界所接受"。奥地利驻华大使艾琳娜也认为，"（中国沿海地区、东南亚、阿拉伯、非洲直至欧洲）各个部分将共同成长为充满活力的一体化的经济区，它们将不仅与中国连接，而且相互之间也兼容连接在一起"。

2014年8月，习近平主席在蒙古国国家大呼拉尔发表演讲时着重宣告，中国愿意为周边国家提供共同发展的机遇和空间，欢迎大家搭乘中国发展的列车。中国提出"一带一路"倡议并切实推动其稳步实施，正是中国与外界分享发展机遇的生动体现。

"一带一路"不是中国一家的独奏，而是沿线国家的合唱。巴基斯坦驻广州总领事巴伯·阿明认为，"一带一路"为全球社会共享中国经济发展的果实提供了前所未有的机遇，"这一伟大构想是中国领导人为东南亚、南亚、中东地区和非洲的发展中国家提供支持的标志"。伊朗驻华大使馆首席研究顾问阿里·比尼亚兹表示，中国积极推动沿线各国在政治、经济、文化等各领域的交流与合作，推动沿线各国共同繁荣、共同发展，"说明快速崛起的中国始终保持着和平开放、拥抱世界的姿态"。菲律宾最大的华文媒体《世界日报》发表社论称，"一带一路"是新时期海上丝绸之路的恢复与发展，也是沿线国家和地区合作共赢的平台和契机。美国约翰·霍普金斯大学教授鲍泰利也认为，"中国有能力为全球范围提供公共产品。而'一带一路'行动计划已经为促进中亚、西亚发展提供了一个重要的新视角"。

三、"一带一路"是经济发展与政治稳定、文化交流的有机结合

"一带一路"建设不是空洞的口号，而是看得见、摸得着的实际举措，通过道路联通、贸易畅通、资金融通、政策沟通、民心相通，将给地区国家带来全方位实实在在的利益。既会有经济上的互利互惠，也会有政治上的互尊互信，还会

有文化上的互学互鉴。正如哈萨克斯坦总统纳扎尔巴耶夫所概括的，“丝绸之路的复兴将促进周边国家的政治稳定、和平与发展”。

作为一项宏大的合作倡议和战略构想，“一带一路”具有前瞻性、系统性和全局性等特征。一些政治家和媒体人士对此提出了独到见解。原“欧盟外长”哈维尔·索拉纳近期撰文指出，“一带一路”所共同打造的将不仅仅是一条线路，而会是一个促进欧亚大陆间商品和思想流动的网络。卡塔尔半岛电视台驻京分社社长伊扎特认为，“一带一路”能平衡地缘政治、顺应反恐需要、保障国家能源安全，一举三得。

在促进经济发展方面，香港咨询公司丝路顾问公司的贝哲民指出，“就中国的规模来看，其有能力改变该地区经济的命运”。日本《富士产经商报》也认为，受益的不仅是中国，“一带一路”还可能对整个地区产生巨大的经济效应。

在增进文化交流领域，加拿大多伦多大学教授卡尼什卡·古尼沃德纳则认为，“一带一路”代表了全球人类交往的新的地理核心要素。经济、政治、文化等多方面交流的新轴线很可能产生深远的人文影响，不仅局限于中国，也对许多参与新轴线的国家带来影响。埃及开罗大学亚洲研究中心主任萨利赫也表示，“一带一路”建设不仅是区域经济合作，也是历史、文化等交流合作。

在维护政治稳定和缓解地区安全这个棘手问题上，“一带一路”更是被寄予很高期待。新美国安全研究中心研究员扎卡里·凯克认为，“一带一路”倡导的道路基础设施建设，将中国与欧洲相连，促进中国与中亚各国的经贸联系，“将为维护与促进地区稳定与和平发挥重要作用”。《印度教徒报》网站的文章也认为，21 世纪海上丝绸之路倡议的成功将对地区稳定与全球和平产生重大影响。德国弗莱堡大学政治学家托马斯·贝格尔也持类似观点，他认为，“区域经济合作与文化交流有助于化解冲突，消除宗教极端势力滋生的温床”。

四、“一带一路”建设是利益共同体与命运共同体、责任共同体的有机结合

随着经济全球化的深入发展，人类面临的发展机遇和共同利益越来越多，同时，面临的共同挑战和外部问题也日益增多，这就迫切需要我们增强共同体意识。

"一带一路"倡议，昭示了人类社会的共同理想和美好追求，被国际舆论视为"全球治理模式的新探索"。

"一带一路"倡导利益共享、互利互惠。用比利时驻华大使迈克尔·马勒布的话说，"具有十分积极的意义，所有沿线国家都将受益，特别是中亚国家"。巴基斯坦《每日邮报》总编辑巴伯·马克杜姆认为，沿线国家之间合作是一种良性竞争"将成为经济全球化倍数效应的缓和剂和平衡力"。阿拉伯电视台网站则有文章预测，到 2020 年，中国与这四个地区（欧洲、东盟、中东和非洲）的贸易额可翻一番至令人震惊的 3 万亿美元。

"一带一路"旨在打造命运共同体。英国华誉风险管理咨询公司总裁沙学文对此的解读是，"最可贵的就是它秉持了南南合作的精神，坚持中国与沿线国家的共建、共荣、共享，成为命运共同体"。法国前总理德维尔潘在《回声报》发表文章评论说，中国的"一带一路"倡议为冷战结束以来一直没有共同发展计划，强行推动的自由主义民主化遭遇失败后的世界，提供了一个新思路。而在英国 48 家集团俱乐部主席、伦敦出口公司主席斯蒂芬·佩里眼里，未来 30 年到 50 年，"一带一路"构想或许是全球范围内最大的商业机会。《日本经济新闻》的文章说，"一带一路"构想与中国的周边外交紧密结合，中国希望通过与丝绸之路沿途的国家加强经济关系，结成"命运共同体"。

机遇要共享、责任也要共担，国际社会对此的共识也越来越多。巴基斯坦总理纳瓦兹·谢里夫在博鳌亚洲论坛 2014 年会上强调，古老丝绸之路带来的繁荣，源自合作共赢的精神，"丝绸之路的复兴也需要各国通力合作以实现和平和发展"。美国《赫芬顿邮报》网站发表上海中欧国际工商学院中欧研究所所长高大伟的文章也认为，"一带一路"将深刻地成为中国今后十年的标志并使欧亚大陆发生改变。欧盟必须重视中国的这项大战略，并努力使之成为欧亚大陆两端进一步发展关系的新出发点。同时，俄罗斯、日本等主要国家和地区也应参与其中，"与中国一起将欧亚大陆引向前所未有的凝聚和繁荣"。

随着共建"一带一路"愿景与行动文件对外公布，一批基础设施互联互通项目稳步推进，英国《经济学人》杂志评论称，"一带一路"构想得到了"切实的推进"。国际舆论中敦促相关国家积极参与"一带一路"建设的声音也愈发响亮，"尤其关注中国的丝路战略将会对自己国家的经济发展产生何种影响"。

中国人讲求“言必信，行必果”，“行胜于言”。可以预见，未来一个历史阶段，伴随“一带一路”不断由蓝图变为现实，中国将赢得国际社会更多炽热的目光、热烈的反响与由衷的称赞。

于运全 历史学博士，中国外文局对外传播研究中心副主任、研究员，《对外传播》主编，“‘一带一路’百人论坛”媒体委员会委员，2014 年度全国新闻出版行业学术类领军人才。

发挥电视媒体优势，服务“一带一路”国家战略

贾　健

自中国领导人提出“一带一路”国家战略后，引起了世界各国的极大关注；在今年两会期间，央视法语国际频道《非洲时间》节目连线非洲知名学者穆罕默德·恩哈尔博士，他说，非洲民众对亚非两个大陆的互联互通充满期待，希望中国的“一带一路”战略能够延伸到非洲大陆。加强国际合作，更好地发挥电视媒体、尤其是国家电视媒体“国家名片”作用，为“一带一路”沿线国家搭建一座互信、了解、融通和共同繁荣的天然桥梁，服务“一带一路”国家战略，为“一带一路”国家战略营造良好的舆论环境，大有可为。

一、“一带一路”沿线地区当前的电视传媒竞争态势

由于地缘政治和地理位置的重要性，“一带一路”沿线地区历来就是国际传媒的“兵家必争之地”。近年来 BBC、CNN 等世界传媒巨头持续进行传媒大战，BBC 进一步强化发展以新媒体和扩大覆盖面为“两翼”的全球新闻布局，CNN 也将在 2017 年前在印度尼西亚开办 24 小时播出的地方语新闻频道，持续增强其全球新闻报道能力。一些新的电视机构也加入了这场“传媒混战”，“一带一路”沿线地区的媒体竞争异常激烈。

1. 欧洲电视媒体“大聚合、大兼并”

英国天空卫视组建横跨欧洲的大媒体。2014 年 9 月 11 日，欧洲委员会和奥地利联邦竞争委员会做出判决，准许英国天空卫视 BSkyB 兼并意大利天空卫视，并获得德国天空卫视 57% 的股份。这一判决实际上是为 2014 年 7 月英国天空卫视宣布控制其意大利及德国的姊妹公司的兼并画上了句号。目前，21 世纪福克斯

拥有英国天空卫视39%的股份，意大利天空卫视100%的股份，以及德国天空卫视57%的股份。这一兼并使英国天空卫视完全获得21世纪福克斯对于意大利及德国天空卫视的控制权；下一步将进一步获得德国天空卫视剩余的股权。欧洲传媒观察家认为，这是英国天空卫视建设一个庞大的欧洲天空卫视战略的一部分，通过这一兼并，天空卫视将在英国、爱尔兰、意大利、德国和奥地利获得2000万付费电视用户，欧洲天空卫视的覆盖面还将达到9700万家庭。

老牌传媒帝国BBC加快新旧媒体融合步伐，凭借新媒体继续扩大全球覆盖面和影响力。2014年，BBC宣布将停播其青年频道BBC3，将其迁移到国际互联网播出，使其成为一个完全的网络电视台。根据国际电视专家的分析，BBC削减BBC3经费的另一个重要目的，是计划大力发展其文化艺术频道BBC4。BBC4主要播出自然、社会纪录片和艺术、音乐节目。其纪录片画面唯美，故事性强，主题深刻，在世界上享有盛名。近年来，国际电视纪录片市场异常繁荣，中国中央电视台开办纪录频道，面向全球播出，异军突起，影响广泛，世界媒体对其关注的同时都跃跃欲试。2013年9月，欧洲最大的广电传媒集团——RTL Group宣布将开办纪录频道，频道将覆盖20个国家和地区，主要播出历史、地理、人文、旅游等电视节目，瞄准全球中高收入的知识人群，该频道于2014年5月8日在德国正式开播。可以预见，世界范围内的纪录频道之争、纪录片之争将愈演愈烈。此次BBC3停播后，BBC将调整经费构成，对BBC4增加经费，力争保持其文化艺术频道的国际地位。

为了配合其全球文化扩张战略，BBC还大力引进人才，加强顶层设计。2013年4月，BBC以34万英镑的年薪聘任原《时代》编辑、英国《金融时报》驻华盛顿记者站站长吉姆斯·哈丁出任BBC新闻总监。BBC在解释这一任命时强调：BBC正在组建一个面向未来十年的管理团队。选中哈丁就是看中他之前没有任何电视业的从业经历，哈丁的加盟将使BBC的管理团队具备“跳出电视看电视”的视角和能力。哈丁上任后，提出了BBC新闻新的全球发展总体战略。这一战略的总目标是，到2022年，使BBC新闻在全球的受众数提升到5亿。为了实现这一目标，同时聘任曾担任美国哥伦比亚广播公司首席执行官和日本索尼董事长、首席执行官的霍华德·斯金格爵士为BBC新闻的战略发展顾问，为其总体目标的实现出谋划策。

在亚洲，BBC在泰国设立了“突发新闻报道”机构，实施“移动屏报道优先策略"。目标是突破泰国严厉的新闻管制。BBC 估计泰国拥有 2000 万 Facebook 的活跃用户，其中 1300 万集中在曼谷，BBC 将在这些人中雇佣大量自由报道员，采集新闻，由 BBC 进行新闻整合后播发，手机等移动屏将是这些新闻的首发平台。

2. 日本电视媒体意图东山再起

日本是亚洲老牌文化经济强国，但近年以来经济增长迟缓，国际传播不断受挫，文化吸引力下降。为了应对这一颓势，日本政商两届大打文化输出牌，意欲以文化为龙头，重振日本在亚洲和全球的影响力，其中重要一个环节就是借力 2020 年东京奥运会，向海外全力输出日本流行文化。所谓"酷日本"（Cool Japan）计划是最核心的内容。2011 年，日本政府正式启动了"酷日本"计划，该计划具体来说，就是日本政府的文化产业战略，其主旨是向海外输出日本时装、设计、漫画、电影等流行文化。2013 年 3 月 4 日，日本政府在首相官邸召开了"酷日本推进会议"第一次会议，会议制订了通过动画片、时尚等流行元素向世界传播日本魅力的具体发展方案。2013 年 9 月 7 日，国际奥委会宣布日本东京成为 2020 年奥运会举办城市之后，日本又制订了将奥运会与"酷日本"相结合的文化输出总战略。具体内容是：（1）加强顶层设计。在体制上，2013 年 11 月日本政府出资 29500 万美元成立了"酷日本基金会"，作为牵头"酷日本"战略的主导机关。同时将酷日本基金会与日本贸易振兴协会捆绑，笼络日本经济界加盟，2014 年 3 月 13 日日本 15 家大型私人企业宣布集资 7400 万美元，协力支持酷日本基金会对外推广日本文化项目。（2）向世界大力推介日本名人、名角、名剧，选择日本流行文化中的音乐、电视、时尚以及学院派最流行元素，由酷日本基金会出面，代表国家对外推介，在 2014 年召开的"酷日本推进会议"第一次会议上，日本人气少女组合 AKB48 的综合制作人秋元康等 7 人就列席了会议。（3）制订明确的对外发展阶段性目标，首期目标是"挖掘海外最新文化需求，实质性地让世界了解'酷日本'"；同时借助日本贸易振兴会在海外的 73 个办事处，大力对海外推介当代日本电视节目和流行文化内容。在 2014 年 3 月 22 日至 23 日举办的日本动漫节上，日本贸易振兴会邀请了 11 个国家和地区的合作伙伴，举办了多场文化论坛，全力对外推出"酷日本"流行文化。

配合日本政府的文化输出战略，日本电视媒体加紧实施国际化扩张，首当其冲的就是东南亚地区。近两年来，东南亚国家电视市场方兴未艾，尤其是付费电视市场蓬勃兴起，仅在印度尼西亚，付费电视用户就从2010年的110万猛增到2013年底的250万户，翻了一番还多。面对东南亚电视文化市场的强劲需求，日本电视台紧抓机遇，以SKY Perfect JSAT卫星电视台①为代表，开足马力，紧锣密鼓推进。SKY Perfect JSAT旗下第一个海外付费频道于2014年2月22日在印度尼西亚开播，节目包括日本制作的动画片、体育节目以及NHK制作的代表日本文化的电视连续剧。为了顺利推进频道落地，SKY Perfect JSAT选择了印度尼西亚最大的两家付费电视公司——Okevision和Indovision作为合作伙伴。与印度尼西亚顶级付费电视公司合作，显示出日本传媒向东南亚国家高调输出日本文化的信心。SKY Perfect JSAT还将继续推进面向亚洲的国际化战略，下一步将推出当地语言节目，以适应本土化的要求。

除了东南亚外，日本还将非洲作为文化输出的目标之一。由于看到非洲人口出生率快速增长的趋势，日本认为这给日本文化向非洲输出带来了新希望。日本老牌电视节目制作公司——手冢公司加快向非洲推销《阿童木》新剧集。这是近年以来该公司首次向不发达国家输出系列动画片。从2014年3月22日起，每集15分钟的8集动画片《阿童木》新剧集法语、英语及其他非洲语版本率先在尼日利亚播出。

3. 中东北非电视传媒竞争日趋白热化

近年以来，西方影视节目风靡中东，《阿拉伯好声音》席卷阿拉伯世界。中东广播公司承办《好声音》阿拉伯版本以来，超过20个阿拉伯国家已经被卷入其中，第二季总决赛阿拉伯观众人数超过1亿，非洲、中东阿拉伯地区的电视传播格局发生了巨大变化。

新世纪以来，半岛电视台异军突起，成为影响阿拉伯世界最重要的电视媒体之一，在国际新闻报道中与BBC、CNN等国际强台同列。自2011年埃及政治动荡以来，半岛电视台站在阿拉伯世界的立场上，对席卷北非的政治风波进行充分报道，得到了国际社会的关注，收视率和影响力明显提升。仅在以色列地区，收

① SKY Perfect JSAT是日本最大的付费电视网络，通过直播卫星和直播光纤播出，旗下拥有130个付费电视频道。

看半岛电视台有关报道的观众就达到了八成以上，超过以色列本土电视台。叙利亚危机爆发以来，超过九成的阿拉伯电视观众从半岛电视台获取有关新闻，并支持半岛电视台的观点。但与此同时，由于北非政治动荡造成了阿拉伯世界的政治分裂，半岛电视台在其国际传播中所表现出来的价值观也越来越多地遭到来自各个方面的批评；尤其是叙利亚危机中，由于卡塔尔官方所表现出的亲西方态度，加之美国在卡塔尔拥有军事基地，阿拉伯世界对卡塔尔的不信任倾向逐步抬头，这也影响到半岛电视台的新闻报道在阿拉伯世界的公信力。

随着中东北非地区持续政治动荡，北非地区本土电视机构蓬勃兴起，对半岛电视台形成挑战。以埃及为代表的北非政治旧格局瓦解后，这些国家的原有传媒机构纷纷变身，国有电视台土崩瓦解，大批媒体精英加盟半岛电视台和英国广播公司（BBC）等国际媒体。随着去年以来北非地区政治、经济渐趋稳定，当地民众对本土电视节目的热情逐步升温。在此形势推动下，当地政府和社会精英开始重视本国电视机构的建设，埃及等国家不断加大对国有电视台的支持力度，提升在国际传播中的话语权。在利好政策带动下，埃及"梦电视台"（Dream TV）等私人电视台也如火如荼地开办起来。政府支持和民间资本的加入刺激了当地电视的发展，也促进了电视人才向本土电视机构的回流。如 Hafiz Mirazi，Muhammad HassaneinHeikal 等埃及著名电视节目主持人，纷纷从半岛电视台跳槽，加入埃及"梦电视台"和埃及私人电视机构 CBC，电视人才的流失还在持续加剧。

与此同时，互联网在北非国家发展迅速，网上传播快速侵占电视市场。互联网在北非国家的特点是：（1）年轻一代热心政治，关注资讯，北非青年已经形成了从互联网而不是电视获取资讯的习惯。（2）由于北非青年受教育程度普遍不高，九成网络用户偏好使用阿拉伯语的网站。在这一新形势的刺激下，不仅 BBC、CNN、FOX 等西方大媒体加快了面向北非的互联网站建设，甚至一些西方专业电视公司也正在筹划建设其阿拉伯语版本的网上平台。

为了应对这一挑战，半岛电视台使出全身解数，在力争抵消西方电视媒体影响的同时，强化其对年青一代的吸引力。一个措施是加强在欧美本土的传播能力。2014 年，半岛电视台与美国 AT&T 达成协议，通过其旗下宽带 U-verse 服务扩大电视入户，进入美国 5000 万家庭。同时扩大在美国分支机构，建立了纽约总部和 12 个地方记者站，将新闻策略调整为：强调报道的客观性、准确性，重点报道重大新闻、社会问题以及文化变化对人的影响，大打文化牌。2014 年半岛电视台美国频道的收视平均增加了 30%，主要时段增加 40%。这是半岛美国创办以来的最好成绩。

第二个措施是，大力发展新媒体平台。一个重要举措就是进一步强化其互联网站 Aljazeera.net 的建设：一是新闻资讯快速上网，二是及时更新网页。2013 年 10 月，半岛电视台宣布，将开办一个全新的全媒体新闻平台——AJ+。AJ+ 的战略目标是：生产出完全不同于电视节目的在线视频产品，不仅要让看电视的人看网络新闻视频，还要让那些从来不看电视的人也看网络新闻视频——让那些从来不看电视的人从网上看半岛的节目。AJ+ 目前设立在美国旧金山，作为半岛电视台的旗下公司，AJ+ 使用半岛电视台的资源，包括半岛电视台在全球的 82 个海外记者站。在 AJ+ 的播出模式上，没有栏目，也没有主持人，直播只扮演很小的角色。绝大多数的节目是根据受众的要求而提供的定制节目，定制要求来自于一些社交平台，比如 YouTube，手机或者移动设备；受众想要什么，AJ+ 就给什么。

4. 美国电视媒体强化对阿拉伯世界的影响力

面对中东地区电视传媒的新变化，美国各大电视媒体纷纷采取对策，借力中东北非本地电视台倾销美国文化价值观。2014 年 1 月初，美国 Sundance 高清电视频道与迪拜 OSN 电视网达成合作协议，利用后者的播出平台播出美国电视电影节目。这次合作特征非常明显。一是强强合作。迪拜 OSN 电视网是中东老牌付费电视运营商，属于豹传媒集团（Panther Media Group），总部设在迪拜。OSN 电视网下属共有 75 套付费频道，综合实力和影响力在中东和北非地区付费电视领域首屈一指。Sundance 高清电视频道是美国 AMC 集团的旗舰频道，AMC 是美国付费电视大亨，在北美地区拥有庞大的收视群。因此这次合作被业界广泛认为是国际电视合作中的强强联手。二是针对性强。从 2014 年 1 月 15 日开始，迪拜 OSN 电视网使用“Sundance 10 日”的冠名，在其平台上举办类似于“美国电视周”形式的电视电影节目展播，节目以科幻、爱情、警匪等内容为主打，为期 10 天。第一批播出的有《电脑棋局》、《流星侠》、《昭雪》等广受青少年欢迎的好莱坞电影以及《美国偶像》等热门电视节目。从节目安排上看，明显针对中东北非地区的青少年观众。这种安排与当前中东北非地区青少年观众比例居高不下的收视特征十分契合。三是倾销美国文化价值观的战略意图十分明显。2011年中东北非地区发生政治动荡后，伊斯兰势力暴涨，美国文化一度势衰。Sundance高清频道以播出美国主流文化特色的电视电影节目为鲜明取向，包括好莱坞电影、美国历史文化纪录片、美国电视连续剧以及以可口可乐文化为核心价值观的美国原产综艺娱乐节目。Sundance高清频道进入OSN电视网后，最初使用英语加阿拉伯语字幕播出，逐步过渡到英语、阿拉伯语两种语言同步播出。AMC在阿拉伯地区高调亮相，显示出美国政治文化借助传媒业重返中东北非地区的强烈诉求。目前，时代华纳、派拉蒙、福克斯、迪士尼、HBO等西方电视大台在中东北非地区均保持着一定的节目合作关系，美国传媒在阿拉伯世界的影响力得到了很大提升。

二、围绕“一带一路”沿线地区的电视传播我国电视媒体的优势和有利条件

经过近半个世纪的跨越式发展，我国的电视传媒目前在世界上已经居于较为领先的水平。围绕“一带一路”国家战略的国际传播，塑造国家良好形象，营造良好的舆论氛围，我国电视媒体具有较大的比较优势。

1. 完备的多语种播出平台

一是对外频道开办时间长，历史悠久。早在1992年10月，中国就开办了第一个对外播出的电视频道——中国中央电视台中文国际频道。在此之前，中央电视台租用亚洲一号卫星，将当时的第一套节目送上卫星，信号覆盖东南亚和港澳台地区。中文国际频道开办之初就把“传承中华文明，服务全球华人”作为宗旨，中央电视台中文国际频道因而也是直接面向全球华人、服务全球华人的全世界第一个卫星电视频道。2000年9月，在第一个国际频道的基础上，中央电视台又开办了英语国际频道，面向全球英语观众，全天24小时播出。实际上这个频道是在1995年中央电视台“C路频道”的基础上发展而来。1995年联合国世界妇女大会在北京怀柔召开，作为东道国，为了做好大会的电视转播工作，服务全世界参加世界妇女大会的代表和工作人员，中央电视台开办了一个以中文为主、英语为辅的电视频道，每天播出19小时电视节目，从1995年8月30日7点到9月16日

凌晨2点，共播出了323小时的电视节目。这是中国电视第一次以频道方式大规模组织对外报道。实际上从全球来说，20世纪80年代到90年代，是卫星电视的起步期，对比20世纪80年代开播的CNN国际频道，在世界范围来说，中央电视台国际频道仍属于国际卫星电视频道中起步较早的第一方阵。

二是频道语种多，覆盖人口广泛。1997年9月20日中央电视台开办了英语传输频道，当年的两会上，中央电视台采用这个频道对全球直播总理记者会，世界60多个国家采用了直播信号。2000年中央电视台英语国际频道开播，它是中国第一个以非母语播出的电视频道，频道定位是成为“世界了解中国的窗口”，每天24小时播出，为世界各国打开了一扇了解中国的窗户，标志着中国中央电视台英语节目开始进入西方主流社会。为了进一步扩大中国电视的全球覆盖面，2004年，中央电视台提出要开办西班牙语和法语国际频道，这个集成了世界上两大语言的对外频道于2004年10月开播。2007年10月，这个频道又一分为二，各自独立为两个频道，即中央电视台西班牙语国际频道和中央电视台法语国际频道。2009年7月，中央电视台阿拉伯语和俄语国际频道开播，这两个国际频道的开播，使中国中央电视台的全部国际频道总数跃升为6个，覆盖联合国全部6种工作语言，这在世界电视媒体中尚属首家。

目前，中央电视台6个国际频道的覆盖范围包括：中央电视台阿拉伯语国际频道通过阿拉伯卫星和尼罗河卫星传输电视信号，覆盖中东和北非地区，通过中星6B卫星覆盖亚太地区和全球22个阿拉伯国家的3亿电视观众。中央电视台俄语国际频道通过中星6B和EB-9A两颗卫星播出发送，信号覆盖亚洲、太平洋、中东和欧洲地区，频道主要观众为12个独联体国家、东欧地区和波罗的海3国，总人口约3亿。中央电视台英语国际频道通过6颗卫星向全球发送信号，在欧洲、美洲和亚洲、非洲的落地情况良好，全球100多个国家和地区的8500万观众经常收看中央电视台英语频道节目。目前，中央电视台6个语言的国际电视频道在亚洲、非洲、拉丁美洲、北美洲、欧洲和大洋洲的大部分地区实现了全频道或部分节目的落地入户。

三是以新闻为主，节目多样，吸引力强。中文国际频道的频道定位是以新闻为主导、荟萃各类节目精华的综合频道。新闻节目全天24小时滚动更新，以立足中国、放眼全球的视角，及时客观地报道新闻、点评时事、发布信息，其新闻报道的专业水准和权威性，为社会各界广泛认同——"有大事，看四套"，已成为海外华人观众的第一选择。作为一个综合频道，CCTV-4 汇专题、纪录片、综艺、电视剧等各类节目于一体，为各个层次的收视大众提供全方位的资讯和娱乐服务，被誉为"海外华人观众的精神家园"。中央电视台英语新闻频道拥有两个海外分台演播室，分别位于肯尼亚内罗毕和美国华盛顿，另外在美国纽约和洛杉矶还拥有 3 个演播室，制播的节目通过英语新闻频道播出。英语新闻频道每天提供 24 小时的新闻节目，以新闻资讯报道为主，辅以深度报道、评论节目和纪实类专题节目，在及时、准确、全面地报道中国发展变化的同时，经过最近的改版，进一步突出新闻报道，增加全球突发事件的直播及深度报道，大幅度增加了国际新闻的报道规模，特别是亚洲国家的新闻报道，为海外电视观众了解多元世界提供"东方的视角"。目前，中央电视台英语新闻频道已成为与 CNN 和 BBC 等西方主流媒体具有同样影响力的英语新闻频道，是全球最具影响力的国际化新闻传媒平台之一。中央电视台西班牙语、法语、阿拉伯语、俄语国际频道以新闻节目为核心，主打文化牌，辅以服务和娱乐节目作为补充。阿拉伯语频道的《对话》、《话说中国》、《纪录片》和《科技博览》，俄语国际频道的《中国新闻》、《会客厅》、《放映厅》、《中国厨艺》、《功夫》，西班牙语国际频道的《综合新闻》、《中华艺苑》，法语国际频道的《外国人看中国》、《新探索》等电视栏目都深受国际观众认可、喜爱。

2. 我国电视媒体国际传播效果好

一是长城平台形成合力，凝聚力强。2004 年 10 月中央电视台联合地方及香港地区有影响、有实力的电视媒体组建了长城卫星电视平台，最初由 13 个电视台的 19 个电视频道组成。包括中央电视台中文国际频道、英语国际频道、西法语国际频道、戏曲频道、娱乐频道和中国电影频道、北京电视台、上海东方卫视、广东南方卫视、江苏国际频道、厦门卫视、福建海峡卫视、中国黄河电视台、凤凰卫视美洲台、凤凰卫视资讯台、亚洲电视本港台和华夏电视台。长城平台一经推出便显示出良好的发展势头。2005 年 2 月，长城亚洲平台正式开播，由中央电视台、北京电视台、上海东方卫视等 11 个电视频道组成，包含中文普通话、粤语、闽南语和英语等丰富多彩的节目。2006 年 8 月，长城欧洲平台开播，14 个中国电视频道采用包括 IP 电视、有线电视和卫星直播等多种传播方式，覆盖全欧洲，包括 CCTV-4（中文国际）、CCTV-NEWS、CCTV-F、CCTV- 娱乐、中国电影频道、北京电视台、上海东方卫视、广东南方电视、江苏国际、湖南电视台国际频道、厦门卫视、浙江电视台国际频道、凤凰卫视欧洲台、凤凰卫视资讯台。此后又陆续开办了长城加拿大平台、长城拉美平台、长城东南亚平台和长城澳大利亚平台。长城全球平台运营良好，特别是中国中央电视台的节目，在长城平台海外观众中深受欢迎，2014 年，中央电视台中文国际频道在长城美国平台麒麟电视收视稳居榜首，平均收视份额为 19.71%，超出凤凰卫视美洲台和资讯台两个频道总和，这也是该平台有数据统计以来历史最好成绩。常态栏目中，《中国新闻》、《今日关注》、《中国文艺》、《海峡两岸》、《远方的家》、《走遍中国》6 个栏目收视排名进入前 20；其中，《中国新闻》以 36.91% 的平均收视率排名第一。根据 2014 海外观众调查报告显示，在受众首选的华语频道排序中，中文国际频道遥遥领先凤凰卫视中文台，超过八成观众每天至少收看一次。中国驻加拿大大使罗照辉称赞"中文国际频道讲中国故事，立中国形象，是凝聚侨心的桥梁，是增进友谊的彩虹"。

二是中国电视英语新闻国际传播能力进一步增强。根据美国收视调查专业机构尼尔森公司在美国纽约地区所做的调查显示，2014 年中国中央电视台英语新闻频道（CCTV-NEWS）在美国纽约地区的收视情况为：80.5% 的纽约受访者知道 CCTV-NEWS，仅次于 BBC（93.5%），高于半岛台的美国频道（57%）、半岛台的英语频道（45%），以及俄罗斯 RT 国际新闻频道（34%）。同时，美国纽约地区约有 44.5% 的受众通过各种方式收看 CCTV-NEWS，超过了多数跨国媒体的国际频道。在获取与中国相关的重大新闻时，CCTV-NEWS 成为仅次于 BBC 的重要信源。此外，相较其他国际频道，CCTV-NEWS 在纽约的受众接触率较高。37% 的受众表示在不限定收看渠道的前提下每天都会收看 CCTV-NEWS，另有 40% 的受众表示经常收看。在节目内容上，受访者认为 CCTV-NEWS"内容及时"、"内容丰富"、"内容可信"，在"客观公正"和"国际影响力"方面，CCTV-NEWS 仅次于 BBC，综合形象好于半岛电视台，且在"表达所在国政府立场"方面优于 BBC。

三是中国电视"走出去工程"效果显著提升。采取商业化模式是中国电视走出去的新探索。2015 年 4 月中央电视台与印尼艾奈特媒体公司合作开办了以商业化模式建设运营并拥有自主权的首个海外本土化中国节目专属频道 Hi-Indo！，该频道以印度尼西亚主流社会群体为目标受众，是首个在印度尼西亚商业运营的中国内容、印度尼西亚语播出的综合娱乐频道。播出节目包括电视剧、纪录片、儿童节目、综艺、汉语教学等，第一年每天首播节目至少 4 小时，4×6 全天循环播出，内容全部由中方提供，在当地译制成印度尼西亚字幕版并进行本地化包装。第二年每天首播节目 6 小时，6×4 全天循环播出，增加新闻节目，并实现印度尼西亚语配音播出。Hi-Indo！频道采用国际化现代化频道包装形式和商业运营模式，并根据本地化需求进行节目编排与本土译制。中央电视台拥有较大自主经营权，可灵活自主编播节目，这是中央电视台近年来创新中国影视文化走出去的一个突破。

同时，作为中央电视台在日本的日语化落地项目——CCTV 大富频道，到 2015 年已经开播 3 年。在 3 年中，大富频道坚持全天 24 小时正常播出日语化节目，超过 CNN、BBC 等实现日语化播出的外国频道，跃居外国频道日语化播出时长榜首。同时不断提高新闻类节目日语同传水平，完善日语字幕译制管理与翻译水准，成功跻身日语主流频道，成为日本观众收看新闻经济类节目的重要来源。大富频道已经进入日本三大主流电视播出平台中的 Sky PerfecTV！和“光 TV”播出，覆盖观众超过 1200 万人，在日本落地酒店客房数达 13 万个，成为日本落地酒店客房数第一的外国频道。日本参议院议员、民主党最高顾问江田认为，大富频道日语化播出增进了日中两国的相互理解，在日本影响很大。

2015 年 1 月，中央电视台以商业化模式与越南西贡有线电视台（SCTV）合作开办了中国电视节目时段，收视情况良好，并赢得越南观众好评。其中，以越南语配音的电视剧《老大的幸福》作为首播剧在该时段播出，超过该台平均收视水平。越南观众普遍反馈该节目剧情引人入胜，译制语言生动自然。目前中国电视节目时段在越南西贡有线电视台 SCTV4 频道每晚 19：32 至 20：18 固定播出中方提供的中国电视剧，共覆盖 200 万收视户。

3. 我国电视节目质量不断提升，一些节目达到国际水准，电视节目“文化纽带和情感桥梁”作用不断增强

优质的节目是电视媒体提升吸引力和影响力的核心。近年以来，随着中国电视传媒综合实力的不断提升，中外电视合作交流的不断深化，中国电视节目制作

水平得到了长足进步。2014 年 11 月 19 日，在国家主席习近平即将对斐济进行国事访问之际，中央电视台制作的电视片《舌尖上的中国》、《超级工程》等优秀纪录片开始在斐济电视公司 1 频道及所属卫星电视直播平台播出，向斐济观众介绍中华民族的悠久历史、独特的美食文化以及中国重大工程，多维度展现中国的民俗与文化、历史与现状，得到了斐济观众的热评，有力地配合了中国领导人的访问活动，为两国关系营造了良好的氛围。

《舌尖上的中国》也得到了全球电视媒体的热捧。韩国 MBC、马来西亚 Astro、新加坡 Starhub、中国台湾公共电视、美国 KTSF26 等媒体纷纷购片播出。比利时、法国、意大利、西班牙、俄罗斯等欧洲主流媒体也派人洽谈、审片、购买。目前，该片 9 个语种配音版本播出覆盖全球 46 个国家和地区，先后在比利时国家电视一台、澳大利亚 SBS、波兰 Canal+ 等重量级电视台黄金时段播出，并将登陆美国公共广播机构 PBS。

2015 年 6 月 11 日，《舌尖上的中国》（第一季）获第四届“世界知识产权组织版权金奖（中国）”作品奖。这部电视片在国际上热播后，引起广泛关注。英国《金融时报》、俄罗斯《电视 100》、中国香港《南华早报》等媒体纷纷刊发评论报道。中国香港《南华早报》、新加坡《联合早报》认为，这不仅是一部中国饮食纪录片，更是饱含美食诱惑与爱国主义情怀的纪录片。韩国《亚洲经济报》称，纪录片《舌尖上的中国》（第二季）将中国人的衣、食、住等生活中的文化精髓呈现给观众。中国香港《大公网》报道说，《舌尖Ⅱ》分集内容的微博曝光后，“吃货”们再一次坐不住了，纷纷留言表示节目颇具中国韵味。美国《侨报》刊文说，《舌尖上的中国》播出后，已成为不少在美 80、90 后华人茶余饭后、短信电话里的必聊话题，从食材到民俗，让海外游子们“口水往肚里咽下，眼泪顺脸颊流”，浓浓的思乡之情跃然纸上，电视节目真正成为连接海内外人们情感的桥梁。

三、中国电视媒体服务“一带一路”国家战略的主要途径分析

1. 电视新闻

当今世界，新闻是不同国家之间互相了解的重要渠道，及时、准确、全面的新闻报道，关系到国家的整体形象，也是国家间友好互信的基石。2015 年 4 月 20 日，

在中国国家主席习近平对巴基斯坦进行正式国事访问期间，巴基斯坦国家电视台PTV、新闻电视频道AAJTV等国家级电视媒体以英语、乌尔都语播出了中国中央电视台制作的以反映"一带一路"主题的《走进中巴经济走廊》等系列报道，吸引了巴基斯坦国内以及欧美、阿富汗、中东地区巴裔穆斯林观众、尤其是年轻观众的眼球，巴基斯坦媒体称报道"开启了年轻一代对中国的向往"。2015年两会期间，中央电视台协调海外采编力量，围绕新亚欧大陆桥、陆海口岸支点建设等"一带一路"重点建设项目，以英、阿、俄等多语种制作播出了《中哈俄三地连线谈"一带一路"》等新闻节目，还邀请泰国、吉尔吉斯斯坦、俄罗斯等国特约报道员解读"一带一路"战略对当地经济的拉动作用，反响良好。目前中央电视台已经建立起了覆盖全球的新闻采编播网络，在"一带一路"沿线国家保持着充足的新闻力量，以中、英、西、法、俄、阿六种语言7×24小时面向全球播出，并与全球260多家新闻机构保持着新闻交换机制，使用中央电视台新闻素材的国际媒体、频道达1656家，在许多涉及亚欧非大陆的国际重大热点事件中发挥了发布信息、沟通理解、释疑解惑的积极作用。

2015年以来，中央电视台又与俄罗斯、越南、伊朗、印度等"一带一路"沿线国家电视台续签或签署了包括新闻交换在内的合作协议，国家电视媒体之间的新闻合作层次更高、范围更大、合作关系更加紧密，可以更好地服务于"一带一路"国家战略的实施。

形成合力，打组合拳。在国内宣传中我们比较擅长"打组合拳"。比如前不久中央电视台启动推进"一带一路"主题报道，各频道、栏目集体唱响"一带一路"进行曲，新闻频道推出了"'一带一路'共建繁荣"，连续推出"资金互联互通打通金融大动脉"、"福建打造'一带一路'互联互通枢纽"等一系列报道，财经频道策划"'一带一路'纪行"，中文国际频道推出特别报道《丝路新发现》，央视新闻多媒体平台推出"一带一路"路线图与成绩单、V观"一带一路"记录亮点与风采等报道，央视各专业频道或在频道内部各栏目之间打组合拳，或频道配合、频道之间打组合拳，全台联动，台网联动，"一带一路"电视宣传有声有色，形成了声势。在国际频道的对外传播中，这一策略也需要进一步利用、强化。一是要做到内外联动。国内新闻的好素材、好故事、好典型，也可以在对外传播中使用。对外传播中的人物访谈、精彩瞬间、感人事例也可以对内宣传，总之一句话，有利于“一带一路”对外宣传的都可以采用。二是多平台联动。2015年以来，央视网有力发挥中央新闻网站的优势，“一带一路”宣传丰富多彩，与央视财经频道、中文国际频道等内外宣平台互相配合，效果突出。例如，3月28日，国家发展改革委、外交部、商务部联合发布了《推动共建丝绸之路经济带和21世纪海上丝绸之路的愿景与行动》后，中央电视台财经频道发挥财经专业优势，立即在《交易时间》栏目中对文件内容进行全面盘点，突出宣传“一带一路”给资本市场带来的投资机会；中文国际频道发挥服务全球华人的优势，品牌栏目《海峡两岸》综述中国台湾媒体对“一带一路”的报道，解读台湾加入“一带一路”倡议的希望，深入分析台湾在“一带一路”倡议中可能扮演的角色，以及“一带一路”对于推进两岸关系和平发展的重要意义。央视网第一时间刊发消息通稿及全文，并在网站首页重点位置累计推荐47条相关图文消息，60条视频消息；重点关注推进“一带一路”建设工作领导小组办公室负责人答记者问，通过采访出席博鳌论坛年会的经济专家、企业精英，对“为什么提出‘一带一路’”、“‘一带一路’是什么”、“‘一带一路’怎么建”等热点问题进行深入解读、解疑释惑、回应关切；紧扣网络热点提炼新闻要素，制作适合新媒体阅读的图解新闻，并在微博、微信社交平台与央视新闻客户端推送，形成了全方位、立体式、多角度、多平台、多屏幕宣传态势，受到了电视观众和网民的关注。

多语种联动。多语种电视频道是中国电视的一大特色，中央电视台中、英、西、法、俄、阿六个语种国际频道，组成多语言外宣频道集群，在世界电视媒体中居于前列。在“一带一路”宣传中能不能利用好这个比较优势，关系到“一带一路”电视外宣的效果。在今年两会期间，中央电视台各外语国际频道发挥多语种优势，助力“一带一路”宣传，俄语国际频道开设两会专栏，在哈萨克国家电视台Kazahk TV配合下，报道了中国在哈境内建设“双西公路”工程，拉动当地经济和就业率增长的新闻，并特别报道了中哈霍尔果斯边境贸易的互促、互利。英语新闻频道制作了“一带一路”特别报道，突出宣传中国和中亚、东南亚、欧洲的经济新版图。法语国际频道重在解答西方关于“一带一路”的怀疑和谣言，推出五期特别节目《带你了解“一带一路”》，结合PPT、动画视频等多媒体形式，生动诠释“一带一路”的内涵、框架思路及合作重点，突出与沿线国家共建、共享原则。法语国际频道《对话》栏目制作了《“一带一路”：走出外媒报道误区》，针对外媒称“一带一路”

为中国版“马歇尔计划”、中国试图趁机向全球扩张、与美国争夺话语权等言论，通过有力的新闻事实予以驳斥和解析。经过这一段时间的新闻实践证明，多语种国际频道联动，是积极做好“一带一路”电视对外传播的好办法。

*把握新闻规律，以事实说话。*中央电视台前负责电视外宣的副台长张长明曾说，在与西方电视媒体的较量中，我们的硬实力并不弱。国际电视竞争中的西强我弱，弱就弱在软实力，即表现手法和讲故事的技巧上。这位资深电视人深有感慨地说，西方电视记者有把假的说成真的的本事，而我们的电视新闻工作者报道的事实，却经常让观众误认为是假的。十几年前，欧洲议会代表团来华访问，结束西藏之行后，在接受我们的采访时说：“总体来说，西藏社会发生了很大的变化。社会安定，人民生活也得到了很大提高。但是在宗教和环境等方面还需要继续改善。”我们的记者回来后，把采访的前半段播出了，而人家提到了“需要改善”的后半段，我们的记者出于维护国家形象的好心，给删掉了。结果接受采访的议员看到我们播出的新闻后，表示抗议，说我们电视台断章取义，他说的不是这个意思。我们的电视新闻报道有时候说话过满、过头、过于完美，就显得不那么客观，不那么真实。围绕“一带一路”对外传播，切忌急躁、切忌主观、切忌急于求成；要按新闻规律办事，以事实说话。比如今年6月11日至14日，中央电视台英语新闻频道推出“一带一路”8集系列报道“丝路旅程——新疆篇”，报道围绕民族团结、南疆丰产找销路、中亚地区医疗服务中心建设、克塔铁路、新疆新型能源利用等多个主题，以客观事实为主线，生动展现“一带一路”战略带给新疆的发展变化；同时视角向下，通过普通民众的生活和经商故事反映“一带一路”战略的整体推进情况。其中报道了80匹汗血宝马从中亚进口到中国的过程，表现出“一带一路”战略给中国新疆和中亚国家带来巨大的贸易投资机遇。当然在报道中，也没有回避新疆和中亚关系中存在的一些具体问题，既谈发展潜力，也不回避问题，从而使整个报道显得真实、客观、生动。

2. 电视国际合作

2006年，中央电视台联合大湄公河次区域国家柬埔寨、老挝、缅甸、泰国、越南5国电视台，联合摄制了大型电视系列片《同饮一江水》，在6国的国家电视台黄金时段播出后，有力地配合了中国与东盟国家的战略合作，并直接带动了投资，推动了该区域经济、文化的多边合作。越南电视台副台长陈平明就此评论：“通过这个大型电视系列片，能够看到澜沧江—湄公河的历史，是跟我们的人民紧紧联系在一起的。”这说明，优秀电视节目不仅是不同国家、不同文化之间人们彼此了解、增进互信的纽带，也是国家、地区之间深化经贸往来、互利合作的纽带。沿着这一思路，近年以来，中外电视合作逐步深化。中央电视台与俄罗斯全俄广播电视公司合作制作了大型电视纪录片《俄罗斯与中国：欧亚之心》，以英、俄等语种在双方频道播出，效果良好。目前中国电视媒体与“一带一路”沿线国家电视媒体的合作已经发展出几种非常成熟的模式。

一是互办“电视周”。互相在对方国家举办优秀电视节目的展映活动，到目前为止，中央电视台已在全球200多个国家举办过“中国电视周”活动。2015年6月，中国电视艺术委员会和全俄国家电视广播公司在武汉举办了“中俄电视周”活动。

二是联合制作、节目交换。2015年4月7日，在中国国家主席习近平和越南领导人阮富仲的共同见证下，中越两国电视机构签署了合作协议，将共同制作以两国互利合作为主题的电视片《今日越南》和《今日中国》。中国与印度也签署了合作备忘录，在文化、科教、农业、娱乐、体育等领域共同制作世界级的电视节目。

三是举办跨文化电视文化交流活动。中央电视台全球外国人汉语大赛等品牌电视节目，吸引了大批外国人学习汉语、关注中国。阿拉伯电视节等区域性国际电视活动也对央视阿拉伯语国际频道开放，中央电视台制作的纪录片《撒拉族之旅》参展并获得大奖，阿拉伯国家民众通过这部电视片了解到当代中国境内伊斯兰民族的真实生活面貌。

四是电视节目落地播出。配合“一带一路”国家战略，中国与伊朗、斯里兰卡等“一带一路”沿线国家紧密合作，以赠片、交换、植入播出等多种形式，提供更多适合在当地播出的电视剧、纪录片、动画片和专题片，加大对中国当代社会、经济、文化和民生的对外传播，以新丝绸之路和21世纪海上丝绸之路为新的依托和起点，进一步为“一带一路”国家战略营造良好的舆论氛围，进一步提升扩大中国电视媒体在“一带一路”沿线国家的传播力和影响力。

3. 电视文艺

十几年前，中国电视连续剧《西游记》赴缅甸参加“中国电视周”活动，万人空巷，每天还不到播出时间，人们就早早放下工作，坐在电视机前等候播出。缅甸画家按照剧情绘制出版了连环画，成了市场上的抢手货，缅甸国家广播事业局局长说，《西游记》在缅甸掀起了“中国热”。

2014年底，中国电视剧《媳妇的美好时代》等热播电视剧在非洲坦桑尼亚等国播出，乌干达首都坎帕拉的出租车司机菲利普早早收车回家坐在电视前等待收看。坦桑尼亚莫罗戈罗穆斯林大学副校长恩加齐说：“每当有中国电视剧或电影播映，坦桑尼亚人就会早早等候在电视前。《媳妇的美好时代》受到坦桑尼亚人欢迎就是很好的例证。”从2011年中国电视剧《媳妇的美好时代》斯瓦希里语版成功登陆坦桑尼亚起，已有包括《金太狼的幸福生活》在内的多部中国电视剧在坦桑尼亚、肯尼亚、埃及、塞内加尔和赞比亚等非洲国家播出。2014年下半年“北京电视剧非洲展播季”在肯尼亚、南非、乌干达、尼日利亚等非洲国家举行，通过四达时代非洲频道为非洲观众播放了《咱们结婚吧》、《奋斗》、《北京青年》等6部电视剧，越来越多非洲人通过观看当代中国电视剧了解中国社会，越来越多非洲人对中国产生兴趣。以影视为纽带，相隔万里的中非两国民众越走越近。

除电视剧之外，电视文艺节目在不同文化国家间交流的作用已经越来越重要。“手拉手”、“中华情”等品牌电视文艺形式已经成为中外文化交流的品牌。“手拉手”自1996年创办以来，曾先后在美国、加拿大、新西兰、南非、澳大利亚等国家和地区举办。2000年以来，中央电视台每年都在海外举办较大型的“手拉手”活动，引起广泛的国际影响。中央电视台中秋、元旦、春节双语晚会也是中国电视文艺的著名品牌，在全球拥有广泛的观众和巨大的影响力。发挥好电视文艺节目的品牌优势，使老节目焕发新活力，可以更好地为“一带一路”国家战略服务。

随着时代的变化和传播技术的飞速进步，电视国际传播也面临着一些新问题。比如在电视对外合作上，过去我们较多地采取赠送节目、节目交换或者植入播出等方式，带有很大的盲目性和不确定性。一些接合作方处于被动接受的地位，对我们的节目不了解，或者兴趣不大；在播出时，安排到不重要的时段，或者随播出时间需要任意剪辑；一些国际观众反映，节目看到最高潮时，突然被掐断，或者转成别的节目，意见很大。而国际电视媒体一般都采取商业合作的模式，按需购片，互利互惠，因而积极性很高。近年以来，中央电视台在大力拓展全球采编播网络的同时，也不断改进国际电视合作的方式，更多地采取了商业合作的模式，如在日本合作建设的大富电视频道，在印度尼西亚的节目落地项目等，都采取了商业合作的方式，效果良好。同时，随着新媒体的兴起，进一步加强电视媒体与新兴媒体的融合发展，也进一步扩大了对外传播的规模和效果。在海外节目落地中，进一步加大与新媒体的合作，最近，中央电视台与意大利罗马、与欧洲华文电视台、波黑电信、波黑国家电视台等媒体的合作，就特别加强了与其新媒体OTT、IPTV的合作，使中国电视节目不仅可以通过电视屏收看，也可以通过智能电视、智能手机及平板电脑等新媒体屏收看，大大扩展了中国电视节目的覆盖面。

前不久，央视网熊猫频道制作播出了一批以反映中国四川大熊猫原生态生活的短视频，其中《顽皮大熊猫玩摔跤》、《肥胖是会卡住的痛》等视频上线后被美国在线、赫芬顿邮报等多家世界主流媒体、视频网站大量转载，迅速走红，人气爆棚。在YouTube上，中央电视台英语频道发布的一条熊猫视频一上线就获得了超过100万的点击量，远远超出BBC、CNN发布的同类视频。央视网及央视新闻客户端"一带一路"相关视频在Facebook等海外社会平台上曝光量近350万次，《筑梦"一带一路"》专题浏览量达1400万次。一些国外网友留言："我喜爱大熊猫，我喜爱中国，我想去中国。"这说明，世界看好"一带一路"，我们需要报道好"一带一路"，在实施"一带一路"国家战略的过程中，电视媒体要先行，不断推进"互联网+"与"电视+"的进一步融合，不断推出更多适合于多屏播出的丰富多彩的优秀视频节目。电视媒体服务于"一带一路"国家战略的力量还将得到进一步提升。

贾　健　中国中央电视台发展战略部主任，主任编辑，法学博士。"'一带一路'百人论坛"媒体委员会委员，入选中宣部中央新闻单位名记者名编辑千人计划。曾任中央电视台常驻美国华盛顿特区记者，央视军事频道特约评论员，《环球时报》美国特约评论员。

“一带一路”政策传播需围绕“共”字做文章

赵明昊

“一带一路”业已成为理解未来一个时期中国国家发展总体战略的核心关键词，成为观察中国内政外交政策深刻变革的一个窗口。“一带一路”建设不应成为中国的“独角戏”，更不应是中国政府的“独角戏”，它所倡导的是“共商、共建、共享”，其能否得到顺利实施，取决于中国能否积极地、富有创造性地实现自身变革，并发挥引领性作用。“一带一路”要想实现顺利“落地”，必须想方设法在国内外营造一种“更多人关注、更多人参与、更多人贡献、更多人受益”的局面，要千方百计让社会力量、民间力量澎湃起来，而这首先有赖于做好“一带一路”的政策传播工作。本文将首先分析当前“一带一路”政策传播面临的主要问题，继而讨论影响政策传播的重要因素，即如何准确地理解“一带一路”的政策意涵。最后就如何完善“一带一路”倡议的政策传播提出若干建议。

一、当前“一带一路”政策传播面临的主要问题

较之以往的对外经济合作，“一带一路”建设不仅仅是为了多签些合同、多做些生意，也不是简单地加大对外开放，不是简单地搞些“油气管线外交”，更不是要建立以中国为中心的地区或国际秩序。它的要义在于“整合”与“提升”：整合各国发展的动力、强化自主发展的韧性、更新“现代化”的理念，努力形成一系列能适应中国内外环境新变化、新趋势的创新性思路和做法，促动中国自身相应变革，包括强化中国的政策传播能力和国家软实力。“一带一路”想要实现的除了道路、贸易、货币等方面的互联互通之外，还尤为强调政策沟通和人心相通的目标。

政策传播主要是促进受众对政策的了解、认可、信任和支持，或是降低冷漠、

抵触、非议和对抗，它是推动政策落实的重要环节。然而，从当前有关“一带一路”倡议的政策传播状况看，已出现值得重视的几大问题。

首先，传播内容略显空泛，国外对此已有些“审美疲劳”。有国外智库向笔者抱怨，自从“一带一路”被正式提出后，它们一批又一批地不断接待来自中国的代表团，每个代表团几乎都要全面阐述“一带一路”的重大意义，听上去差别不大，重点也不突出，充斥着“互利”、“合作”、“共赢”、“共同体”这种大而化之的表述。好不容易双方就某些合作达成一定意向，也基本会陷入“再无下文”的结局，能够真正落实的寥寥可数。

以印度尼西亚为例，它是与我国共建海上丝绸之路的重要伙伴，自“一带一路”倡议提出以来，印度尼西亚方面给予了积极回应。2015 年 3 月，印度尼西亚总统佐科专程出席博鳌亚洲论坛并对中国进行国事访问。访华期间，佐科主动提出探讨印度尼西亚“海洋强国”战略应如何与中国倡议的 21 世纪海上丝绸之路构想相互对接。在建立亚洲基础设施投资银行问题上，印度尼西亚也一直给予积极支持。印度尼西亚希望能进一步吸引来自中国的投资，尤其是“欢迎中国国有和民营企业参与印度尼西亚港口、机场、水坝等基础设施建设和经济特区建设”。印度尼西亚政府已设立专门机构促进中国对印度尼西亚投资。佐科 3 月访华期间，印度尼西亚方面与中国国有企业和银行签署了总额高达 634 亿美元的意向性投资协议。佐科本人还提出，要在苏门答腊岛、加里曼丹岛等多地与中国合作建设港口，以畅通印度尼西亚的“海上高速公路”。

然而，在印度尼西亚国内，媒体却经常报道与中国签署的合作协议难以得到全面落实，与之相形，日本在这方面的舆论形象要更好一些。印度尼西亚担心的是，来自中国的投资只是存在于纸面之上，而难以化为实际的项目和成果。中国目前在印度尼西亚的海外投资来源地排名中仅位居第 12 位。印度尼西亚投资统筹机构的统计数据显示，2005 年以来中国机构在印度尼西亚投资承诺的兑现率仅为 7%，而日本的兑现率达 62%。当然，投资的意向最终能否真正实现，也和印度尼西亚方面的履约情况、政府作为等因素有关。但无论如何，中国需要重视投资协议的落实问题，避免被贴上“承诺多、行动少”的标签。

此外，“一带一路”的对外政策传播还出现“政出多门”的现象，国外机构搞不清楚为了获取最权威的信息，到底该找中国政府的哪家机构。据英国《金融时报》的一篇文章，有中国邻国的外交官提出：“如果我们想要与丝绸之路对话，我们不知道给谁打电话。”这一情况非常形象地说明了“一带一路”政策传播的问题之一——即到底谁才是最权威的信息源。外界的一大疑问是，要想及时了解有关“一带一路”倡议的详细信息，“是通过这个项目专有的官僚机构，还是通过不同部委和政策银行中专门设立的部门”，“随着外国政府和跨国银行热切关注北京方面隐晦的发言，试图理解其中的含义，这种含糊和混乱引起了注意”。2014年，中国一家官方媒体发布了“一带一路”建设示意地图，据说新加坡因为未能在该地图上找到本国的位置而一度颇感焦虑。“一带一路”沿线国家到底有多少个，到底是哪些国家，至今鲜有官方认定的明晰答案，“秘鲁、斯里兰卡，甚至英国出现在一些半官方的路线图上，但在另外一些路线图中却没有出现”。如果说，不存在所谓60多个具体的“一带一路”国家，那么，中国商务部等机构披露的相关统计数据所涵盖的范围和国家又是什么。上述都是亟待厘清的问题。

其次，在政策传播中，时常表现出一种“以中国为中心、向他国施加恩惠”的心态。对于处在快速崛起进程中的中国来说，需要对自身实力和发展阶段时刻抱有清醒的认知，中国没有骄傲自大的本钱，需要特别警觉“中央王国”般的历史无意识或大国沙文主义心态。尽管过去30多年来，中国以年均10%以上的发展速度跃升为全球第二大经济体（以购买力平价计算），北京、上海成为现代化的国际都市，但中国是一个“多面相”的国家，北京、上海并不能代表中国的全貌，这个从百年积贫积弱中走出的古老国家依然面临着相当艰困的发展挑战。2015年2月中国国家统计局发布的数据显示，2014年中国人均GDP达到7575美元。这一水平在世界人均GDP排名中处于80位左右，居于首位的卢森堡人均GDP为111716美元，大约是中国的15倍。美国、新加坡、爱尔兰等国人均GDP则相当于中国的8倍，土耳其、塞浦路斯、加蓬、哥斯达黎加等国也都排在中国前面。由联合国开发计划署（UNDP）统计的“人类发展指数”（Human Development Index）是衡量一个国家经济社会发展水平的重要指标，其变量包括收入水平、教育水平、平均寿命等。在“2014年度人类发展指数”排名中，中国大陆在近200个国家中仅仅是居于第91位。当然，更不要忘记的是，中国现在仍有超过7亿人居住在农村地区，按照中国的标准，中国目前还有7000多万贫困人口，这一数字高于英国的人口数量。2015年9月，世界银行将贫困标准从1.25美元/天上调到1.9美元/天，按照这一标准，中国则有近2亿贫困人口。

巴基斯坦一名学者说，与美国的“新丝绸之路”计划相比，中国的“一带一路”倡议的最大优势在于，中国也是“苦出身”，它知道如何帮助发展中国家有尊严地走出贫困、走出穷苦。然而，有些中国的商业界人士和官员，在巴基斯坦这类“一带一路”沿线的欠发达国家却表现出一副趾高气扬的姿态，只讲中国取得的成就如何之大，不讲中国面临的难题如何之多；只讲中国实现快速发展的“奇迹”，不讲中国在发展过程中的失误和教训。有些国家的人士私下坦言，他们担心中国变得越来越像美国，错误地认为只要有足够的资源投入就会有相应成果，偏信钱和实力可以解决一切难题。

*再次，严重缺乏有效的对内政策传播。*长期以来，中国政府投入大量资金用于外宣，即向国外受众宣传中国的政策，却忽视了全面、准确、及时地针对国内民众做好政策宣介。近年，在党中央有关外交工作的一系列战略理念指导下，“中国特色大国外交”的概念应运而生。2013年6月27日，外交部部长王毅在第二届世界和平论坛上发表演讲，首次提出和阐述“中国特色大国外交”的理念。在笔者看来，构建中国特色大国外交的核心目标之一，即是强化外交的“社会性”，更好地挖掘和利用社会资源，发挥外交中的“公民力量”。2014年，中国对外直接投资总额有望首次超过吸引的外资总额，这意味着中国经济“引进来”与“走出去”的结构正发生变化，中国资源在外、市场在外、投资在外“三头在外”的格局日益清晰。而这一变化的背后，意味着将有越来越多的中国企业、组织机构和公民“走向全球”，而它们也将成为中国外交的重要实践主体。

从美国的历史和经验看，当该国在20世纪初期快速向全球范围扩展经济活动之时，对外关系理事会、卡内基国际和平基金会等致力于外交政策研究和传播的非政府组织也在兴起。它们通过公开讲座、媒体活动、联合研究、教育培训等多种形式，大力促进美国各界人士对世界事务的了解，并搭建起沟通政界、商界、学界和媒体的交流平台。此类机构不仅在华盛顿、纽约等地出现，芝加哥全球事务委员会等一些地方性的机构也在发挥着提升企业和公民世界观念和对外交往能力的重要作用。

近年，虽然中国外交部推出开通“外交小灵通”、设立开放日、举办“蓝厅论坛”等一系列举措，旨在减少外交工作与民众之间的隔阂感，国内也出现一些致力于国际问题研究和传播、公共外交的民间机构，但总体而言，中国普通民众对于外交政策的客观、准确了解仍然是有限的。目前，国内民众对于“一带一路”存在认识上的误区，一是认为“一带一路”建设和自己没有什么关系，特别是民营企业不了解自己应如何作为；二是认为“一带一路”就是“到处撒钱”，将不可避免地影响中国政府对解决国内问题的资源投入；三是认为“一带一路”就是为了对抗美国这一霸权力量，最终让中国成为世界的“带头大哥”。虽然2015年3月国家发展改革委、外交部和商务部在国务院授权之下已就“一带一路”联合发布了白皮书，但很难想象普通民众会认真阅读和琢磨这类文件。

上述“一带一路”政策传播出现的问题，可能会导致一个更大的麻烦，即无法有效带动中国国内和相关国家内部的社会力量、民间力量。“一带一路”建设的社会民意基础如果不够坚实，而仅仅是依靠政府力量，一定行之不远。很多重大经济项目将缺乏社会民意层面的“软保护”，甚至出现损失巨大的“烂尾工程”。

二、准确理解“一带一路”的政策意涵

“一带一路”的政策传播之所以出现很多问题，重要原因之一即是传播者自身还不能够准确理解这一国际合作倡议的政策意涵。当前，中国外交的核心目标和任务是倡导以合作共赢为核心的新型国际关系，构建“全球伙伴关系网络”。正如习近平主席多次强调的，做好外交工作，“要加强战略思维，增强战略定力，更好统筹国内国际两个大局，坚持开放的发展、合作的发展、共赢的发展，通过争取和平国际环境发展自己，又以自身发展维护和促进世界和平”，“中国的和平发展道路能不能走得通，关键要看我们能否把世界的机遇转变为中国机遇，能否把中国的机遇转变为世界的机遇”。经过30多年的快速发展，中国已经从国际体系的“外部变量”转变为“内生变量”，中国经济有望呈现一种“创新驱动、全球布局”的新面貌，中国的改革发展正进入更具深度和广度的“内外联动”时期，而“一带一路”建设也必然要顺应和体现这一特征。

从中国的角度而言，“一带一路”合作倡议的政策意涵，主要体现在为中国改革发展创造新动能、为中国外交转型提供新的助力、为中国实现地缘政治和地缘经济“再平衡”搭建新平台。通过实施“一带一路”建设，可带动解决一系列

长期困扰中国外交和对外经济合作的难题，比如中国对西部邻国的外交投入不足、中国企业参与国际产能合作的能力不强、中国民间组织的在国外开展活动的本领不够，等等。“一带一路”的政策意涵，还体现在促进重塑中国民众的“世界观”和“发展观”，使中国人不再仅仅盯着美国、欧洲和日本等发达国家，而是将目光投向更广阔的发展中国家世界，并认识到中国不仅是一个居于欧亚大陆东部的陆权力量，它也需要拥抱海洋、走向“深蓝”。由此，可以说，“一带一路”倡议的提出，并不表明中国是一个“完全的利他主义者”，中国希望实现的是“合作共赢”。“一带一路”建设将成为中国发掘自身优势、促进内外联动、运筹对外关系的核心抓手，它旨在打造的联通网、产业带、安全弧、人文圈不仅有助于确保中国自身的稳定和发展，还将为欧亚大陆乃至全球发展带来新的强劲动力。“一带一路”既是中国为国际发展提供更多“公共产品”的贡献，也是中国以主动作为引导地区化、全球化进程的努力。

可以通过国际产能合作与基础设施建设两个核心案例，深化对“一带一路”的“共商、共建、共享”原则的认识。经过改革开放以来30多年的快速发展，中国已经成为举世公认的“世界工厂”、“制造业大国”，中国的钢铁、水泥、汽车等220多种工业品产量居世界首位，机床产量、造船完工量和发电设备量分别占世界38%、41%和60%。然而，“制造业大国”并不等于“制造业强国”，中国仍面临着制造业产品附加值低、创新能力不强、能耗较高、环境污染大、产能过剩等严峻挑战。近年来，由于全球金融危机导致外部需求下降等因素，中国的产能过剩问题更为突出，这一问题在电解铝、钢铁、水泥、汽车、光伏太阳能等传统和新兴产业都非常明显。产能过剩会造成企业的投资预期下降、创新动力不足，也会导致民众收入下降和失业，降低社会消费预期，从而加大经济增长面临的下行压力。如何应对产能过剩问题，已经成为当前中国宏观经济调控面临的最大挑战之一。

然而，当中国为产能过剩问题深感困扰之时，“一带一路”沿线的大多数国家却处于工业化、城镇化的初期，其产业发展的需求极大，迫切需要解决产能不足等问题。以哈萨克斯坦为例，该国是中亚地区的领头羊，国土面积排世界第9，具有煤、铁、铜等丰富的自然资源。然而，受近年全球能源价格下跌等因素影响，哈萨克斯坦经济遭遇“寒流”，该国政府推出“光明之路”等新经济政策，希望通过加快基础设施建设等方式拉动经济增长。但是，哈萨克斯坦国内在钢铁、水泥、玻璃、工程机械等产业领域的发展较为落后，中国国内很多相关产业产能对哈萨克斯坦来说是相当“解渴”的。2015 年 3 月，中国和哈萨克斯坦签署价值达 236 亿美元的产能合作协议，涉及钢铁、有色金属、平板玻璃、炼油、水电、汽车等领域的多个重大产能合作项目。哈萨克斯坦总理马西莫夫向李克强总理表示，哈方感谢中方把哈作为“一带一路”倡议和国际产能合作的重点合作国家，两国产能合作开局良好，表明这一双边互利合作全新模式具有广阔的前景，同时这一模式也可为地区产业产能合作提供借鉴。

显然，从国际产能合作可以看出，“一带一路”建设将极大地有助于中国为自身发展寻求新的动能，但绝不能把国际产能合作误解为“中国对外输出落后产能”，绝不能忽视国际产能合作给中国自身的产业升级转型所带来的巨大带动作用。无疑，中国有富余和性价比高的产能，有先进、绿色、低碳的优势产能，中国装备适应正在实行工业化国家的需要。中国产能走出去表明中国正加快从商品输出转向资本输出，从具体的生产组织者变成资源配置者，意味着中国在全球产业链条中的分工地位上升。这种富余产能、优势产能走出去，不是中国的一厢情愿，而是基于相关国家的自主意愿和发展需要。此外，“一带一路”的产能合作，还将促使中国企业更加注重自身产业能力和水平的提升，唯有如此，才能在与美国、欧洲、日本等国企业的国际竞争中更具吸引力，在“一带一路”沿线国家真正落地生根。国际产能合作不是做“一锤子”买卖，是涉及基础设施建设、工业生产、技术转移、经营管理等问题系统工程，需要相关国家政府和国际组织在政策层面的对接，由此有望通过产能合作促进地区和国际经济一体化的进展。

此外，“一带一路”建设所着力推动的基础设施方面的“互联互通”也很好地体现了这一国际合作倡议的“共商、共建、共享”原则。一方面，“一带一路”沿线国家中，大多数都处于较低的经济发展阶段，处于工业化、城镇化的初期，由于缺乏大规模投资、技术水平有限等因素，这些国家的基础设施条件普遍较为落后。另一方面，亚洲地区城市人口的快速增加、中产阶级消费群体的扩大又将给基础设施建设带来越来越大的需求。2010 年，亚洲开发银行发布对亚洲经济体基础设施需求所做的评估报告，这份报告指出，从 2010 年到 2020 年，亚洲地区的基础设施资金缺口为 8.2 万亿美元，发电、交通运输、供水、电信和卫生设施是亟须加强建设的重点领域。显然，在基础设施领域，需求和供给之间的巨大矛盾已成为拖累亚洲国家经济发展的重要因素，这种矛盾在近年变得越来越突出。比如，印度虽然是南亚地区经济发展水平最高的国家，但印度普通民众长期受到电力供应不足的折磨，一半国土没有公路，其铁路网也非常落后。由于基础设施条件有限，“印度制造”也很难形成规模经济，印度的长期高速增长缺乏坚实的支撑力量。而作为东南亚地区主导力量的印度尼西亚，同样也遇到基础设施落后的困扰。根据 2015 年世界银行发布的相关报告，印度尼西亚在全球投资便利度排名中仅列第 114 名，基础设施不完善极大地削弱了国家的整体竞争力。印度和印度尼西亚的情况尚且如此，其他“一带一路”沿线国家在基础设施建设方面的艰难处境不难想象。值得强调的是，基础设施条件落后的问题，其实不仅影响到一个国家或地区的内部经济发展，也对它们参与国际经济合作带来非常显著的阻碍。

反观中国，中国在基础设施建设方面既拥有世界先进的实力，也可以向相关国家提供自身发展经验。“要致富、先修路”，这是中国过去 30 多年实现快速发展的一大秘诀，它非常生动地阐明了一个道理，即交通、能源、水利、信息网络等基础设施的不断完善，是经济得以可持续发展的前提与保障，而这也是各国之间顺利展开经济合作的重要条件。无疑，中国提出的“一带一路”合作倡议将极大有助于解决相关国家和地区在基础设施建设方面面临的诸多挑战。首先，有助于缩小基础设施投资需求的缺口。2015 年年底前，由中国倡导成立的“亚洲基础设施开发银行”有望正式开始运行，该行拥有 1000 亿美元的初始资本。此外，中国还出资 400 亿美元设立“丝路基金”。这些机构将为“一带一路”沿线国家的基础设施建设提供强有力的融资支持。其次，有助于提升相关国家的基础设施建设水平。目前，中国在能源、通信、铁路、公路、港口、机场等基础设施建设领域已取得令世界瞩目的成就，随着相关合作的推进，“一带一路”沿线国家也将在基础设施的规划建设、运营管理等方面得到助益。再次，有助于促进区域性的基础设施联通。跨越国家边境的基础设施发展往往得不到足够重视和投入，由此影响了区域整体的经济一体化。“一带一路”建设将更加注重解决这一“自家各扫门前雪”的问题。

以上国际产能合作与基础设施合作的两个案例，非常直观地体现了“一带一路”倡议力促“合作共赢”的本质特征。“一带一路”可以被视为中国推动构建

“全球伙伴关系网络”的重要途径，在这一过程中，“共商、共建、共享”原则需要得到真正贯彻。换言之，要想促使更多国家、更多社会组织和更多外国受众理解、认可、支持“一带一路”倡议，就必须紧紧围绕“共”字做文章。首先，需要更加深入地了解对象国的发展需求而不是为它们做决定，并要意识到这些国家对于在经济上过度依赖中国抱有一定的忧虑。其次，中国需要更加娴熟地运用“多边主义”方式，努力寻求与各方利益的汇合点，避免在得到一个朋友的同时却又制造了一个敌人。历史、地理、资源分配等方面的因素使同一地区的不同国家之间矛盾重重，中国需要注重保持平衡。再次，需要更加重视遵守已被普遍接受的国际规则以及既有国际组织的最优实践，通过“增量改革”推进自身政策目标。2013年，中国商务部出台对外投资合作指南，严格要求中国企业更注重在海外履行社会责任和环境保护义务，比如推动更多雇佣本地员工。随着中石化在哈萨克斯坦的发展，目前哈方员工占当地分公司员工总数的比例高达91%。

三、如何做好“一带一路”的政策传播

政策传播，强调的是发挥说服的力量和跨文化交际的技巧，是构建有助于落实相关政策的“软环境”的重要一环。广义的政策传播，不仅是指政府机构从事的相关工作，也包括非政府行为体为实现自身目的而开展的传播活动。在推动“一带一路”倡议落地的过程中，中国在政策传播方面的“赤字”还是相当明显的。“一带一路”沿线国家大部分属于经济发展水平较低的发展中国家，很多国家内部都长期存在复杂的族群、宗教和教派冲突，它们正在经历的政治和社会转型也往往酝酿着很多新的动荡因素，尤其是舆论生态异常复杂。“一带一路”建设的推进，势必带来中国政府机构、企业、民间组织、个人等各种行为体与沿线国家的“亲密接触”，如果缺少过硬的政策传播能力，如果缺乏跨文化交际的敏感性和相关经验，就可能会导致“亲密接触”沦为“危险接触”，“一带一路”建设也将承受巨大压力。

从过去十几年中国实施对外经济合作的经验看，如果不重视广义的政策传播和社会民意层面的“软联通”，经济合作就难以持续，中国的海外经济利益也难以得到保全。很大程度上，由于不重视面向普通民众的政策沟通，不重视旨在赢

得民心的“软环境”建设，过于相信和依赖走上层路线，中国企业在缅甸、赞比亚等国遭受了巨大的损失。以往，中国企业走出去碰到的更多是经济、商务、法律方面的风险。如今，由于缺乏对他国国情、他国民意的了解，缺乏政策传播、跨文化交际的技巧与经验，这些企业或将面临更为复杂棘手的政治、社会风险。因此，“一带一路”建设不应只是重视“硬联通”，轻视或者忽视“软联通”，否则中国扩展对外合作势将遭遇更多的“软约束”、“软遏制”。“一带一路”建设迫切需要在总结以往教训的基础上，不断完善相应的政策传播和“软环境”构建工作，从而保障经贸等方面的合作得以稳定和可持续发展，避免重蹈覆辙。

实际上，政策传播的问题是突出而紧迫的，“一带一路”倡议的落地，正受到舆论和民意因素的牵制。比如，中国虽然与哈萨克斯坦政府就“一带一路”建设达成很多共识和协议，但据称居然有多达 69% 的哈萨克斯坦受访民众认为中国将对该国构成经济上的威胁。德国多被认为是“一带一路”倡议在欧洲方向最重要的合作伙伴之一，但英国广播公司（BBC）公布的 2014 年全球民意调查却显示，德国是对中国认知最负面的国家之一，该国高达 76% 的受访者认为“中国对世界的影响主要是消极的”。作为“一带一路”建设的一大“痛点”，政策沟通、民心相通的问题正引起越来越多的关注。有人从完善“国家语言战略”的角度提出强化“一带一路”外语能力建设，有人则致力于从“丝路旅游”、“民间艺术”、“创意产业”、“文化园区”等多重角度推动中国与沿线国家的“民心相通”。此外，很多有意在“一带一路”沿线国家增加投资的中国企业也意识到提升员工跨文化交流能力的重要性，希望通过善用文化和情感因素，赢得东道国民众的喜欢、信任和尊重，同步增强海外中国企业的硬实力和软实力。正所谓“浇花浇根、交人交心”，“一带一路”倡议之下的经济合作要想行稳致远，就必须重视应对政策沟通、民心相通方面的“短板”。

做好“一带一路”政策传播，除了之前强调要围绕“共”字做文章，还可考虑从以下几个方面着力：

首先，政策传播要“求实”。各类传播主体，尤其是政府职能部门和在一线奋战的中国企业要做好深度对接，找准“痛点”，整理出有实际意义的“问题清单”，使传播议程的设定、传播对象的界定、传播重点的规划、传播手段的选择更加有的放矢，确保传播产品和服务“适销对路”。在这方面，要善于使用新的技术手段突破以往政策传播的瓶颈。比如，可利用大数据分析工具，及时监测东道国的民意变化，尤其是社交网络上涉及"一带一路"的民意热点，把传统的"大舆情"分析进行改造、细化，多做针对具体项目、针对具体领域、针对具体人群的民意调查。同时，"一带一路"倡议的政策传播重点要放在国外、境外，不能只是在中国国内讲得热火朝天，必须想办法在东道国讲好"一带一路"的故事。

其次，"一带一路"倡议的传播的确需要"讲好中国故事"，但要准确地理解什么是"讲好中国故事"，要注重传播内容和方式的针对性、差异性与融通性。"讲好中国故事"不等于只讲中国的"好故事"，这里的"好"是副词不是形容词，不能只讲"好事"或是只拣好听的讲，也要善于讲清楚中国的"难事"和"烦心事"，要注重讲好"当代中国"、"海外中国"的故事。比如，基础设施合作往往需要巨量的投资，工期长、施工难度大，投资回报率短期内也不会很高，而且运营维护的成本很大。在就此问题进行政策沟通时，就可以围绕如何确保投资可持续性和安全，如何通过政府投资带动民间资本投入，如何避免出现"烂尾工程"，如何在基础设施建设过程中防范利益冲突等问题进行交流，这实际上有助于彰显中国合作的诚意。此外，"讲好中国故事"不仅要聚焦经济发展，还应突出社会矛盾化解、政治体制改革、国家治理优化、价值观与时俱进等问题。此外，"讲好中国故事"还要有国际比较的视野，对相关国家面临的发展难题应更有"同情之了解"。比如，对于中亚国家而言，水资源管理和安全问题属于"头等大事"，"一带一路"的政策传播就可围绕"水资源治理"做文章。

再次，要丰富政策传播的人才库，建立和完善传播效果的动态评估体系。"一带一路"智库建设面临的最突出挑战之一是缺少具有国际视野、中国情怀，同时熟谙传播技巧的复合型人才。唯有满足以下四个标准才能算作理想的政策传播者：精通当地语言、熟悉当地情况、在当地有较好的人脉关系、有一定的政策意识。在人才培养方面，可采取政府、企业、民间组织和智库"四位一体"模式，用好"小旋转门"，使政策传播人才拥有值得全心投入的职业发展前景。对于不以政策传播为职业的人士，可采取"模块化"的方式提升其相应能力，进而增强企业实施"公司外交"的能力等。政策传播需要贯穿"一带一路"建设的全过程，发挥前期侦测预警、中期跟踪研判、后期反馈矫正的作用。要善于为各类技术、产业、文化等方面的专业人士搭建沟通平台，并帮助他们了解"一带一路"的政策大图景，使政策传播更加实实在在、精细精准。政策传播的人才建设要满足“建言献策、倡议造势、落实行动”的功能要求，特别是需要进一步发挥外国留学生、外国专家学者、海外华侨华人、国际非政府组织的积极作用，构建立体化的传播通道，用好国外人才资源，构建国外人才网络，为“一带一路”的政策传播和公共外交工作提供助力。

总之，“一带一路”的政策传播必须做到“重心下移”，要促进“拨动心弦”的民心相通，要千方百计地带动社会力量、民间力量。要“言为心声”，把“共商、共建、共享”落到实处，不要“以己度人”、“自我中心”。为促进政策传播，中国政府、企业和其他机构需要切实提高自身与他国社会群体打交道的能力，中国外交也亟须“社会化”转型，力争实现国内和国外两个“民间”的对接。毋庸置疑，传播具有“双向沟通、双向影响”的根本属性，在中国期待影响他者的同时，也需要做好准备，迎接中国自身政策理念、价值观念和行为模式的重塑，“一带一路”建设需要的是一个“自信、自强、自省、自新”的中国。

赵明昊 博士，中共中央对外联络部当代世界研究中心副研究员，亚太安全合作理事会（CSCAP）中国国家委员会委员，“‘一带一路’百人论坛”专家委员会委员。研究方向为中国对外政策、中美关系、亚太安全等，并为《人民日报》、《中国日报》、《纽约时报》、《联合早报》等知名媒体撰写时评。